国家社会科学基金一般项目"海南国家旅游岛建设纵深推进的品牌化模式研究"（16BGL119）

国家旅游局规划基金（重点项目）"中国旅游竞争力培育研究——定位模式创新的视角"（16TACK007）

海南省高等学校科学研究重点项目"海南国际旅游岛建设的'供给侧'品牌投射战略研究"(Hnky2017ZD-4)

海南大学科研启动基金资助项目"成熟型目的地入境旅游市场的创新定位模式研究"（kyqd1556）

曲颖 ◎ 著

# 旅游目的地定位：
## 理论与实践层面的探索

中国社会科学出版社

# 图书在版编目（CIP）数据

旅游目的地定位：理论与实践层面的探索 / 曲颖著.
—北京：中国社会科学出版社，2017.5
ISBN 978-7-5203-0185-5

Ⅰ.①旅⋯　Ⅱ.①曲⋯　Ⅲ.①旅游市场—市场营销
Ⅳ.①F590.8

中国版本图书馆 CIP 数据核字（2017）第 070662 号

| | | |
|---|---|---|
| 出 版 人 | 赵剑英 | |
| 责任编辑 | 张　林 | |
| 特约编辑 | 宋英杰 | |
| 责任校对 | 张依婧 | |
| 责任印制 | 戴　宽 | |

| | | |
|---|---|---|
| 出　　版 | 中国社会科学出版社 | |
| 社　　址 | 北京鼓楼西大街甲 158 号 | |
| 邮　　编 | 100720 | |
| 网　　址 | http://www.csspw.cn | |
| 发 行 部 | 010-84083685 | |
| 门 市 部 | 010-84029450 | |
| 经　　销 | 新华书店及其他书店 | |
| 印刷装订 | 北京明恒达印务有限公司 | |
| 版　　次 | 2017 年 5 月第 1 版 | |
| 印　　次 | 2017 年 5 月第 1 次印刷 | |
| 开　　本 | 710×1000　1/16 | |
| 印　　张 | 15 | |
| 插　　页 | 2 | |
| 字　　数 | 236 千字 | |
| 定　　价 | 68.00 元 | |

凡购买中国社会科学出版社图书，如有质量问题请与本社营销中心联系调换
电话：010-84083683
版权所有　侵权必究

# 序

曲颖老师是2015年我院高薪、高职聘进的上岗教授（海南大学2015年引进人才规定中的D类人才），是我院多年来引进的第一位D类人才（31岁被高聘教授），也是海大为数极少的文科D类人才之一。

进入海大后，曲颖老师以饱满的热情投入到教学、科研工作中，处处体现出严谨的科研风格和扎实的学术功底。曲颖老师是我见过的最努力、最具奋斗精神和工作效率最高的青年学者之一。在短短的近一年时间里，除接受许多新教学任务和其他临时性工作外，曲颖老师已申报并成功获得两项重要课题的资助（国家社会科学基金一般项目、国家旅游局重点项目）、完成了这部20多万字的学术著作及在投和发表了多篇SSCI、CSSCI优秀论文。其成绩斐然、硕果累累，为旅院众多教师所公认和瞩目。

曲颖老师本科、硕士、博士都就读于被誉为"旅游管理黄埔军校"的南开大学。因其聪颖好学、成绩突出，硕士和博士都是南开保送的，而且在读博期间，被公派到美国俄克拉荷马州立大学联合培养一年。曲颖老师的硕博导师都是国内旅游学界泰斗级名师李天元教授。李教授的一个重要学术专长就是旅游市场营销，他是中国旅游研究院"旅游市场与旅游目的地营销研究基地"的首席专家和国内该领域的权威人士。受其影响，曲颖老师从硕士起的一系列研究成果都是围绕旅游目的地定位、品牌化、竞争力、游客忠诚等重要营销问题所开展的，表现出体系鲜明、思路连贯、风格一致、厚积薄发的学术特点。目前她已在该领域形成一定的建树，系列成果中的一些重要思想、理念为国内首次提出，并被相关学者广泛借鉴和引用。她作为国内旅游营销研究的青年佼佼者之一当之无愧！

她这部专著的主要研究贡献可以归纳为以下几点：

第一，厘清了定位理论的核心逻辑、要素构成及其关联机制，为相关旅游营销研究的整合、归并、互动架构了一张清晰的知识链接图景。这对明晰定位及旅游营销研究的学术价值、体系归位及其对其他旅游研究领域的知识溢出有重要启示。

第二，对国外旅游营销研究的一些重要理论和概念（如普洛格心理类型理论、轮换方格分析法、"手段—目的"法、"重要性—表现"分析法等）做到了科学借鉴和创新。实证案例阐释对揭示这些优秀成果的适当应用情境、应用模式、应用前景及相应地更改国内相关研究在理念和范式上的弊病大有裨益。

第三，以敏锐的洞察力识别了旅游营销研究中若干重要问题（如市场细分、目标市场选择、口号设计和评价）的研究重心和前沿发展走向。这为国内该领域学者形成国际化前瞻视野、构建系统的累积性知识储存具有重要参考价值。

当前，海南国际旅游岛建设进入快速发展的升级阶段，国家和省政府的发展目标及工作焦点放在以下一些事项上：实现海南全域旅游；充分发挥全国最好的生态环境、全国最大的经济特区、全国唯一的国际旅游岛这海南独有的三大优势；创新供给、完善产品谱系，集中打造海南六大新兴旅游产品类别：海洋旅游、康养旅游、会展旅游、乡村旅游、文化旅游、婚庆蜜月旅游。以上这些发展和建设工作都离不开战略性定位的指导。尤其是在海南面向国内旅游步入大众化时代、国际旅游力求摆脱停滞和创造新增长引擎的发展环境下，营销研究应是应对挑战、突破"瓶颈"的一个重要切入点。品味曲颖老师的这部专著，确是对以上相关问题提供了值得认真参考和借鉴的很多真知灼见。

我们海南大学旅游学院承担着海南国际旅游岛建设人才培养、理论创新、献计献策等方面的重任，特别希望像曲颖这样的优秀青年学者融入海大，与海大携手前进，共同发展。

海南大学会给青年学者创建极佳的学术氛围和事业快速发展的理想平台！

海南是旅游学者、旅游创新人才、旅游企业家施展抱负的最佳之地！

海南大学旅游学院院长　韦开蕾<br>
2016 年 6 月 15 日于海口

# 目 录

**第一章 国内外旅游目的地定位研究比较分析** …………… (1)
  第一节 国内外旅游目的地定位研究现状 ………………… (1)
    一 研究内容 ……………………………………………… (2)
    二 研究特点 ……………………………………………… (4)
    三 研究逻辑 ……………………………………………… (5)
  第二节 国内外旅游目的地定位研究的差异点及启示 …… (8)
    一 国内外旅游目的地定位研究差异点分析 …………… (8)
    二 国内旅游目的地定位研究国际化刍议 ……………… (10)

**第二章 "定位理论"及其在旅游目的地情境下的应用** …… (15)
  第一节 "定位理论"灵魂思想主张深探 ………………… (15)
    一 定位理论的提出背景 ………………………………… (15)
    二 定位理论的灵魂思想主张提炼 ……………………… (16)
    三 定位理论的学术渊源、贡献和体系归位 …………… (18)
  第二节 旅游目的地定位的内涵范畴和研究重心 ………… (23)
    一 旅游目的地的定义 …………………………………… (23)
    二 旅游目的地定位工作涉及范畴 ……………………… (24)
    三 旅游目的地定位的研究重心 ………………………… (29)

**第三章 战略性旅游目的地吸引方案及其案例** ……………… (37)
  第一节 普洛格心理类型目的地定位法的引荐与阐释 …… (38)
    一 引言 …………………………………………………… (38)

二　旅游者心理类型理论 ………………………………………… (38)
　　三　普氏定位法实现游客量激增的奥秘 ………………………… (42)
　　四　结论及展望 …………………………………………………… (49)
第二节　案例1：瑞士应用普洛格理论的目的地重定位 ………… (50)
　　一　瑞士重定位背景 ……………………………………………… (50)
　　二　解决问题的途径 ……………………………………………… (51)
　　三　研究设计和发现 ……………………………………………… (51)
第三节　案例2：实现精准目标市场识别的
　　　　　美国入境游客细分 ………………………………………… (53)
　　一　引言 …………………………………………………………… (53)
　　二　相关文献综述 ………………………………………………… (55)
　　三　研究方法 ……………………………………………………… (58)
　　四　研究发现 ……………………………………………………… (61)
　　五　探讨 …………………………………………………………… (67)

# 第四章　科学的旅游目的地定位调研路径及其案例 …………… (76)
第一节　旅游目的地定位调研相关理论知识 ……………………… (78)
　　一　旅游目的地定位战略开发的特殊挑战 ……………………… (78)
　　二　旅游目的地定位战略开发的操作原则 ……………………… (80)
　　三　旅游目的地定位和相关概念的关系 ………………………… (82)
第二节　案例1：国内海滨城市目的地的定位突出属性识别 …… (88)
　　一　引言 …………………………………………………………… (89)
　　二　旅游目的地定位和突出属性之间的关系 …………………… (89)
　　三　当前国内旅游目的地定位的误区 …………………………… (91)
　　四　轮换方格分析技术简介及其对目的地定位的优势 ………… (93)
　　五　轮换方格分析法的运用 ……………………………………… (95)
　　六　数据分析与研究发现 ………………………………………… (98)
　　七　结论和探讨 ………………………………………………… (101)
第三节　案例2：国内海滨城市旅游目的地"推拉动机"的
　　　　　关系机制研究 …………………………………………… (103)
　　一　引言 ………………………………………………………… (103)

二　推力、拉力动机及其关系 …………………………………… (105)
　　三　"手段—目的"方法及其一般应用程序 …………………… (107)
　　四　研究方法 ……………………………………………………… (109)
　　五　数据分析和研究发现 ………………………………………… (110)
　　六　结论与探讨 …………………………………………………… (117)
　第四节　案例3：南京旅游目的地形象的比较性测量与分析 …… (120)
　　一　引言 …………………………………………………………… (120)
　　二　研究方法 ……………………………………………………… (123)
　　三　研究发现 ……………………………………………………… (126)
　　四　结论与建议 …………………………………………………… (133)
　第五节　案例4：大连旅游目的地非功用性定位研究 …………… (135)
　　一　引言 …………………………………………………………… (135)
　　二　当前目的地定位研究的功用性范式 ………………………… (136)
　　三　目的地非功用性定位模型的构建 …………………………… (137)
　　四　模型应用阐释 ………………………………………………… (142)
　　五　结论与探讨 …………………………………………………… (154)

**第五章　基于口号的旅游目的地定位战略物化展示策略** ………… (172)
　第一节　旅游目的地定位主题口号设计的
　　　　　若干基本理论问题 ………………………………………… (174)
　　一　作为品牌要素的目的地定位主题口号的概念理解 ……… (175)
　　二　目的地定位主题口号在品牌化中的具体作用 …………… (176)
　　三　目的地定位主题口号的设计方法和流程 ………………… (180)
　　四　目的地定位主题口号设计须注意的几条原则 …………… (183)
　　五　结束语 ………………………………………………………… (190)
　第二节　基于目的地品牌管理过程的我国
　　　　　旅游城市口号评价 ………………………………………… (190)
　　一　引言 …………………………………………………………… (191)
　　二　旅游目的地品牌管理全过程中的定位主题口号 ………… (191)
　　三　旅游目的地定位主题口号的评价标准 …………………… (193)
　　四　我国优秀旅游城市定位主题口号的评价 ………………… (196)

4 旅游目的地定位:理论与实践层面的探索

　　五　结束语 ……………………………………………………（209）

**学术索引　专业词汇** …………………………………………（217）

**后记** ……………………………………………………………（222）

# 图 目 录

图 1—1　国外目的地定位研究的内在逻辑 …………………………（6）
图 1—2　国内目的地定位研究的内在逻辑 …………………………（7）
图 2—1　定位理论灵魂思想主张提炼的内在逻辑……………………（17）
图 2—2　定位理论、USP 理论、品牌形象理论、广告理论
　　　　四者的关系 …………………………………………………（21）
图 2—3　狭义定位理论与营销理论的关系……………………………（22）
图 2—4　广义定位理论与营销理论的关系……………………………（22）
图 2—5　狭义的旅游目的地定位工作涉及范畴………………………（25）
图 2—6　狭义的旅游目的地定位工作涉及范畴………………………（26）
图 2—7　目的地品牌流行度曲线………………………………………（29）
图 2—8　物化展示目的地定位战略（以口号为例）的研究要点 ……（33）
图 3—1　本章涉及内容及其内在逻辑关系……………………………（38）
图 3—2　旅游者心理类型曲线及其与目的地生命周期
　　　　之间的关系 …………………………………………………（39）
图 3—3　旅游者行为特点连续链………………………………………（40）
图 3—4　传统目的地定位法的一般操作模式及其与市场细分
　　　　工作的关系 …………………………………………………（44）
图 3—5　普氏定位法的一般操作模式及其与市场细分
　　　　工作的关系 …………………………………………………（48）
图 3—6　近十年访华亚洲游客和美国游客的数量变化曲线…………（55）
图 3—7　本书的目的地市场分析框架…………………………………（57）
图 4—1　本章涉及内容及其内在逻辑关系……………………………（77）

图 4—2　重要属性、突出属性和决定属性三类目的
　　　　地属性之间的关系…………………………………（82）
图 4—3　目的地品牌化和目的地定位基本上相对应的内涵范畴……（86）
图 4—4　目的地定位战略开发和目的地品牌本体开发工作在
　　　　内外部导向上的细微差异………………………………（88）
图 4—5　目的地定位和其突出属性之间的关系……………………（91）
图 4—6　基于资源特色的目的地定位模式…………………………（92）
图 4—7　轮换方格分析法应用的研究设计…………………………（96）
图 4—8　一个"手段—目的链"的实例……………………………（108）
图 4—9　涵义矩阵中的一个"手段—目的链"关系………………（114）
图 4—10　本研究中层次价值图的绘制原则………………………（115）
图 4—11　国内海滨城市目的地推、拉动机关系的层次价值……（116）
图 4—12　南京旅游目的地形象的 IPA 框架………………………（129）
图 4—13　五个城市和 33 个形象属性的对应分析…………………（132）
图 4—14　目的地非功用性定位模型………………………………（141）
图 4—15　构建测量设计……………………………………………（144）
图 5—1　本章涉及内容及其内在逻辑关系…………………………（175）
图 5—2　目的地定位口号所发挥的双向沟通作用…………………（177）
图 5—3　目的地口号的外部沟通作用机制…………………………（180）
图 5—4　目的地口号设计过程中涉及的三方力量…………………（182）
图 5—5　目的地口号设计的一般流程………………………………（184）
图 5—6　旅游目的地品牌管理工作流程……………………………（193）
图 5—7　旅游目的地定位主题口号的评价标准……………………（196）

# 表 目 录

表1—1　国外目的地定位文献涉及研究内容及占比 …………………（2）
表1—2　国内目的地定位文献涉及研究内容及占比 …………………（3）
表2—1　国内外学者的典型旅游目的地概念界定………………………（23）
表3—1　在设计中国冒险倾向量表时需特殊处理的内容………………（46）
表3—2　理想目的地应具备的活动内容及游客对瑞士具备情况………（52）
表3—3　问卷中涉及变量的测量题目……………………………………（60）
表3—4　各子细分市场活动参与率………………………………………（62）
表3—5　子细分市场特征总结……………………………………………（65）
表3—6　各子细分市场的经济价值分析…………………………………（67）
表4—1　应用轮换方格分析法的旅游文献的基本研究信息……………（94）
表4—2　需求方和供给方提取的属性及排序比较………………………（99）
表4—3　"手段—目的链"要素的内容编码结果 ……………………（111）
表4—4　被访者提及的国内海滨城市目的地及其拉力因素 …………（112）
表4—5　各城市作为一个理想出游目的地的总体印象评分均值……（127）
表4—6　杭州和南京在各目的地属性上被选作表现最佳
　　　　城市的比例 ……………………………………………………（127）
表4—7　对应分析的各项统计指标……………………………………（131）
表4—8　目的地情感形象的探索性和验证性因子分析结果 …………（146）
表4—9　目的地品牌个性的探索性和验证性因子分析结果 …………（149）
表4—10　目的地情感形象和品牌个性在五地之间的差异…………（152）
表5—1　2007年6月我国优秀旅游城市的定位主题口号
　　　　检索情况（244个） …………………………………………（196）

# 第一章

# 国内外旅游目的地定位研究比较分析

面临旅游市场竞争的日趋激烈和旅游者对目的地体验的更高要求，通过有效"定位"来赢得旅游者青睐和获得竞争优势在目的地营销工作中的重要性比以往任何时候都更为突出。实践领域的迫切需要正在并将继续推动"目的地定位相关问题"成为旅游营销学术领域的研究热点。

本章，作为一个绪论内容，基于对国内外现有目的地定位研究文献的系统梳理，对二者研究情形进行比较分析，并据此对未来如何推进国内该领域研究成果国际化的问题提出了初步建议。其目的是期望从一个规范、接轨研究的阐释角度最终能为国内目的地切实做好定位工作、更有效参与全球竞争的实践产生裨益。同时，相关研究概况总结及其启示分析为后续目的地定位理论框架和定位实践探索章节的内容提供了存在基础。

## 第一节 国内外旅游目的地定位研究现状

国外目的地定位研究最早可追溯到20世纪70年代末，以对多个目的地形象的测量为其初始目标，自20世纪90年代以后随全球化背景下竞争日趋激烈和目的地产品同质化而逐渐为更多研究者关注，进而形成研究热点。国内目的地定位研究则是因其发挥的基础性职能于20世纪90年代末（与国外有大约20年时间间隔）作为目的地形象（策划）研究的一个分支而逐渐形成和发展起来的，至今也有一定研究积累。下面对二者研究现状总结的文献基础为：截至 2016 年 5 月末作者通过《中国期刊全文数据库（CJFD）》和 Science Direct、Sage Publications、Emerald、EBSCO 等主要外文数据库检索到的国内外与目的地定位直接相关的研究文献（国外 95 篇、国内 154 篇）。

## 一　研究内容

经作者对国内外文献的认真梳理、研析，发现国外在内容上主要是围绕以下九个方面来展开的（见图 1—1）：（1）多个竞争目的地之间的相对定位比较；（2）目的地选择标准的重要性；（3）与目的地定位相关的市场细分和目标市场选择问题；（4）人口统计特点和旅游行为特点对目的地定位感知的影响；（5）目的地定位指导模型；（6）目的地定位技术方法；（7）以单一目的地为例的定位及形象促销策略开发；（8）监测目的地定位的变化；（9）目的地口号、标识等定位符号的分析与评价。而国内文献的主要研究关注点为以下 13 个方面（见图 1—2）：（1）目的地定位考虑要素；（2）目的地定位策略（方法）；（3）目的地定位指导原则；（4）目的地定位概念内涵；（5）目的地形象或形象策划（设计）的内涵、作用；（6）目的地口号、标识等定位符号的设计技巧；（7）目的地定位实施和形象塑造、推广；（8）当前目的地定位误区；（9）目的地定位与形象、品牌化和宣传口号之间的关系；（10）目的地定位的作用、功能；（11）目的地定位的过程或执行步骤；（12）目的地品牌内涵和构建意义；（13）目的地定位的影响和支持因素。

表 1—1　　　　　国外目的地定位文献涉及研究内容及占比

| 研究内容 | 文献数目（比例） |
| --- | --- |
| 多个竞争目的地之间的相对定位比较 | 38（40%） |
| 目的地选择标准的重要性 | 10（10.5%） |
| 与目的地定位相关的市场细分和目标市场选择问题 | 9（9.5%） |
| 人口统计特点和旅游行为特点对目的地定位感知的影响 | 8（8.4%） |
| 目的地定位指导模型 | 8（8.4%） |

续表

| 研究内容 | 文献数目（比例） |
| --- | --- |
| 目的地定位技术方法 | 7（7.4%） |
| 以单一目的地为例的定位及形象促销策略开发 | 6（6.3%） |
| 监测目的地定位的变化 | 5（5.3%） |
| 目的地口号、标识等定位符号的分析与评价 | 4（4.2%） |

资料来源：作者整理。

表1—2　　国内目的地定位文献涉及研究内容及占比

| 研究内容 | 文献数目（比例） |
| --- | --- |
| 目的地定位考虑要素 | 30（19.5%） |
| 目的地定位策略（方法） | 22（14.3%） |
| 目的地定位指导原则 | 21（13.6%） |
| 目的地定位概念内涵 | 18（11.7%） |
| 目的地形象或形象策划（设计）的内涵、作用 | 12（7.8%） |
| 目的地口号、标识等定位符号的设计技巧 | 10（6.5%） |
| 目的地定位实施和形象塑造、推广 | 9（5.8%） |
| 当前目的地定位误区 | 7（4.5%） |
| 目的地定位与形象、品牌化和宣传口号之间的关系 | 6（3.9%） |
| 目的地定位的作用、功能 | 6（3.9%） |
| 目的地定位的过程或执行步骤 | 5（3.2%） |
| 目的地品牌内涵和构建意义 | 5（3.2%） |
| 目的地定位的影响和支持因素 | 3（1.9%） |

资料来源：作者整理。

从表中可以看出，国外目的地定位研究的主体即为在多个竞争目的地之间进行相对定位比较这一"定位战略开发"工作环节所涉及的实质内容（占到文献总数的40%）；此外其研究内容的范围向前延伸到市场细分和目标市场选择这一微观基础①，向后略微延伸到定位战略的物化展示（即目的地口号、标识等定位符号的分析与评价）、后期形象促销的定位实施环节，及对目的地定位监测的问题。除目的地相对定位比较之外，其研究重点还涉及与出游背景和感知主体（旅游消费者）相关的目的地选择标准重要性。

国内目的地定位研究的关注点相对较多，主体部分为对用于目的地定位分析的定位考虑要素、策略（方法）和指导原则的阐释（各自占到文献总数的20%以上）；研究内容的范围主要是较大程度地向后延展到对定位战略物化展示、定位实施中的形象塑造、推广和宣传口号设计等问题，并有少量文献涉及了对当前定位误区的审视。除主体部分外，目的地定位概念内涵、目的地定位实施和形象塑造、推广及目的地形象或形象策划（设计）的内涵、作用也构成其重点探讨的内容。

## 二　研究特点

国内外现有目的地定位研究文献各自呈现出以下研究特点：国外方面：（1）由占绝对比例的文献分布可知国外目的地定位研究注重通过科学市场调研的开展来识别焦点目的地相对于竞争对手可资突出的核心定位点，在此方面已形成较统一、一致的研究范式；（2）注重对定位感知主体的细化研究，这点由较多文献都包含了目的地定位标准重要性、市场细分和目标市场选择，以及人口统计特点和旅游行为特点对目的地定位感知影响的探讨中可以明晰；（3）重视从理论框架和研究方法的综合层面实现对其现有研究积累的创新，集中体现在对定位指导模型的开发和新型定位技术方法的探索；（4）表现出采用多元定位分析指标的走势，即在传统的"认知形象（cognitive image）"指标之外，逐步纳入"情感形象（affective image）""总体形象（overall image）"、市场份额、推荐频率、旅游满意度、"目的地品牌个性（destination brand personality）""基于顾客的目的地品牌资产（customer-based destination equity）"等新的旨在更有效反映游客态度的定位指标；（5）对目的地定位

---

① Haahti A. J. Finland's competitive position as a destination [J]. *Annals of Tourism Research*, 1986, 13 (1): 11-35.

符号的研究尽管应用了较先进的研究方法和数理工具，但总体数量明显不足。

国内方面：(1) 研究内容多为对目的地定位要点的定性阐释及其应用，鲜有文献使用了定量技术方法；(2) 由于国内目的地定位研究是被放置在更大范围的目的地形象（策划）研究系统下来开展的，其对"开发目的地定位战略"这一基础定位环节的研究与对形象设计、传播等后续定位实施环节研究的交叉、融合现象比较明显；(3) 服务于具体目的地的定位决策需要是其主要研究目的，因此研究的个案性、分散性较强；(4) 特别重视一个目的地旨在吸引游客的旅游定位与当地城市总体形象、发展目标和战略决策方向之间的关联性，这点从其目的地定位概念界定、定位考虑要素的内容构成和定位指导原则中的形象层级系统思想都可体现；(5) 对目的地定位符号设计特点的分析深入、全面，但局限于仅采用了初级的定性探索和描述性统计。

### 三　研究逻辑

由国内外目的地定位研究涉及内容及其相互关系可挖掘出各自的内在研究逻辑。国外方面：紧密围绕定位感知主体（旅游消费者）对感知客体（目的地）在所选定位指标上的比较分析情况来审视各竞争目的地之间相对定位这一反映"定位战略开发"核心环节工作内容的主线来开展。考查人口统计特点和旅游行为特点对定位感知的影响是从"消费者感知异质性"的角度对这一主线内容的细化研究；而市场细分和目标市场选择是在此基础上的又一推进，人口统计特点和旅游行为特点在此被作为市场细分变量，使得针对各目标细分市场的具体定位战略在这一框架下得以探讨；感知主体的复杂性对目的地选择标准重要性的感知产生影响，而后者将在对各竞争目的地在定位指标上的比较、分析过程中发挥作用；目的地定位指导模型的开发旨在从主线包含内容的不同细节角度来为研究开展提供可资依靠的创新性理论知识；目的地定位技术方法则通过实操手段来实现整个定位分析过程；对口号、标识等定位符号的分析与评价意在将定位理念有效地加以物化展示；得到的目的地定位不是一成不变的，因此需要监测定位变化来识别问题，为下一轮定位分析的开展提供反馈信息。对口号、标识等定位符号的分析、评价和以单一目的地为例的定位及形象促销策略开发分别是对定位结果的操作化和应用（二者文献皆很少）。它们无法直接构成主线内容的逻辑支撑，但成为了主线研究的自然延伸。可见，国外目的地定位研究主要都是为了强化、实现和进一步完善其核心主线"定位战略开发"工作而生的，其内在互融性鲜明。国外目的地定位研究的内在逻辑见图1—1。

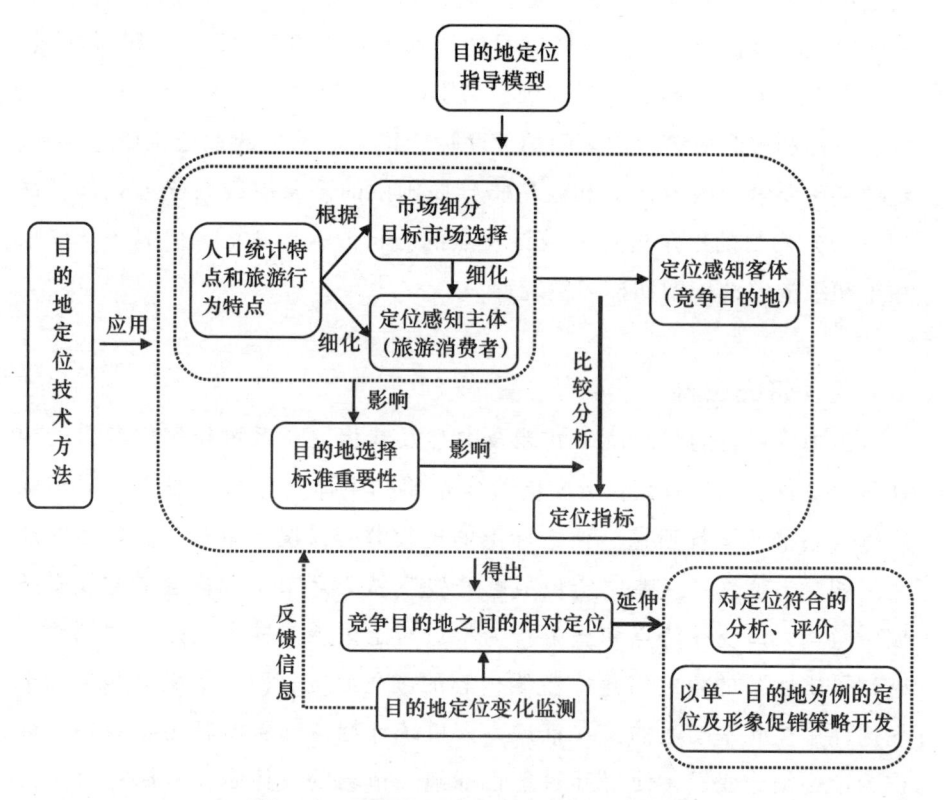

**图1—1 国外目的地定位研究的内在逻辑**

资料来源：作者整理。

国内方面：主要围绕对目的地定位考虑要素、策略（方法）和指导原则的系统论述和应用展开（三者之间在实质涉及内容上存在一定交融）。学者们以依据不同目的地定位理论指导框架衍生出的关于定位概念内涵和其包含范畴的各种理解作为理论基础；对目的地形象或形象策划（设计）的内涵、作用和定位展示符号设计技巧的探讨旨在阐明对定位结果的应用方向和途径；目的地品牌内涵和构建意义、目的地定位与形象、品牌化、宣传口号之间的关系、目的地定位的作用、功能则主要出现在文献的背景知识介绍部分，以引出对主体内容的分析；对当前国内目的地定位研究和实践（或自身目的地定位实践）中存在思想误区的归纳、阐释通常旨在据此提出正确的定位思路；目的地定位执行步骤、目的地定位实施和形象塑造、推广在理论关注点上与主体内容和形象及定位符号分析的内容有所交叉，但同时又从实操角度对其进行了更为具体的阐释；目的地定位的影响和支持因素倾向于从宏观战略角度探索目的地定位分析和实施的外围影响因素和基础条件。从中可以发现，国内目的地定位研究的总体思路不够清晰，内容之间的链接关系并不紧凑，较难梳理和整合。作者尝试性将其内在研究逻辑描绘在图1—2中。

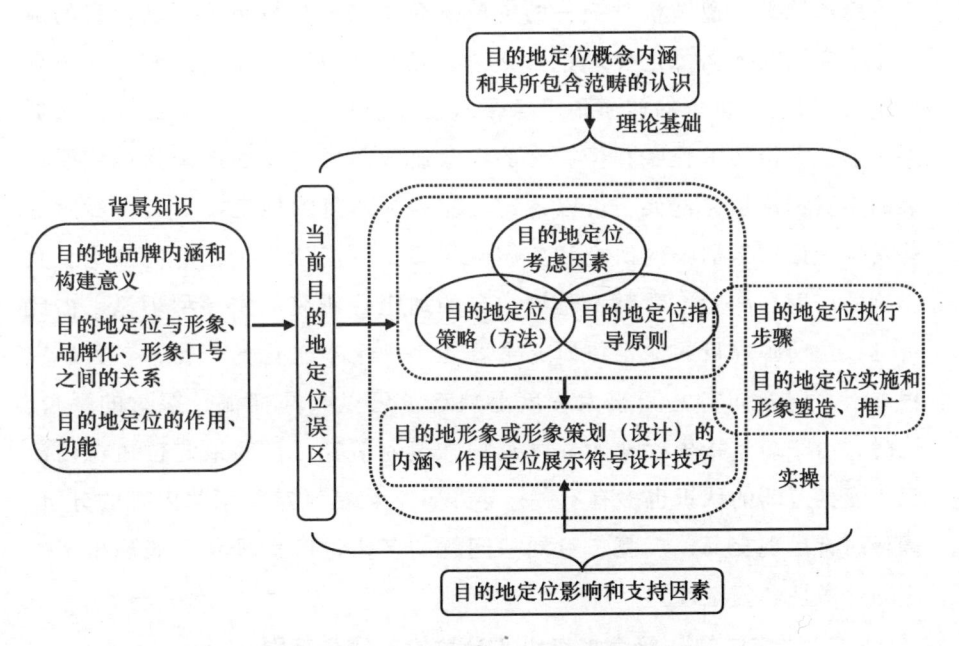

**图1—2　国内目的地定位研究的内在逻辑**

资料来源：作者整理。

## 第二节　国内外旅游目的地定位研究的差异点及启示

基于前文对国内外旅游目的地定位研究文献在研究内容、研究特点和研究逻辑上的对应总结，可归纳出两个不同研究体系主要具有以下几点差异。

### 一　国内外旅游目的地定位研究差异点分析

#### （一）"单一的"理论基础和"多重的"指导框架

国外目的地定位研究从兴起伊始就一直根植于最初由里斯和特劳特提出的"定位理论"，从定位的战略目标和功能要义出发，实践定位的基本思想和原则，遵循相对统一的定位研究思路和分析范式。国内目的地定位研究则在依据"定位理论"之外，还存在以陈传康的旅游形象策划理论（CI）、李蕾蕾的旅游地形象系统设计模式（TDIS）、吴必虎的区域旅游形象分析技术程序和杨振之的形象遮蔽与形象叠加理论为最主要代表的多重理论指导框架。可以说，当前的国内目的地定位研究文献对这些其他理论指导框架的研究和应用甚至要超过定位理论，定位理论从其影响的广度和深度上看都不是国内目的地定位研究的主导型理论。由此可见，当前国内目的地定位研究主要还是一个本土化的产物，在其研究根基上与国外同行之间很大程度上缺乏了可以共同交流、探讨的平台。同时，由于多重指导框架的共同影响，国内学者对目的地定位概念内涵和其囊括范畴的认识也多有不一，导致了文献在对定位相关内容的分析、阐释时常出现交叉、反复、对同一问题的多头论解等现象，表现出了一定的分散性和复杂性。

#### （二）"集中的"研究焦点和"分散的"研究范围

国外目的地定位研究的焦点非常清晰，既是围绕定位感知主体、感知客体和定位指标三大要素开展的定位调研分析，以得出目的地在市场上应突出的核心定位理念。对定位指导模型、定位技术方法、定位变化监测和市场细分、目标市场选择等其他相关问题的探讨都是旨在为这一焦点问题服务的，为其奠定基础，或对其进行深化、细化和拓展。而对于开发目的地定位战略之后的物化展示和沟通、落实定位战略等整体定位工作中的其他环节，虽然个别文献有所涉及，但主要还是放置在目的地品牌化、目的地整合营销传播和目的地产品质量管理等其他专门的学术领域中来进行探讨的。这样，目的地定位的若干相关问题都在其各自的具体研究领域中得到了非常细致、缜密的研究。观之国内目的地定位研究，如前所述，因其是在目的地形象（策划）研究这一更大范畴的框架下来开展的，对定位若干相关问题的研究很大程度上存在着交叉、融合的现象。这种一并探讨的做法虽然涵盖了较宽泛的研究范围，使之较大程度地延展到了定位战略开发之后的物化展示、沟通和落实定位战略等问题，但对每个工作环节的研究都不够深入、透彻。尤其是对于究竟应如何通过科学调研分析来为目的地确立核心定位思想的过程（即国外研究的焦点），国内研究的重视严重不足，尚未形成比较系统、一致的研究范式，还主要停留在依据对定位相关要素、策略（方法）、执行原则等所做的定性探讨和总结的层面。与其他定位工作环节之间研究界限的模糊和研究个案性较强的特点局限了国内对"目的地定位战略开发"这一先在基础性环节开展独立的、更为扎实的研究进程。

**（三）"系统整合的"定位分析方法和"顺次独立的"定位分析流程**

当前，对于目的地定位分析所需考虑要素的认识，国内外学者之间已基本上观点一致，即主要从目的地资源、旅游消费者和竞争对手三个方面来考虑，但在具体如何分析得出目的地核心定位理念上，国内外研究在方法上表现出差异。国外目的地定位研究采取的是一种"系统整合的"方法，通过其完善定位调研设计和恰当统计方法的运用在分析中同时考虑目的地资源、旅游消费者和竞争对手这三大要素来得出研究结论。由此，其研究始终严格贯彻了"感知本位（Perception is reality）"的原则，从消费者的实际感知出发，最终得到的目的地定位战略的设计基础一定是消费者感知中目的地相对于其竞争对手的差异化优势资源，而非目的地自我评判的结果。而国内研究在此方面则很大程度地表现为一种"顺次独立"的定位分析流程：首先由目的地自我识别其所谓的优势资源，继而通过调查目标受众对这些优势资源的认知程度来识别消费者需求和偏好，最终通过考虑、比较竞争对手的定位和营销宣传情况来确定自身目的地的定位。这种方法虽然也涉及了对三个要素的综合考虑，但对其他两个要素的考虑则要基于对目的地自身资源分析的结果，并不是同时进行的，表现出明显的"资源/供给导向观"。从提高目的地定位市场效果的角度来看，国外研究采用的方法具有明显优势。

**（四）用"形象"做定位和给"形象"做定位**

目的地形象是国内外目的地定位研究中的共同关键概念。国外目的地定位研究兴起之初以目的地形象为基点，至今仍主要是在目的地形象的范畴内来开展的。国内目的地定位研究则本身就是其目的地形象（策划）研究系统下的一个分支。虽然"形象"在二者研究中都是最常见的应用概念，二者在对"定位"和"形象"关系的认识上则存在较大差异，甚至是相反的、倒置的。在国外研究中，定位被理解为一种高于形象（策划）的战略营销任务，定位统摄、指导形象（策划），先形成核心定位思想，再围绕这一思想来具体策划和设计形象。其对形象概念的应用主要是作为反映竞争目的地之间差异的定位指标，与游客满意度、目的地品牌个性等其他指标一样都是为有效定位一个目的地服务的。因此，这一理念可被理解为"用形象做定位"。国内研究的情况则相反，先有关于目的地形象（策划）的总体工作要求，然后才有目的地定位这项基础性分析环节开展的意义和价值所在。定位是为塑造一个目的地的积极、正面形象而开展的，形象才是其终极目标和产物。因此我们经常会看到国内文献中有诸如"将某旅游目的地的形象定位为……"的提法，在此将其理解为是一种"给形象做定位"的理念。

## 二　国内旅游目的地定位研究国际化刍议

由前文可知，当前国内目的地定位研究主要是在本土化的研究框架和视野下来进行的，对国外该领域成果的了解和重视不足，在研究内容、特点和逻辑方面都与其形成较大分化。推进国内目的地定位研究国际化，既是提升国内该领域自身研究水平的必由之路，也是应对日趋激烈的全球旅游市场竞争的现实之需。如今，全球旅游目的地竞争已达到"白热化"的程度，摩根等（Morgan et al., 2002）指出，大约70%的国际旅游者只访问十个国家，致使剩下的国家旅游局只能激烈竞争着30%的国际旅游市场份额①。只有准确把握和借鉴了国际化的营销知识和技术，才能帮助自身目的地更有效地参与全球竞争和从中获益。

（一）对"目的地定位战略开发"这一基础环节开展独立和深入研究

国内外目的地定位研究在内容上的一个最大差距就反映在"目的地定位战略"这一基础工作环节上。国外形成绝对研究焦点，而国内则是在目的地形象（策划）框架下一并探讨，尚未发展成为一个独立、显著的研究脉络，亦没有相对成熟、统一的研究范式。鉴于此，借鉴国外研究途径，将目的地定位研究的重点放在这一基础环节上，把与其主要相关要素析出，放置在一个独立的、新的研究框架下进行深入研究，注重对其实质研究任务和内在规律的总结，树立在国内统一且为国际同行所能认可的研究规范和范式将应是推进国内目的地定位研究国际化的一个首要之举。因为在研究主体内容和基本方向上保持一致是开展有效沟通交流的前提。

（二）强化对目的地定位相关重要概念的正确理解和应用

当前国内目的地定位文献中虽然有对目的地定位相关重要概念做出理论阐释的努力，但其界定和解释常常不一致，出入较大；而在对这些概念的应用层面则与理论理解水平之间又形成一定差距，不准确现象时有发生。如有学者曾重点指出国内旅游营销研究在对目的地定位这一最基础概念应用上的泛化和偏差现象②。国外目的地定位研究中尽管鲜见对基础概念的详细阐述，但梳理其文献发现学者们对这些概念（如目的地定位、形象、品牌化、宣传口号等）及其相互关系的认识和应用比较一致，基本上不存在争执点。由此，国内研究在概念基础奠定方面就与国外研究之间现实存在着一个"鸿沟"，若想实现其国际化，成功逾越这一鸿沟也是一个迫切需要解决的问题。这就要求国内学者在充分了解国际研究中这些概念业已既定的实质内涵基础上，对涉及这些概念的定性阐

---

① Morgan N. J., Pritchard A., Piggott R. New Zealand, The creation of a powerful niche destination brand [J]. *Journal of Brand Management*, 2002, 9 (4-5): 335-354.

② 李天元：《旅游目的地定位研究中的几个理论问题》，《旅游科学》2007 年第 21 期（4），第 1—7 页。

述和实际应用进行严格把关，尤其是应用层面，必须保持其原本含义，易于为国际同行所理解，从而为在该领域实现更全面、深入的学术交流创造一个好的基点。

**（三）尝试应用和探索先进的定量目的地定位技术方法**

国内目的地定位研究在研究方法的使用上比较薄弱，一直以来主要依赖案例阐释的手段（严格地讲并非真正意义上符合国际规范的案例研究方法），这与国外研究自兴起之初就尝试采用量化统计分析方法的情形形成较大差距。为促使国内成果国际化，从短期看，可鼓励国内学者在研究中直接借鉴应用国外已使用较多、相对成熟的一些目的地定位战略开发技术，如多维量表技术（MDS）、重要性—表现分析法（IPA）、多变量方差分析（MANOVA）、对应分析法（CA）、城市感知分析法（CPA）、T检验技术（T-tests）、神经网络技术（NN）等。尤其是当前在研究规模上占有优势的目的地定位符号分析，若能纳入国外先进的调查分析和实验研究方法，则有可能树立该领域研究在国际研究社区中的范式和主要发言权。从长远看，亦需敦促国内学者不断探索、引入新的定量技术分析方法来更有效解决自身面临问题或对国外方法形成补充和推进。

**（四）拓展研究视野和思路，借鉴目的地营销前沿研究领域的成果**

当前，吸收借鉴目的地营销新兴热点研究领域（如目的地品牌化、竞争力）的知识，在研究上与其形成交叉、融合已成为国外目的地定位研究在提升、推进自身方面的一个明显的发展趋势，以其近年来对多元化定位指标的采用为集中体现。以发展的眼光来看，若要在国内外研究成果之间搭建有效交流的平台，也势必应使国内研究遵循相似的一种研究轨迹。目前国内目的地定位研究已与目的地品牌化研究形成交融，但这种结合主要还处于基本概念引入阶段，未来应加大力度促使其形成多角度、深层次的交叉研究。这将促使国内目的地定位研究以跨越式发展思维在以此途径拓宽研究视野和思路上与国外站在了同一起跑线上，使其成果更容易为国外同行所欣赏和接受，亦可能为国际方面作出一些可资借鉴的学术贡献。

**（五）根植于本土研究背景和现实需要，避免陷入"唯国际化"误区**

在国内研究国际化的过程中，还应注意正确处理好本土化和国际化的关系。尽管国内研究中有诸多需要向国外学习和接轨的地方，但应牢记更有效解决自身问题才是需这样做的根本动因所在。国内学者应注意我国目的地定位工作在面临的环境、制度、文化和现实需要等方面与西方的独特差异，对自身问题展开切合性的深入研究，而不能仅图"国际化"之名盲目照搬移植国外相关理论和成果。"越是民族的越是世界的。"国内学者只有提供既符合国际主流研究规范又能反映自身现实、彰显民族特色的高水平研究成果，才能真正使自身研究在国际学术舞台上占有一席之地。

**参考文献**

[1] 李天元：《旅游目的地定位研究中的几个理论问题》，《旅游科学》2007年第21期（4），第1—7页。

[2] Lovelock C. *Service Marketing* [M]. Englewood Cliffs, NJ: Prentice-Hall, 1991: 110.

[3] Haahti A. J. Finland's competitive position as a destination [J]. Annals of Tourism Research, 1986, 13 (1): 11 – 35.

[4] 陈传康、王新军：《神仙世界与泰山文化旅游城的形象策划》（CI），《旅游学刊》1996年第1期，第48—52页。

[5] 李蕾蕾：《旅游地形象策划：理论与实务》，广东旅游出版社1999年版，第29—177页。

[6] 吴必虎、宋治清：《一种区域旅游形象分析的技术程序》，《经济地理》2001年第21期（4），第496—500页。

[7] 杨振之、陈谨：《"形象遮蔽"与"形象叠加"的理论与实证研究》，《旅游学刊》2003年第18期（3），第62—67页。

[8] Prayag G. Positioning the city product as an international tourist destination: Evidence from South Africa [J]. Tourism, 2007, 55 (2): 139 – 155.

[9] Gallarza M. G., Saura I G. Destination image towards a conceptual framework [J]. *Annals of Tourism Research*, 29 (1): 56 – 78.

[10] Morgan N. J., Pritchard A, Piggott R. New Zealand, 100% pure. The creation of a powerful niche destination brand [J]. Journal of Brand Management, 2002, 9 (4 – 5): 335 – 354.

[11] 刘晓辉:《贵州旅游定位初探》,《贵州师范大学学报》(社会科学版) 2002 年第 3 期, 第 33—35 页。

[12] 黄芸玛、张现、罗正霞:《基于 TDIS 框架的旅游地形象策划探讨》,《安徽农业科学》2009 年第 37 期 (5), 第 2100—2101 页。

[13] 郭英之:《旅游感知形象研究综述》,《经济地理》2003 年第 23 期 (2), 第 280—284 页。

[14] Pike S., Ryan C. Destination positioning analysis through a comparison of cognitive, affective and conativeperceptions. Journal of Travel Research, 2004, 42 (4): 333 - 342.

[15] 高静、章勇刚:《基于目标市场的旅游目的地定位模式研究》,《旅游论坛》2009 年第 2 期 (3), 第 433—438 页。

[16] Lin C. T., Huang Y. L. Mining tourist imagery to construct destination image position model [J]. Expert Systems with Applications, 2009, 36 (2): 2513 - 2524.

[17] Liu Z. P., Siguaw J A, Enz C A. Using tourist travel habits and preferences to assess strategic destination positioning: The case ofCosta Rica [J]. Cornell Hospitality Restaurant and AdministrativeQuarterly, 2008, 49 (3): 258 - 281.

[18] Dolnicar S., GrablerK. Applying City PerceptionAnalysis (CPA) for destination positioning decisions [J]. Journal of Travel & Tourism Marketing, 2004, 16 (2/3): 99 - 112.

[19] Uysal M., Chen J. S., Williams D. R. Increasing state market share through a regional positioning [J]. Tourism Management, 2000, 21 (1): 89 - 96.

[20] Nickerson N. P., Moisey R. N. Branding a state from features to positioning: Making it simple? [J]. Journal of Vacation Marketing, 1999, 5 (3): 217 - 226.

# 第 二 章

# "定位理论"及其在旅游目的地情境下的应用

美国市场营销学会（AMA）于 2001 年将"定位理论（The theory of positioning）"评为有史以来最具革命性的营销观念，高度认同、褒扬了其学术地位和深远影响。相应地，"定位"一词也成为了近年来国内学术文章和业界报告中出现频率最高的术语之一。

旅游研究领域的情况亦是如此，因为全球化背景下旅游业的竞争形势日益加剧。很多旅游目的地的雷同化程度都在增加，相似宣传资料的膨胀更加深了它们在潜在旅游者之间的混淆。目的地营销者所面临的关键挑战就是要冲破竞争和替代性产品的"杂音"来吸引消费者的注意力、影响其决策。这恰恰是定位的主要用武之地，因为"在任何一个产品替代程度很高的产业中，定位工作的有效开展都可成为……竞争优势的一种来源"[1]。本章内容主要旨在回顾定位理论的灵魂思想主张，并阐释其在旅游目的地情境下应用的主要特点和启示。本章同时也充当了后续关于旅游目的地定位实践应用内容的主要依据和着眼点。

## 第一节 "定位理论"灵魂思想主张深探

### 一 定位理论的提出背景

1969 年里斯（Ries）和特劳特（Trout）在美国《产业营销》杂志上

---

[1] Porter, M. E., *Competitive Strategy*, New York: Free Press, 1980.

发表的《定位是人们在今日模仿主义市场所玩的竞赛》一文中首次提出"定位"概念。后经不断完善将相关观点集中反映在 1981 年名为《广告攻心战略：品牌定位》的专著中，这标志着定位理论的正式诞生。定位理论的提出主要基于当时的广告传播背景和生理学、心理学关于消费者心理机制的新研究成果。作者指出，我们生活在一个过度沟通的社会，传统及新型媒体使人们每天都受到大量信息的冲击。他们使用了一个经典比喻来形容这一情形："市场上的噪声太多，普通人的大脑已经是一块满得滴水的海绵，只有挤掉已有内容才能吸收新的信息；然而，我们却还在往那块过分饱和的海绵里灌输更多的信息。"① 一方面，大脑的"有限性"使得人们面对这种令人无所适从的信息爆炸会本能地建立起一种防卫系统，只挑选和记忆其中的部分信息；另一方面，在进行信息选择时，人们会倾向于摒弃那些与其本底观念相抵触的信息，容易接受符合已有认知的内容，即大脑又具有"不变性"。人类大脑的有限性和不变性构成了定位理论提出最重要的认识前提。

## 二 定位理论的灵魂思想主张提炼

里斯和特劳特在其著作中反复强调如下观点：定位虽然是从一个产品开始，但它实质上不是对产品做的事，而是你要对预期客户做的事，是要在预期客户的头脑中给产品定位。市场营销的最终战场是消费者的大脑。其经典描述如下："营销之战不是在消费者的办公室里或是美国的超市/杂货店里进行的。这些地方仅仅是商品的分销点。品牌选择的决定点另有他处。营销之战是在一个狭窄、鄙陋的地方，一个黑暗、潮湿、充满诸多未探索领域和深奥陷阱之处进行的，很容易使不警惕者落入圈套。营销之战是在大脑中进行的。"②

既然营销之战是在消费者的大脑中进行的，关于大脑特性的认识就决定了营销制胜的方略，而定位理论的灵魂思想主张也就落在这些相应的方略上（其中的逻辑关系如图 2—1 所示）。"有限性"表明消费者的大

---

① Ries A., Trout J., *Positioning: the battle for your mind*, New York: McGraw Hill, 1981.

② Trout J., Rivkin S., *The new positioning*, New York: McGraw Hill, 1986.

脑是最重要、稀缺的资源，顾客在接受信息时有喜爱简单、厌恶复杂的倾向。因此若想冲破信息拥挤，使自身传播的信息不湮没在竞争对手的噪声之中，就必须使用"简洁而集中"的信息。另外，"不变性"表明顾客的已有观念一般是很难改变的。因此不要试图去宣传与顾客认知相悖的信息，而是要洞悉顾客的心智模式，以强有力的差异化诉求点来占据顾客心智中的空位，从而使产品/品牌成为顾客在产生相应类别需求时的首选。这具体分为两种情况：（1）当产品/品牌第一个进入某一产品类别的市场，或在某一产品类别的基本性能方面质量最佳/最受推崇，它就可以在消费者关于这一大产品类别的心智阶梯上占据绝对领先位置；（2）当产品/品牌没有首先在消费者关于某大产品类别的心智阶梯上进行有利占位时，则不要再试图说服顾客你的产品在基本性能上如何比竞争对手的更好。而是要根据自身优势在这一大产品类别下再发现、开创一个小品类，使自身成为消费者关于新次级品类心智阶梯上的领先之选。

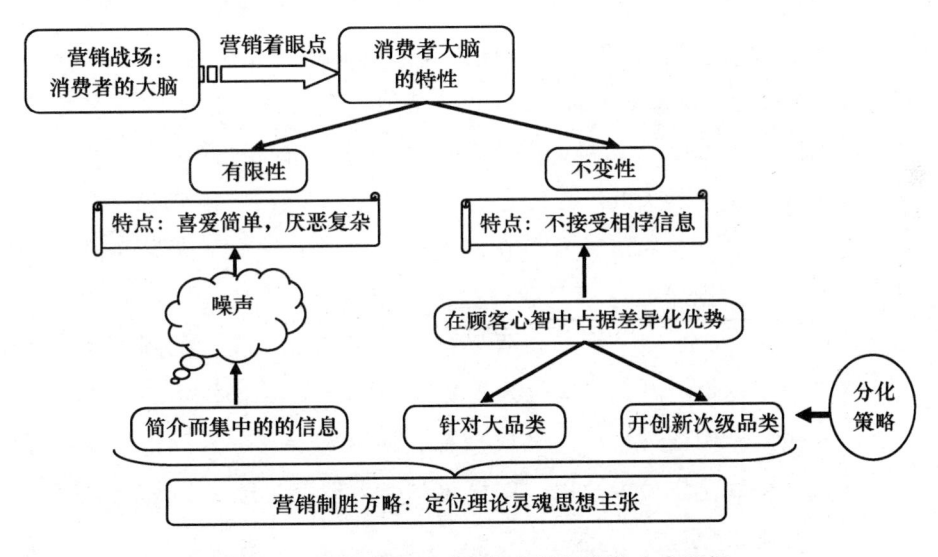

**图 2—1　定位理论灵魂思想主张提炼的内在逻辑**

资料来源：作者整理。

在日益拥挤、紧张的市场竞争环境中，营销者面临上述第二种任务的情形会更普遍一些，其主张就是定位理论中所强调的"分化（diversification）"原理：通过开创一个新次级品类在顾客心目中占据一个与自身能力相适应的创新性地位，从而开拓了新市场、获取了竞争优势。换言之，"分化"的策略实质就是要通过市场调研来发现、确定自身产品/品牌在所属大产品类别的哪一具体次级品类上可具备强有力的差异化优势，从而围绕这一品类确立重点目标市场和营销主题理念。继而在偏好的细分市场上率先声称、传播所具备的差异化优势，并不断维护和强化这一市场感知，确保自身在消费者关于这一新开创品类的心智阶梯上占据领先地位。

## 三　定位理论的学术渊源、贡献和体系归位

### （一）定位理论的学术渊源

简略概括定位理论的形成脉络即为：由最初的广告理论逐渐演变、升级为一种战略营销理论——以"USP 理论"为源头活水、以"品牌形象理论"为核心灵魂、以"营销理论"为点睛之笔。

1. "USP 理论"的启示

20 世纪 50 年代初，美国广告界科学派旗手瑞夫斯（Reeves）提出了著名的"USP（Unique Selling Points）"理论，中文称"独特卖点理论"。其基本理论观点为：（1）每则广告必须向消费者诉说一个主张，告诉消费者购买其产品可以获得什么益处；（2）广告中给出的主张应该是竞争对手无法提出或未曾提出的，要在同类广告中做到独具一格甚至独一无二；（3）所强调的主张必须是强有力的，聚集在一个点上，能集中打动和吸引消费者。USP 理论关于广告必须提供聚焦的、实质的利益承诺和突出产品独特要素的思路对定位理论灵魂思想主张（提供集中而简洁的信息、创造差异化诉求点）的形成具有直接启发意义。其提供"独特卖点"的内涵精髓是定位理论以"差异化"作为理论立身的直接推动源泉。

2. "品牌形象理论"的启示

奥美广告公司的创始人、世界级广告大师奥格威（Ogilvy）在 20 世纪 50 年代也旗帜鲜明地提出了"品牌形象理论"（但该理论主要盛行于 20 世纪 60 年代）。其基本理论观点为：（1）塑造品牌形象是广告最主要的目标；（2）每个广告都是对品牌形象的长期投资，要从长计议，尽量维护一个好的品牌形象；（3）随着同类产品的差异性缩小、品牌间的同

质性增大，理想因素在消费者品牌选择中的作用越少，因此突出品牌的联想形象要比强调其具体功能特征更重要；（4）消费者购买时所追求的是"实质利益+心理利益"。可见，不同于 USP 理论，品牌形象理论提供了一种关注消费者心理需求和精神利益的视角。其认为广告中陈述的内容不应仅执着于产品的物理和功能属性，还可以人为追加给产品某种超越具象而存在的主观意义（如"品牌个性"），而这种主观意义才是一个品牌的真正内核。这一视角极大地丰富了从 USP 理论中继承而来的定位理论的基本内涵，使其不仅关注功能和具象意义上的 USP，还要考虑心理和抽象意义上的 USP。它构成了定位理论能够逐渐与更宽泛理论观念相融合、发展成一派独具特点的差异化理论的思想根基，故被称作其核心灵魂。

3. "营销理论"的启示

在融入营销理论的思想精髓之前，定位理论具有如下两个特点：（1）将市场作为一个整体来研究的，其针对消费者心智的有利占位可被理解为是一种符合全部的、最普遍市场期望的灵药。（2）定位理论只解决了传播—记忆的层面，并没有阐明使定位理念在消费者心智中形成深刻烙印的整体运作机制。在将定位理论知识的系统转型上，一些营销学家可谓功不可没。

首先，科特勒批判性地指出，定位必须与消费者的特定需求相符合才能实现真正有价值的占位。他提出了著名的"STP（Segmenting-Targeting-Positioning）定位法"，即"市场细分—目标市场选择—定位"三部曲。"市场细分"和"目标市场选择"是"定位"的微观经济基础，三者是同一过程的不同阶段[①]。由此，定位的"分化"原理事实上描述的就是 STP 法应用上的一种重要情形：根据自身优势与劣势在择定的目标市场需求类别（对应于大产品类别）中再识别自身可实现积极差异化的具体需求类型（对应于次级品类），继而确定相应的定位理念来重点迎合这一需求群体。

其次，科特勒为定位理论引入了市场营销关于销售、交换和价值传

---

① Haahti A. J., "Finland's competitive position as a destination", *Annals of Tourism Research*, 1986, 13 (1): 11–35.

递的视角。一方面，秉承定位要求信息传播连续、一致的精髓，他提出了以定位理念为核心贯穿和引导狭义营销范畴下全部工作的新方法。狭义的营销工作范畴即人们常规意识中与促进产品交易相关的系列微观销售技巧，如网络推广、广告、店内展示、优惠券等①。在该方法下，使定位理念在消费者心智中形成有利占位是组织的终极目标，企业的所有营销资源和技术手段（如4Ps）都要围绕对这一目标的实现来被统合利用。定位好比钉子，营销运作好比锤子，二者就这样以定位为基点被密切地结合在一起。另一方面，基于对顾客满意和让渡价值的考虑，科特勒亦指出定位理论应强调定位的可交付性。因此，为确保定位承诺被真正兑现，定位理念的提出须有切实的根基，应避免陷入冠冕堂皇的"过高定位"和无的放矢的"盲目定位"的误区。这也是营销学者从"理论应用警示"的角度对定位理论作批判性接受和改进的核心主张。

（二）定位理论的学术贡献和体系归位

1. 定位理论的学术贡献

从学术发展的宏观意义上讲，定位理论最重要的贡献就在于它积极表征了广告传播理论是如何发展、演化成一种更深广的营销理论，成为营销理论的一个核心分支和有效承载体。通过一些优秀营销学者的努力，"定位"与"市场营销"这两个理论深处的微妙联系被挖掘和链接，使"原定位理论"在借鉴、采纳营销理论观点的基础上实现了整合式的新飞跃，成为与其归并、交融的"新定位理论"。新定位理论因纳入营销理论的思想和研究范式而具备了更坚固的实践基础和更深远的战略意识（统筹规划下直指销售），最终将自身所含的整个广告理论范畴（包括USP理论和品牌形象理论）都进行了质的革新，转变为一种真正的营销理论。同时，由于对定位观念的整合，传统营销理论也掌握了如"简洁""差异化"等更行之有效的沟通技巧，为自身开辟了视角深化和内涵拓展的广阔空间。综上所述，定位理论在其形成发展过程中与USP理论、品牌形象理论及营销理论四者之间的关系如图2—2所示。

---

① Morrison A. M., *Hospitality and Travel Marketing* (4th edition.), Albany, NY: Delmar Publishers Inc, 1996.

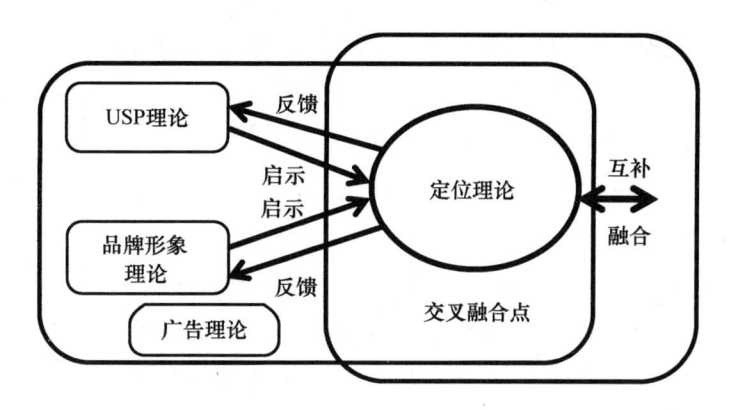

**图 2—2 定位理论、USP 理论、品牌形象理论、广告理论四者的关系**
资料来源：作者整理。

### 2. 定位理论的学术体系归位

在当代营销理论这一大的学术体系下，像定位理论这种不断融入的"子理论元素"还有很多，给原理论注入了诸多与时俱进的新鲜血液。谷柔茹斯（Grönroos）对市场营销概念的界定可谓是对这一理论框架宽广范畴最简明的描述，即：营销是一个对消费者承诺的制定、促成和传递过程[①]。因以对消费者的服务为界定基础，使该定义成为勾勒定位理论在营销框架下地位与其他理论元素链接性的一个极佳平台。

这需要从"狭义"和"广义"两个层面来理解定位理论与营销理论的关系。一方面，狭义上看，定位就是指"定位理念开发"或者说"承诺制定"这一过程。因在此之前，必须以科学的市场细分和目标市场选择工作作为支撑，它们几乎模糊地融合在定位承诺制定这一整体过程中（正如在谷柔茹斯的营销内涵界定中就没有把它们单独提出），亦可将二者看作狭义定位内涵的组成部分。从这个观点来看，因为营销还涉及在承诺制定之后的促成和传递过程，狭义定位理论可以作为它的一个中枢环节。它是前期基础性工作的核心实现目标，也是后续产品营造和服务提供的指导依据。最后，它还可根据服务传递结果反映出的定位合理性对前期工作进行有价值的反馈。狭义定位理论与营销理论的关系可以如

---

[①] Grönroos C., "On defining marketing: finding a new roadmap for marketing", *Marketing Theory*, 2006, 6 (4): 395 – 417.

图 2—3 所示。而从广义的定位理论而言，也即上升为一种营销理论的定位理论，可以视为营销理论的一个微缩诠释符。因为一个完整的、科学的定位流程本身就意味着要容纳承诺制定、促成和传递的全部内容，其每个阶段都与狭义的定位内容形成重叠互补关系，实则为一个不可分割的整体。同时，定位也构成了企业或组织整体营销工作开展的灵魂主宰，它以自身的知识体系整合和协调规划了所有营销工作的实施和链接途径。这恰恰是企业经营理论发展到"营销理念"时代所倡导的最理想的企业运营方式，即"全员营销（定位）"。广义定位理论与营销理论的关系可以如图 2—4 所示。

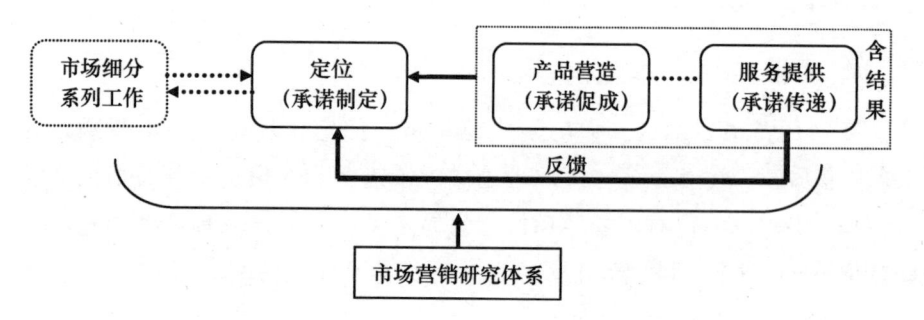

**图 2—3　狭义定位理论与营销理论的关系**

资料来源：作者整理。

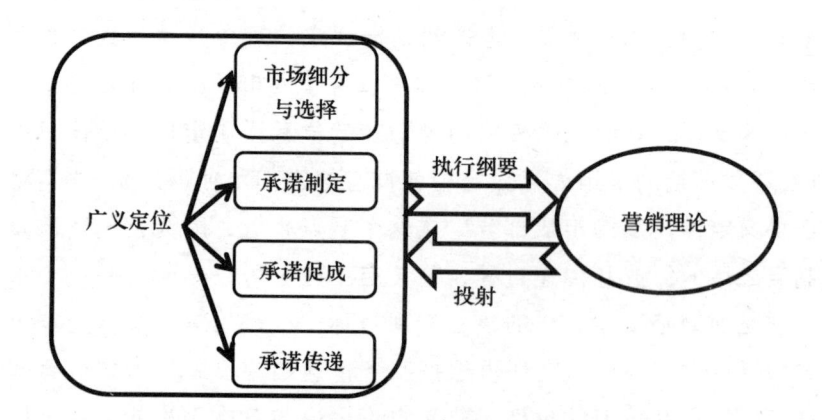

**图 2—4　广义定位理论与营销理论的关系**

资料来源：作者整理。

## 第二节 旅游目的地定位的内涵范畴和研究重心

### 一 旅游目的地的定义

在探讨"旅游目的地定位"的概念内涵之前,首先要对"旅游目的地"概念有一个基本的界定。国内外已有研究从不同的角度对"旅游目的地"进行了界定,如分别强调其空间地域性、旅游者感知和需求满足性、行政依托性等,其实际界定方式见下表2—1。从考虑要素全面和符合实际阐述目的的角度出发,这里作者采纳"世界旅游组织(UNWTO-World Tourism Organization)"关于地方性旅游目的地(local tourism destination)的定义:"地方性旅游目的地是一个地理空间,游客在此至少停留一夜。它提供各种旅游产品(如交通、住宿等支持服务和吸引物)和旅游资源,有明确的地理和行政界限以供管理,有自己的形象以赢得市场竞争力。地方性旅游目的地有各种各样的利益相关者,多个地方旅游目的地可以共同组成更大的旅游目的地。"

表2—1　　　　　国内外学者的典型旅游目的地概念界定

| 界定表述 | 作者(年份) |
| --- | --- |
| 一个旅游目的地可以是一个具体的风景胜地,或者是一个城镇,一个国家内的某个地区,整个国家,甚至是地球上一片更大的地方 | 霍洛韦(Holloway, 1977) |
| 旅游目的地泛指能够为来访客提供各种旅游经历或体验的特定地理区域。一般来讲,基于对该地旅游业管理工作,特别是制定和实施旅游政策方面的实务性考虑,通常的做法是依据为世人所公认的某种行政管理范围来进行划定 | 噶奥德纳和瑞驰(Goeldner & Ritcie, 2006) |
| 旅游目的地是拥有特定性质旅游资源,具备了一定旅游吸引力,能够吸引一定规模数量的旅游者进行旅游活动的特定区域,可以说旅游目的地是一种集旅游资源、旅游活动项目、旅游地面设施、旅游交通和市场需求为一体的空间复合体 | 张辉(2002) |

续表

| 界定表述 | 作者（年份） |
|---|---|
| 旅游目的地是具有统一和整体形象的旅游吸引物体系的开放系统。就其管理来讲，旅游目的地应具有一定的行政依托；就其空间范围来讲，旅游目的地具有层次性，旅游目的地的行政依托成为决定其层次（范围）的尺度 | 崔凤军（2002） |
| 地方性旅游目的地是一个地理空间，游客在此至少停留一夜。它提供各种旅游产品（如交通、住宿等支持服务和吸引物）和旅游资源，有明确的地理和行政界限以供管理，有自己的形象以赢得市场竞争力。地方性旅游目的地有各种各样的利益相关者，多个地方旅游目的地可以共同组成更大的旅游目的地 | 世界旅游组织（UNWTO），转引自：Pike（2004） |

资料来源：作者整理。

## 二 旅游目的地定位工作涉及范畴

先前对"定位理论"思想主张、发展形成过程及学术归位的深入阐释，为系统理解旅游目的地定位工作涉及环节及其相关关联机制奠定了有益基础。

### （一）狭义的旅游目的地定位工作范畴

根据先前对狭义定位理论范畴的介绍，狭义的旅游目的地定位工作即指目的地"定位战略开发（或定位承诺制定）"这一营销的最为基础和关键环节。它具体包括"目的地市场细分和目标市场选择""目的地定位调研""目的地定位思想提炼"三个连续的工作环节，如图2—5所示。我们常说的定位是"营销的重中之重""一些营销活动的立足点"主要是基于定位战略开发环节的意义而言的。因为一旦根据市场调研识别了需加以强调的产品特性，接下来企业的所有营销活动都要围绕着反映和强化这一独特定位来协同一致地开展。斯坦利·普洛格（Staney Plog）对"定位"概念所作的解释可谓是反映定位战略开发工作实质内涵的经典表述。他指出，"定位就是要识别和确定某一产品或服务的重要品质，以便能够以有意义的方式向消费者展现其有别于竞争产品或服务的特色（内含利益）"①。相应地，旅游目的地定位战略开发工作的根本任务就在于确定对于目的地所能提供的各种属性（利益），营销者最希望让潜在旅游消费者了解并记住的是其中的哪一属性或哪些利益。之所以要记住这些特别选择的属性（利益），是因为它们可帮助在消费者心中建立与竞争对手相区分的独特位置，实现定位的根本目的。实际上，大多数营销文献（包括特定的目的地营销文献）在涉及对"定位"这一概念的探讨时，在内涵上指的也都是定位战略开发的工作部分。这一方面是鉴于定位战略开发对整体定位工作成效的关键性，另一方面则可能是因为对于定位工作范畴中所涉及的其他环节，还存在品牌化、整合营销传播、营销绩效评估等专门的学术研究领域对其进行更深入的探讨。

```
┌─────────────┐      ┌─────────────┐      ┌─────────────┐
│ 目的地市场细分 │ 链接 │  目的地定位   │ 链接 │  目的地定位   │
│ 和目标市场选择 │─────▶│    调研      │─────▶│   思想提炼   │
└──────┬──────┘      └──────┬──────┘      └──────┬──────┘
       │                    │                    │
       └────────────────────┼────────────────────┘
                            ▼
                   ┌─────────────────┐
                   │ 旅游目的地定位战略开发 │
                   └─────────────────┘
```

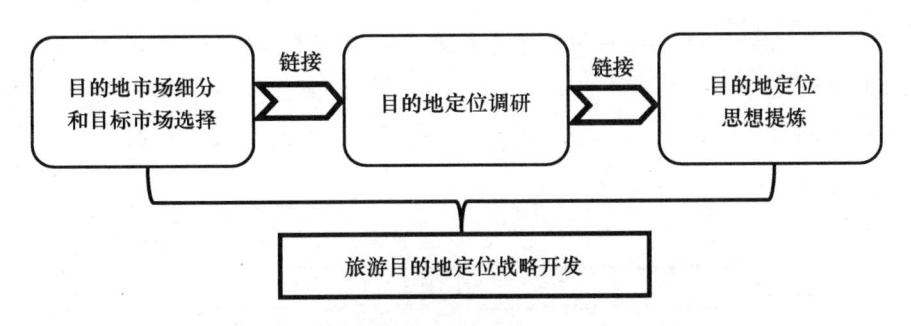

**图 2—5　狭义的旅游目的地定位工作涉及范畴**

资料来源：作者整理。

### （二）广义的旅游目的地定位工作范畴

到目前为止，营销研究中被引述最多的"定位"定义即为拉夫劳克（Lovelock）于1991年在其经典著作《服务营销》中提出的："定位是建立并维持一个企业或其产品在市场中的独特地位的过程。"② 仔细考查该定义，可以发现，拉夫劳克实质上已经是站在营销理论的角度来对"定位"进行界定，他将"定位"诠释为一个过程，此过程的任务是建立并

---

① ［美］斯坦利·普洛格：《旅游市场营销实论》，李天元等译，南开大学出版社2007年版，第192页。

② Lovelock C., *Service Marketing*, Englewood Cliffs, NJ: Prentice-Hall, 1991: 110.

维持一个企业或其产品在市场中的独特地位。其中要进行"定位"的对象为一个企业或其产品,"定位"的目的是建立并维持在市场中的独特地位,不仅仅要建立某一独特地位,还要能够维持这一地位。从建立到维持的任务界定反映出该定义基于战略视角的宽泛内涵,是从营销学意义上对里斯和特劳特最初作为广告传播理念的"定位"概念(对潜在顾客心智所下的功夫)的拓展和升华。

详细解析以上的这一战略定位过程,它并不是一个单一和单向的简单过程,而是实质上由若干个紧密相关的定位工作环节组成的循环往复的综合过程。将这些合并起来涵盖广义定位概念宽泛范畴的具体工作环节应用到旅游目的地情境下,便是:"目的地定位战略开发""物化展示目的地定位战略""向目标市场沟通目的地定位战略""落实目的地定位战略所作承诺"和"监控目的地定位战略实施的有效性"。广义的旅游目的地定位工作范畴及其中各阶段之间的关系可如图2—6所示。下面作者将补充阐释一下除"目的地定位战略开发"外的其他四个后续工作环节的主要内涵。

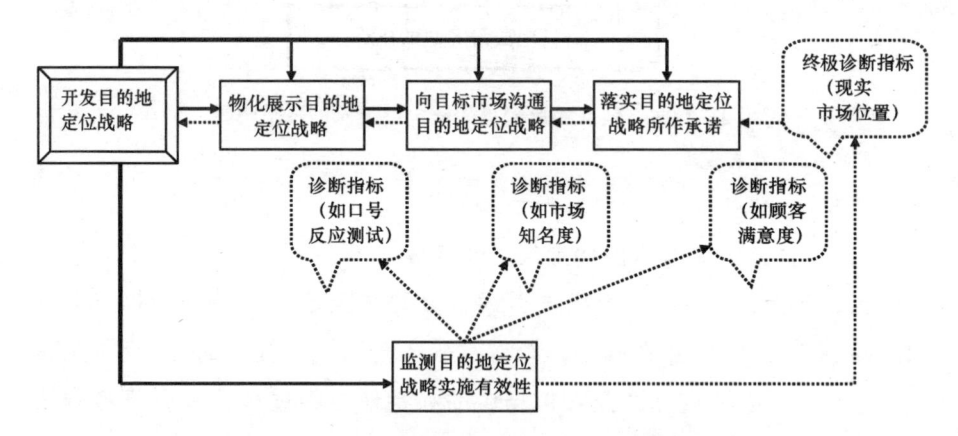

**图2—6 狭义的旅游目的地定位工作涉及范畴**

资料来源:作者整理。

1. 物化展示目的地定位战略

"物化展示目的地定位战略"是整体目的地定位过程中的第二个工作环节,其作用也非常鲜明和关键。它是用物化的手段将上一环节确立的目的地核心定位理念加以表达和展示，使其思想要义便于被传播、理解和记忆（李天元、曲颖，2010）。这一工作环节是使"定位"之所以具有战略性的非常重要的一环，具有承上启下的链接作用，因为如果缺乏此环节的成功执行，再优秀的定位理念在导向具体营销实施的过程中也会变得不知所措。最初的定位理念是抽象的、尚未付诸实施的，正是本环节的工作通过一系列外在表现元素为其内涵构筑了物质承载实体，使其在由组织自我意念向消费者心智中位置转化的过程中迈进了一大步。物化展示目的地定位战略的直接结果就是获得了一系列可资利用的定位表现要素，如产品的名称、口号、标识、设计、包装等，它们彼此强化共同作用于对定位理念的展示。

2. 向目标市场沟通目的地定位战略

在目的地定位战略开发和其物化准备阶段之后，就进入了向旅游目标市场切实传播和沟通组织定位战略的工作环节。这是在与旅游者进行直接交易、落实定位承诺之前的影响和说服环节，以引致购买为核心目标。在该环节中，旅游目的地会综合运用广告、公共关系、印刷材料、行业展销、人员促销、销售推广、以旅行社为代表的分销渠道等大量营销媒介和沟通手段围绕核心定位理念进行持久、一致的宣传。所有营销要素的安排、实施都必须为有效传递和维护定位主题服务，决不能偏离其沟通要旨，体现了定位战略对营销全局工作的统合力量。

3. 落实目的地定位战略所作承诺

旅游目的地推出和传播其定位战略就相当于向目标市场作出了关于提供利益方面的某种承诺，它将影响、塑造旅游者对产品形成的预期价值感受和体验。当进入产品被实际购买和消费的环节时，定位战略所具有的实际指导意义表现在目的地必须努力安排供给和提供服务来兑现自身所作的定位承诺。因为落实定位承诺关乎目的地的定位战略最终能否真正在游客心智中占据一个稳固的独特地位；如果承诺没有得到兑现，使游客感到受骗或不满，将会极大影响其原本在沟通阶段所形成的产品感知（即使再积极的感知也很大可能会变为消极）。由此，这一工作环节也启发应在目的地定位战略开发环节就考虑定位的适当性和"可交付性（deliverability）"，并设计与其相适应的产品开发和传递方式。

### 4. 监控目的地定位战略实施的有效性

目的地定位战略的物化、沟通和交付并非意味着定位过程的完成，而是还要伴随着一个意义比较特殊的工作环节：监测目的地定位战略实施的有效性。所谓监测有效性即指监控、检测目的地方面为实施定位战略所做的一系列工作是否带来了相应的预期市场效果。由于定位战略的实施包含一系列连续营销活动在内，对其市场效果的监测也是一个有着较宽泛任务范畴的连续过程。在审视最终定位效果的意义上，这项工作就是要考查旅游者心目中的品牌/产品位置是否与目的地在定位战略开发环节所设计的理想位置相一致（往往通过与若干竞争目的地做差异化形象比较来确定）。在对其他方面实施效果的检测上，通过采用相应指标对一些具体问题（如品牌知名度、品牌流行度、顾客满意度等）的诊断和分析可帮助了解丰富的市场信息、反馈出物化展示、沟通和交付定位战略工作环节的失误或不足。目的地可进而及时做出针对性的反思和调整，把控"定位"过程沿着既定的方向前行。而如果是到最终定位效果上出现了严重问题，则往往需要缜密审视整个定位实施过程来寻找症结所在，甚至是回复到定位战略开发环节来重新为组织选择适当的定位思路，这将意味着一个"重新定位（re-positioning）"过程的开始。因此，正是由于这一工作环节的存在，使得"定位"成为一个包含若干个反馈步骤在内的循环往复的综合过程。

在宏观上衡量目的地定位目标实现效果及目的地发展阶段方面，最有效的两个工具可算得上毛根和普瑞查得（Morgan & Pritchard）的"目的地品牌流行度曲线（destination brand fashion curve）"和普洛格（Plog）的"基于个性的目的地心理模型（personality-based destinationpsychographic model）"。前者便于敏锐地帮助在任何时期审视目的地的游客偏好程度，其将目的地发展过程中的品牌流行度分为四个阶段：时髦阶段、著名阶段、熟悉阶段和疲劳阶段（如图2—7所示）。后者更倾向于解释发展这种目的地品牌吸引力变化的内在驱动机制是怎么样的，其对处于成熟期和衰退期目的地的发展转型和复兴尤其具有战略指导意义（对此将在后面章节通过案例详细阐释）。

第二章 "定位理论"及其在旅游目的地情境下的应用　29

图中标注：疲劳阶段　熟悉阶段　著名阶段　时髦阶段　更新？

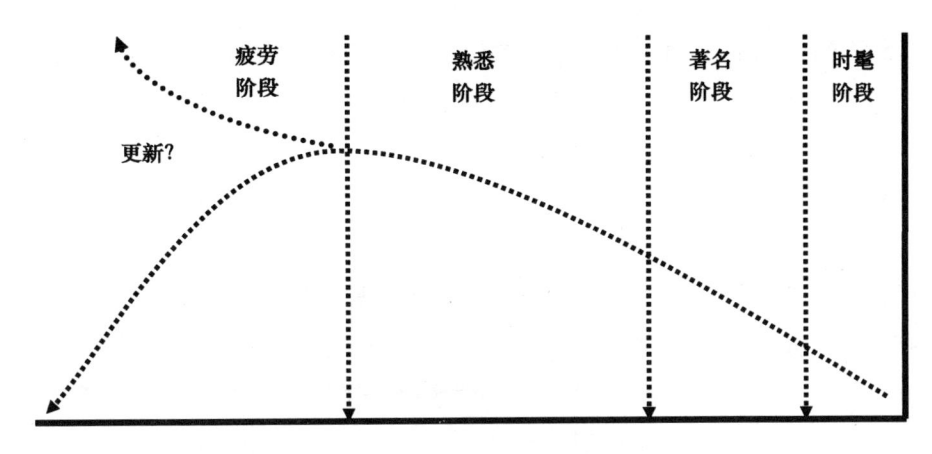

**图2—7　目的地品牌流行度曲线**

资料来源：Morgan, N., & Pritchard, A. (2004), *Destination branding*: *Creating the unique destination proposition*, pp. 59-78。

### 三　旅游目的地定位的研究重心

本文后面对旅游目的地定位实务的探讨是基于"广义的目的地定位概念内涵"而展开的，因为它可以从更全面的视角洞悉目的地定位的影响机制及帮助确保理想定位效果的实现。从逻辑上讲，在广义定位理论囊括的五个工作环节中，"目的地定位战略开发"和"物化展示目的地定位战略"这两个开端环节最应成为学术研究的重心。因为只有这两个环节是对定位理论核心和差异化内涵进行诠释的部分，其他工作环节的融入都是基于其与定位主旨的外在关联性。前者是定位源泉的思想创意，后者是定位操作化的技术创意。同时这两个环节也决定了其他工作环节存在的必要性和预期成效，只有明确了营销工作的努力目标和科学开展方式其他工作才能有的放矢。但现实中，在这两方面研究还比较有限的情况下，旅游目的地定位研究总体上却呈现出外延不断扩大的延伸趋势，后续相关工作环节的内容持续地被纳入研究范畴。这一趋势本身有其可取之处，因为它便于寻找定位研究更精细的切入点和实现学术创新，但应注意不能造成"喧宾夺主"的效果。

我们注意到，在这一研究拓展的过程中，国外研究能始终维持其以"目的地定位战略开发"为核心的研究格局。因为此类文献仍占有绝对比例，其他文献表现出明显为其服务的地位从属性。国内研究则是彻底的

"百花齐放"混杂局势，涉猎外延很广，重心却并不突出，尤其是"目的地定位战略开发"这一核心环节没有得到单独、深入的研究。这主要是因当前国内目的地定位研究中各种理论观点林立，而里斯和特劳特的经典定位理论被关注较少，还是边缘理论所致。处于主导地位、源自旅游规划领域的诸多理论（CI理论、TDIS框架、形象遮蔽和形象叠加理论等）囿于其倡导者的学术背景，难免将研究重心导向供给视角的定位战略开发。正因如此，国内很长时间以来（至今仍未摆脱）遵循的都是"自上而下"的定位研究范式，即依赖于政府官员和学界、业界专家主观识别的定位属性（该问题在后续章节中还会进行详细阐释）。这与西方作为营销理论内在组成部分的定位理论所倡导的"基于消费者"这一"自下而上"研究逻辑恰好背道而驰。

此外，对"物化展示目的地定位战略"阶段的研究在国内外都未得到足够重视，且目前主要围绕"口号"这单一符号进行探究。国外单独研究此类问题的文献极少（只检索到四篇），此外有部分内容夹杂在形象测量或形象促销策略研究之中。这可能是由于对该问题进行研究的最佳方法——"实验研究"较难掌握和实施所致。国内研究方面文献数量有较大提升，这源于各地方政府对目的地形象宣传的普遍重视和轰轰烈烈的"口号运动"。但是研究深度明显不足，主要局限于肤浅的口号特点总结和比较，缺乏对口号设计特点各要素内在联动机制的探究。下面作者简单地对"目的地定位战略开发"和"物化展示目的地定位战略"这两个重要的开端环节的研究要点加以总结和分析。

**（一）目的地定位战略开发的研究要点**

如前所述，该工作环节包含"目的地市场细分和目标市场选择""目的地定位调研""目的地定位思想提炼"三个连续工作的实施。其中，市场细分和目标市场选择是基础和前提；定位调研是对定位理论核心内涵的集中应用和呈现所在；而定位思想提炼往往作为对定位调研结论总结的一部分与其融合在一起加以研究。

1. 市场细分和目标市场选择

"市场细分"问题的研究要点落在了对目的地市场细分变量的恰当应用上。理论上讲，只要能帮助实现"细分市场"内部同质性、外部异质性的所有变量都可作为市场细分的基础,因此可用的细分变量很多。但实际应用中,还须注意以下一些问题:(1)这些细分变量之间没有属性优劣之分,只有应用得当与否之分;(2)目的地应主要根据自身战略目标和当前所面临情境来确定使用的细分变量,不应照搬照抄"经验";(3)细分变量往往是在结合目的地对市场细分方法的选择下被组合运用;(4)市场细分的结果并非一成不变,需要实时调整,这与选用细分变量有很大关联性。有些变量的细分结果有较大稳定性,而另一些则随目的地、细分人群、时尚潮流等不断变化。

"目标市场选择"是目的地市场细分要实现的直接目标,其研究要点是如何评价、选择最佳目标市场。这方面的选择技巧上与市场细分变量的选择类似,但也有其自身特色。当前国外学者们主要应用"市场细分原则"中的一个或多个来确定自身的目标市场。典型如毛瑞森(Morrison)所提出的八条标准:同质性、规模性、可测量性、可接触性、可执行性、竞争性、吻合性、持久性。此外,还有更细化的一些标准,如可盈利性、可服务性、风险性、成本领先等。当前被使用最多的是"可盈利性",这不难理解,因为毕竟经济上获益是目的地运营的核心目标。国内方面则几乎没有涉猎到此类研究。

2. 目的地定位调研

"目的地定位调研"触及的是"通过与竞争目的地进行比较分析、识别自身资源市场感知状况"这一定位工作的中枢问题。这一环节至少涉及对四个方面定位要素进行统筹协调和设计:(1)出游背景,即当前要进行市场定位分析的游客旅游消费情境是什么样的;(2)调研对象,很大程度上由前者决定,即对调研样本的选择和获取途径;(3)竞争目的地,即要纳入与当前关注目的地进行比较分析的一系列核心竞争者;(4)定位指标,即应用什么指标来衡量各竞争目的地之间的感知同异性。其中对定位指标的选取最为关键,也最能反映作者的独特和创意性研究理念,因为其他因素很大程度上都由研究背景所限定。

在这方面,学者们主要有两种做法,第一种是根据掌握的文献基础和研究经验自行指定定位指标。"旅游文献中的定位研究最初是由形象研究驱动的，大多数定位研究都以形象作为理解人们对一个地方感知的起点。"[1] 因此，"目的地形象"是迄今为止被学者们采用最多的目的地定位指标。具体的应用形式多样化，如单独采用"认知成分（cognitive components）"或"情感成分（affective components）"这两个主要的目的地形象维度；只采用"总体形象（overall image）"这一个集合维度；"总体形象"与某一特定形象维度相混合；三类形象之外再加上"意动成分（conative components）"这一独特的行为参数，等等。近些年来出于拓宽目的地定位研究视野和更深入探测游客感知态度的考虑，一些替代性的定位指标逐渐涌现出来，如市场份额、游客偏好水平、游客满意度、游客推荐频率、目的地品牌个性、目的地品牌资产等。

第二种方法是学者们认为当前关于确定定位指标的知识和准备不够充分，需通过实践调研识别真正被潜在游客所看重的目的地资源属性是什么。这些学者往往应用目的地"突出属性（salient attributes）"（即游客心目中真正用来区分各替代目的地的感知对象）这一学界术语，基于对目的地形象的调查识别出那些发挥实质区分效果的认知或情感属性（对于该问题后面还会通过实例来进行深入阐释）。

3. 目的地定位思想提炼

"目的地定位思想提炼"是对定位调研发现的高度浓缩和集中概括，它为第二个定位工作环节"物化展示目的地定位战略"的开展提供直接指导。换句话说，它是以品牌符号物化展示定位理念时所要集中诠释的思想精髓所在。在实际研究工作中，这一环节往往和定位调研环节自然地融合在一起，并不表现为一个单独的工作环节，因此对它的独立研究较少。其研究要点也是难点就在于如何从目的地"突出属性"的范畴中确定对定位最具指导意义的"决定属性（deterministic attributes）"。这类属性充当了目的地差异化的根本依托，往往是定位调研中发现的自身地域与竞争者差异度最高或最显著的属性。理论逻辑是如此，但实践中目的地的情况千差万别，其以往品牌营销的基础和水平也参差不齐，这会影响到其在三类属性（即重要属性、突出属性、决定属性）上的一致和

---

[1] Prayag G., *Positioning the city product as an international tourist destination*: Evidence from South Africa, Tourism, 2007, 55 (2): 139-155.

吻合度。所以该实践环节往往是致力于对目的地三类属性统筹兼顾的一个艰难抉择过程。

### (二) 物化展示目的地定位战略的研究要点

如果没有妥善的物化展示，再强有力的定位战略在促销活动的具体实施中也会变得不知所措。只有为模糊的定位理念寻找到最恰当的物化载体，或称"定位符号""品牌要素"（从品牌化的角度来看），其内在含义才能实现在市场上的渗透、刺激和引发行为。因为消费者与任何品牌的接触都是从其定位符号开始，这决定了要对各定位符号始终一致地联合使用，使其整合传递一个核心定位主题。目的地营销中常见的定位符号主要有三种：名称、口号和标识。这三种要素既互为依托、相互支撑，又各司其职、发挥各自独特的优势和效用。囿于各要素在设计方式和应用情境上的限制，其中只有"口号"能帮助更全面、深入地传递目的地的品牌定位信息。因此当前该领域的研究也主要是围绕目的地口号展开，标识略有涉猎，而名称因为可更改和利用的空间太小，没有研究。以口号为例，该定位工作环节的研究要点应囊括从"理论依托"到"设计要素"再到"组合选择"和"评价反馈"四个层层递进研究板块下的系列具体研究内容（如图2—8所示）。

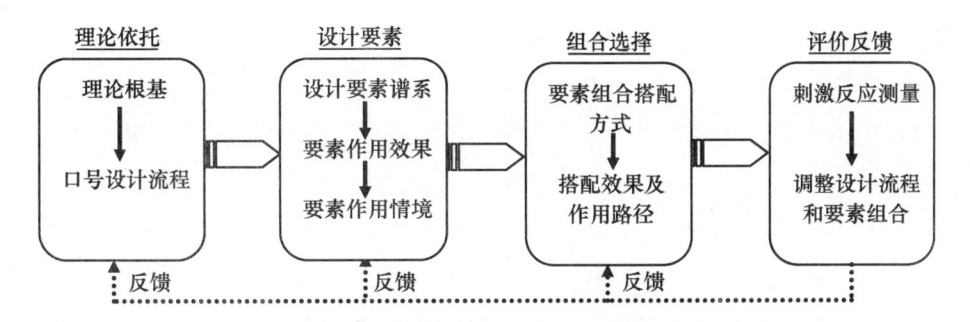

图2—8 物化展示目的地定位战略（以口号为例）的研究要点
资料来源：作者整理。

首先，在"理论依托"板块下，涉及两个研究要点：（1）决定应如何设计口号和设计什么口号的理论依托是什么？这方面目前国外少有研究，国内学者提出了少数理论基础，如"过滤器"原理、心理学原型与格式塔结构法等，但是很难将其有效整合。（2）设计理想口号的科学开展流程是怎么样的？其次，在"设计要素"板块，需注意以下一些研究要点：（1）设计口号时可资利用的设计要素都有哪些？（这方面由于各国旅游口号往往与该国的文学艺术创作风格紧密相关，故具体要素类别和特点因国而异）（2）各口号设计要素的作用效果如何？（3）各口号设计要素发挥效用的具体情境是什么？（因为任何要素作用发挥的过程中可能都涉及中介变量、调节变量的影响）再次，在"组合选择"板块，研究要点如下：（1）符合理论基础的各设计要素组合搭配方式有哪些？（2）各设计要素组合搭配后的作用效果及其作用路径是怎样的？（用于指导在不同情境下选择不同的要素组合搭配方式）最后，在"评价反馈"板块，研究要点为：通过对市场实际刺激反应的测量进一步指导口号的设计流程和设计要素的组合搭配选择。（这里可采用的评估指标也非常多，类似于对目的地定位指标的选取）

**参考文献**

[1] Porter, M. E. *Competitive Strategy* [M]. New York: Free Press, 1980.

[2] Ries A., Trout J. *Positioning: the battle for your mind* [M]. New York: McGraw Hill, 1981.

[3] Trout J., Rivkin S. *The new positioning* [M]. New York: McGraw Hill, 1986.

[4] 卢政营：《品牌的整合和定位》，《上海综合经济》2004 年第 6 期，第 71—74 页。

[5] 菲利普·科特勒：《营销管理》，梅汝和、梅清豪、周安柱译，中国人民大学出版社 2001 年版。

[6] 邱红彬：《关于品牌定位几个理论问题的探讨》，《北京工商大学学报》（社会科学版）2002 年第 17 期（4），第 36—38 页。

[7] 金琳：《定位的理论框架及与传统营销理论的比较分析》，《江苏商论》2009 年第 8 期，第 109—111 页。

[8] 杨明刚：《现代广告学》，华东理工大学出版社 2009 年版。

[9] 李天元：《旅游目的地定位研究中的几个理论问题》，《旅游科学》2007 年第 21 期（4），第 1—9 页。

[10] Ries A., Trout J. "Positioning" is a game people play in today's me-too market place [J]. Industry Marketing, 1969, 54 (6): 51 – 55.

[11] 王允:《浅析定位理论的缘起及其贡献》,《东南传播》2008 年第 4 期,第 82 页。

[12] 李相臣:《浅析 USP 理论的功能意义和发展》,《中小企业管理与经济》2008 年第 25 期,第 141 页。

[13] 张宇丹、单晓红:《营销传播:策略与经营》,云南大学出版社 2006 年版。

[14] 大卫·奥格威:《一个广告人的自白》,林烨译,中信出版社 2010 年版。

[15] 卫海英、张英:《浅论无形资产与品牌资产的区别》,《江苏商论》2004 年第 10 期,第 83—84 页。

[16] 卫军英:《整合营销传播观念及其理论构架》,博士学位论文,浙江大学,2005 年。

[17] Haahti A. J., Finland's competitive position as a destination [J]. Annals of Tourism Research, 1986, 13 (1): 11 – 35.

[18] 余卫潮、林峰:《定位理论与传统营销理论之比较》,《市场周刊》2010 年第 5 期,第 35—36 页。

[19] Morrison A. M. Hospitality and Travel Marketing (4th edition.) [M]. Albany, NY: Delmar Publishers Inc, 1996.

[20] 司马方、仇向洋:《定位理论比较分析》,《现代管理科学》2004 年第 8 期,第 16—17 页。

[21] Grönroos C. On defining marketing: finding a new roadmap for marketing [J]. Marketing Theory, 2006, 6 (4): 395 – 417.

[22] Prayag G. Positioning the city product as an international tourist destination: Evidence from South Africa. Tourism, 2007, 55 (2): 139 – 155.

[23] Morgan, N., & Pritchard, A. Meeting the destination branding challenge [J]. In N. Morgan, A. Pritchard & R. Pride (Eds.), Destination branding: Creating the unique destination proposition, 2004, (pp. 59 – 78). Linacre House, Jordan Hill: Elsevier Butterworth-

Heinemann.

[24] 斯坦利·普洛格:《旅游市场营销实论》,李天元等译,南开大学出版社 2007 年版。

[25] Pike S. Destination Marketing Organizations [M]. Elsevier Ltd, 2004.

[26] 高静:《旅游目的地整合营销传播:模式构建与沟通效果评价研究》,博士学位论文,南开大学,2008 年。

[27] 李天元、曲颖:《旅游目的地定位主题口号设计若干基本问题的探讨——基于品牌要素视角的分析》,《人文地理》2010 年第 25 期(3),第 114—116 页。

[28] 徐尤龙:《基于品牌理论的旅游目的地口号资产价值研究》,博士学位论文,云南大学,2015 年。

[29] 王京传、李天元:《旅游目的地品牌标识评价研究——以中国优秀旅游城市为例》,《旅游学刊》2012 年第 27 期(2),第 43—51 页。

[30] 董皓:《旅游目的地品牌推广口号的语言学构成分析——以省域及重点旅游城市为例》,《人文地理》2013 年第 130 期(2),第 148—153 页。

# 第 三 章

# 战略性旅游目的地吸引方案及其案例

从本章开始,作者将针对前述目的地定位研究重心涉及的内容逐一剖析其知识基础,并通过实证研究案例操作化和示范其过程是如何发生的。本章内容针对第一个研究重心"目的地定位战略开发"中开端环节的工作"市场细分和目标市场选择"而撰写。

如何进行市场细分和目标市场选择本质上是由一个目的地的战略目标和其当前所面临的生命周期等情境决定的,所以这项工作应具有鲜明的情境反应性。但实际研究中绝大多数文献都是基于市场细分的一般原则来选择细分基础和指导目标市场选择的,极少深入探究过目的地当前所要解决的实际问题。换言之,这些研究都具有"笼统化"的倾向,所以我们看到绝大多数吸引方案都具有放之四海而皆准的性质,如利润最大化策略、成本最小化策略、产品吻合策略、规避风险策略、竞争优势策略等(Perdue, 1996; Jang, Morrison & O'Leary, 2004; Lee, Morrison & O'Leary, 2006; Shani, Reichel & Croes, 2012)。事实上这些策略对处于任何生命周期、面临任何竞争和市场形势的目的地都是适用的,都有其存在的基础和合理性。借用目的地属性的分类方式,我们也可以称它们为"重要策略",但并非为解决某一特定问题量身定制的"决定策略"。真正的研究重心应该放在如何根据实际情境需要创意性地设计新策略或组合使用这些策略。本章便针对一类最常见却被忽视的发展情境探寻战略性目的地吸引方案的确定途径——处于成熟期或衰退期、面临游客量下滑或增长停滞、需要通过重新设定目标市场和重定位来实现振兴的目的地。本章中具体涉及内容及其内在逻辑关系如图3—1所示。

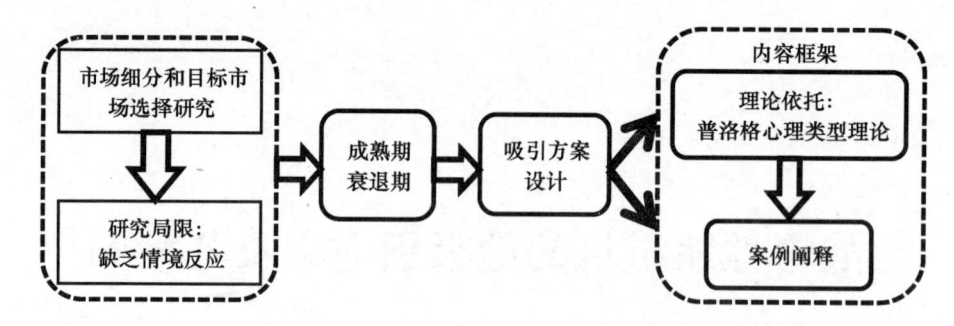

图 3—1　本章涉及内容及其内在逻辑关系

资料来源：作者整理。

## 第一节　普洛格心理类型目的地定位法的引荐与阐释

### 一　引言

随着旅游市场竞争的日趋激烈，定位在目的地营销中的重要性比以往任何时候都更突出，这一点已被学术界和实业界所广泛认识。然而，理念上的认识尚未转化成相应的充分的学术努力，当前国内目的地定位研究还十分有限。而且，现有研究在拓宽视野、探索定位创新理论基础和运作规律等方面更显得薄弱。一些关键性问题始终没有得到有效关注和解决。比如，处于生命周期较晚阶段的成熟期或衰退期目的地，应通过什么定位途径促成其游客量的逆转性增长、从而摆脱其消亡的必然命运？

鉴于此，本节内容基于旅游学研究中经典的旅游者心理类型理论，介绍一种将着眼点放在初期目标市场甄选上、通过瞄准具有特定心理类型的理想细分市场来实现游客量激增的定位方法。目标是在国内目的地定位研究领域引入一种新的思维方式和分析框架，以对通过定位来提升目的地竞争力的具体实践活动形成有益指导。

### 二　旅游者心理类型理论

旅游者心理类型理论是由具有"目的地博士（Dr. Destination）"雅号的美国著名学者普洛格（Plog）提出的，其理论思想根基源于消费心态学研究中的"人格（personality）"概念。

## （一）普洛格的旅游者心理类型划分

"人格"概念及其表征维度在消费心理研究领域中有着多样化的视角，但其中"冒险倾向（venturesomeness）"这一维度对揭示旅游行为差异性具有独特的效用。普洛格便是根据这一维度的强弱程度将旅游者心理类型细分，他们在数量上近似呈正态分布。其心理类型曲线的分布如图3—2所示。曲线最左端的群体被称为"依赖型（Dependable）"人群，这类人的冒险和探索精神很差，具有明显的思想谨慎保守、缺乏自信和主动性、习惯于按常规办事、偏好购买流行的名牌产品、自主决策能力差、喜欢仰仗权威人士指引其生活、恋群等人格特征。相反，处于曲线另一端的是冒险倾向最强的"冒险型（Venturer）"人群，他们天性好奇、喜欢探索周围的多样性世界、做事当机立断而不犹豫、充满自信、具有主动性和进取精神、偏好刚上市的新产品、相信自己的决策能力、独立性强。根据美国消费者市场调查的结果，大约有2.5%的人可划为依赖型，4%略多一点儿的人为冒险型，其余的人则属于这两者之间的某一群体，即"近依赖型（Near Dependable）""近冒险型（Near Venturer）"和

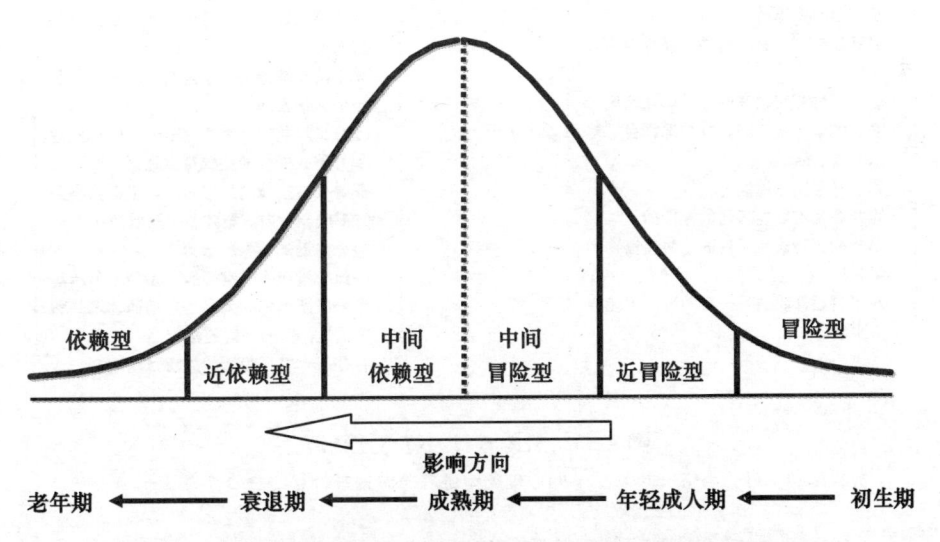

图3—2　旅游者心理类型曲线及其与目的地生命周期之间的关系

资料来源：对普洛格（2007）关于旅游者心理类型两个图的综合。

"中间型（Mid-centric）"（普洛格，2001）。数量最大的群体是中间型，可进一步分为两个亚群体（中间依赖型和中间冒险型），他们在人格特征上分别偏向两侧相邻的那一心理类型。由于各心理类型群体所具人格特征的性质，他们在行为方式上的影响机制永远是从曲线的右端向左端影响，即冒险型群体影响近冒险型群体，近冒险型群体影响中间型群体，直至依赖型群体，而绝不会出现从左向右的逆转影响途径。

这种划分的根本意义在于其揭示了旅游者心理类型对其旅游行为的影响，即分属不同心理类型的旅游者群体表现出不同的旅游偏好和行为模式。图3—3中构建了一个旅游者行为特点连续链，该"连续链"的两个端点分别描述了依赖型群体和冒险型群体各自差别迥异的旅游行为倾向，而其他几个心理类型群体的旅游行为特点则随其在连续链中的具体位置依次有所体现（介于两种极端模式之间）。

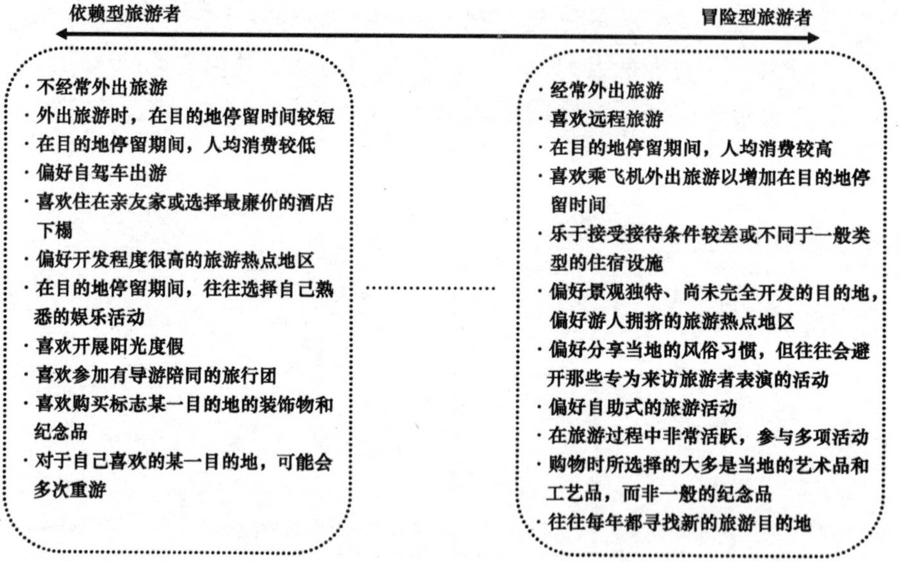

**依赖型旅游者**
- 不经常外出旅游
- 外出旅游时，在目的地停留时间较短
- 在目的地停留期间，人均消费较低
- 偏好自驾车出游
- 喜欢住在亲友家或选择最廉价的酒店下榻
- 偏好开发程度很高的旅游热点地区
- 在目的地停留期间，往往选择自己熟悉的娱乐活动
- 喜欢开展阳光度假
- 喜欢参加有导游陪同的旅行团
- 喜欢购买标志某一目的地的装饰物和纪念品
- 对于自己喜欢的某一目的地，可能会多次重游

**冒险型旅游者**
- 经常外出旅游
- 喜欢远程旅游
- 在目的地停留期间，人均消费较高
- 喜欢乘飞机外出旅游以增加在目的地停留时间
- 乐于接受接待条件较差或不同于一般类型的住宿设施
- 偏好景观独特、尚未完全开发的目的地，偏好游人拥挤的旅游热点地区
- 偏好分享当地的风俗习惯，但往往会避开那些专为来访旅游者表演的活动
- 偏好自助式的旅游活动
- 在旅游过程中非常活跃，参与多项活动
- 购物时所选择的大多是当地的艺术品和工艺品，而非一般的纪念品
- 往往每年都寻找新的旅游目的地

图3—3 旅游者行为特点连续链

资料来源：对普洛格（2007）不同心理类型游客旅游偏好特点的总结。

### （二）旅游者心理类型与目的地兴衰之间的关系

与人类相仿，旅游目的地在自然情况下都会经历一个从出生到衰亡的生命发展周期，这一点已被诸多学者认可并进行了详细阐释，如巴特勒（Butler, 1980）。但这些研究大多是描述性的，对现象本身的观察要超过对其背后原因的追索，对目的地管理的指导意义浮于表面。而普洛格则通过借助心理学框架系统诠释了目的地生命周期演进与其所吸引特定心理类型群体之间的深刻关联性，有力地推进了对目的地兴衰内在发生机制的解析。

普洛格指出，目的地兴衰是在如下过程中悄然发生的：首先，由于喜好尝试新产品和服务，冒险型旅游者往往会率先发现和造访一个鲜为人知的地方，这一举动代表着一个新的目的地的诞生。当他们将美好的旅游经历告知亲友后，那些属于近冒险型的人受其影响也产生了旅游愿望。于是随着近冒险型游客的到访，当地的目的地开发工作被带动起来，因为这些人不像冒险型游客那样愿意过"艰苦的生活"。根据期间目的地特点的变化，当一个目的地的来访者中近冒险型旅游者占绝对比例时，其进入了"年轻成人期"。此时，媒体往往开始关注报道该目的地，近冒险型旅游者也会将其经历告知亲友中那些具有某种冒险倾向的中间型心理类型者。由于此时该地已具备相当完善的基础设施，这些人也愿意前往。这段时期目的地的游客增长率会非常高，因为从心理类型曲线可知具有冒险倾向的中间型旅游者在数量上要大大超过近冒险型旅游者。至此，目的地各方都会感觉良好（当地地产增值、居民就业和政府税收增加、衰败的区域得以复兴），庆贺它们发现了一个理想的产业——旅游业。然而此时如果目的地不以前瞻性眼光实施必需的规划控制，招致其衰退的种子就埋藏在成功的土壤之中。因为旅游增长的实现依赖于这样一个事实：有越来越大的客源基础。换言之，至此目的地游客的演变模式为：首先近冒险型旅游者的人数超过冒险型旅游者，而具有冒险倾向的中间型旅游者在规模上又远远大于近冒险型旅游者。但当到了心理类型分布曲线的正中央时，情况便不再如此。当中间型旅游者成为当地居支配地位的来访者时，目的地的各种特点标志着其已进入"成熟期"。

由于早期旅游业的显著经济、社会效益，这一时期的目的地开发工作往往还会持续不衰，更多的酒店、餐馆和各种娱乐设施涌现，使其当初吸引冒险型旅游者的独特魅力日益被这些"旅游热点"特征所替代。由于心理类型曲线的影响方向不可逆转，它将继续自右向左发挥作用（即依赖类型游客无法带动冒险类型游客的旅游偏好），因此从目的地越过其心理曲线的中端起（即进入依赖型一方），它就只能从规模越来越小的人群中汲取客源。因为近依赖型旅游者的数量小于具有依赖倾向的中间型旅游者，而依赖型旅游者在规模上又小于近依赖型旅游者。这种格局同目的地处于上升阶段时截然相反。不过，重要的问题不仅在于所接待游客量的不断下滑，而在于依赖型群体是一种不理想的旅游者（从目的地获利的角度看），因为他们出游频率低、在目的地停留时间短、人均消费少（见图3—3）。这些不利因素此时都成为使目的地苦恼的现实问题。鉴于这些情况，当目的地来访者中近依赖型旅游者和依赖型旅游者分别居支配地位时，相应地代表其进入生命周期的"衰退期"和"老年期"。目的地生命周期与其所吸引的特定心理类型游客群体之间的关系如图3—2所示。

### 三　普氏定位法实现游客量激增的奥秘

尽管普洛格的旅游者心理类型理论作为被多数教材和学者引用的经典篇目已广为人知（可追溯到1974年），但其对目的地定位的独特魅力则是在近年才被揭晓。这源于普洛格在2004年出版的一本题为《旅游市场营销实论》(Leisure travel: a marketing handbook) 的专著，书中用大量实例详尽阐述了作者是如何运用该理论帮助一些被衰退困扰的目的地（如瑞士、塔希提岛、底特律等）成功走出低迷、创造旅游复苏奇迹的。

#### （一）普氏理论的中国情境适用性

从根本上讲，普氏理论对目的地定位的指导是基于前述的其对旅游者心理类型与其行为特征之间关系的假设。自诞生之日起，此假设便得到了诸多学者（包括普洛格本人）在多国、多地域、多行业的多次检验，从最初的单一行为效度检测（Smith, 1990; Griffith 和 Albanese, 1996），到多元行为效度检测（Liu 等, 2008; Park 和 Jang, 2012; Weaver, 2012），再到近年来的基于整合指标的多元行为效度检测（Masiero 和 Zoltan, 2013; Ma 和 Hassink, 2013; Hosany 和 Prayag, 2013; Andergassen 等, 2013; Mody 等, 2014; Jiang 等, 2015），其研究结论均以支持为主（Pavelka, 2013）。对于不支持/部分支持者，普洛格都以发现其研究设计中的突出问题（如错误样本、错误量表、错误分类体系等）给予了有力回应。普洛格本人的实证检验集中在美洲和欧洲,没有涉及远东地区,但他坚信心理类型理论的核心原理对亚洲市场一定也适用,即使具体的曲线分布形状会不同。对此已有部分相关的佐证信息:如普洛格曾依据该理论对香港的成功重定位实践就为其亚洲拓展提供了直观效度支持(Plog,2007)。另有学者在新加坡市场上证实了该理论对旅游者偏好目的地类型的有效预测(Litvin,2006)和国家概率样本的正态分布性(Smith,1990)。此外,还有不少基于亚洲游客群体的研究从宏观上证实了"消费心态(psychographics)"这一普氏定位的理论根基概念与游客旅游动机和行为倾向的高度关联性(Jamal 等,2011;Li 等,2013;Mody 等,2014;Jani 等,2014)。由此可认为该理论的内在原理和管理启示对中国市场的目的地定位和建设将同样具有积极指导意义。

(二) 国内目的地定位现行范式及其误区

我国国内的目的地定位研究和实践起步较晚(20 世纪 90 年代末),相关知识积累还比较薄弱,一直以来普遍遵循一种被有些学者称之为"资源主导法"的经验化分析思路和运作程序(高静和章勇刚,2009)。该界定形象地揭示了此定位方法的内在局限性:脱离消费者感知。集中体现在两个方面:(1) 定位属性确定过程与消费者市场细分工作几乎没有实际关联意义;(2) 对目标市场的调研工作偏离了重要方向。具体地,该方法将目的地资源状况分析作为定位的起点和核心,首先进行所谓的"地脉""文脉"分析,通过主观评判识别出自身目的地的绝对优势属性。而剩下的工作都是基于这一优势资源的发现开展的。一方面要进行市场感知调查,但其内容是识别旅游者对这些选出的优势资源的各自知晓度和认同度,而非了解与定位切实相关的消费者需求特点和差异化感知等信息。在此之前可能会有一项市场细分工作,以确定消费者调研的群体范畴,但国内很多调研实践都已简化为对普通大众开展、不再与特定细分市场挂钩。这使得国内市场细分工作的意义将主要体现在定位战略确定后与其他营销信息一同面向适当人群的传播中,而事实上很多地方都是到了此阶段才补充进行市场细分的(李天元,2007)。总之,营销调研的方向偏斜及抽样简化割裂了国内市场细分工作和目的地定位工作的交汇点、边缘化了市场细分的意义(如图 3—4 所示,二者几乎处于平行而不相交的两个不同领域)。

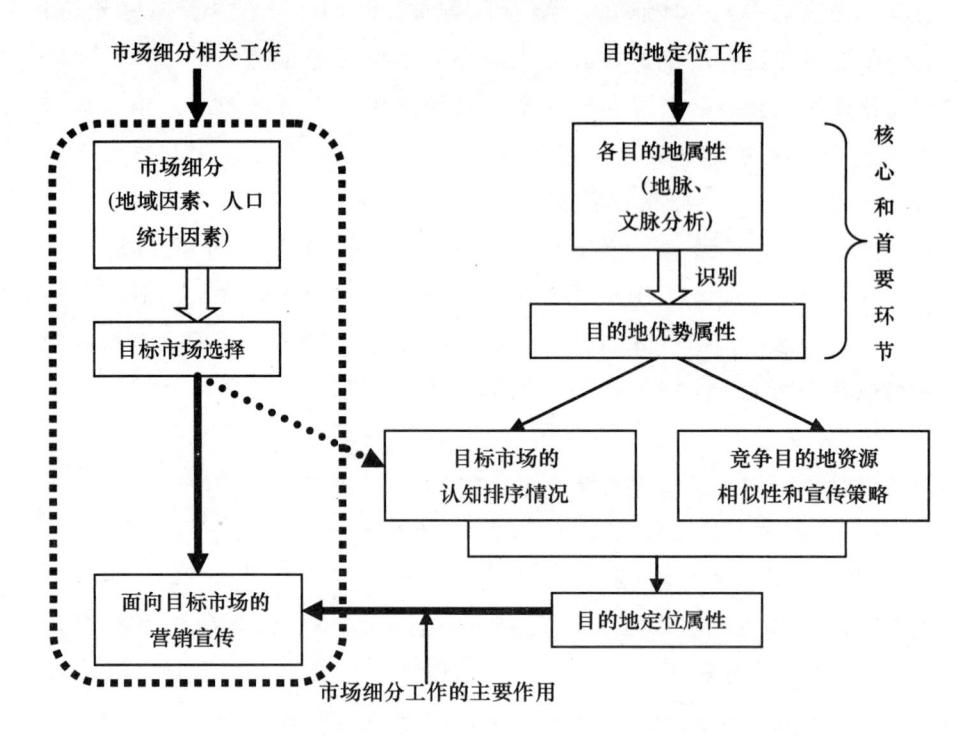

44　旅游目的地定位：理论与实践层面的探索

**图 3—4　传统目的地定位法的一般操作模式及其与市场细分工作的关系**

资料来源：对国内目的地定位文献特点的总结。

　　另一方面的工作是竞争对手分析，仍然以资源为基础，主要考察自身优势资源与竞争对手资源相比较的类似情况及竞争对手的定位/宣传策略。目的地最终会综合考虑上述分析的结果提出一个自身定位的"独特卖点"。这种传统定位模式虽然也吸纳了消费者视角，但其定位战略设计的基础却只能是那些由目的地供给方首先择定的"优势资源"，不会超越这一范畴。这种一厢情愿地强调资源客观特色的做法极易使定位偏离旅游者的兴趣重心而无法发挥其预期功效。

　　（三）普氏定位法的实施程序及其突破性价值

　　上述国内盛行的目的地定位法其实是对定位灵魂内涵——"定位是对消费者做的事而不是对产品做的事"的彻底背离（Ries 和 Trout，1986）。在遵循定位宗旨的正确方法下，市场细分及其尾随的目标市场选择工作应在整个过程中发挥关键作用，而不是作为附属物或点缀品（Li

等，2013）。这正是"普氏定位法"所倡导的根本理念。该方法基于游客心理特点对目的地兴衰变迁的影响将着眼点放在目标市场甄选上，强调通过瞄准具有特定心理类型的理想细分市场促成/维护到访游客量的持续增长，以延长/扭转目的地生命周期的阶段。市场细分工作被首先开展，为后续的消费者调研提供明确的对象基础，统领、贯穿所有定位战略开发的具体活动。如果缺乏这一环节或对其实施不当，则会使定位失去清晰的方向导引和真实切合性。

根据旅游者心理类型曲线的分布特征和影响机制，普洛格明确指出最佳定位着眼点应该是设法瞄准和吸引近冒险型旅游者这段空间中的某一核心人群，因为这种定位会具有最广阔的吸引面，其影响范围能够扩及曲线上规模最大的一批人群（Plog，2001）（近40%，即近冒险型—中间冒险型，见图3—2）。由此，对这一核心人群的有效甄别和接触便成为此定位法下市场细分相关工作的核心任务。以往国内的市场细分实践多依循地理位置和人口统计特征等简单要素（张宏梅等，2010），而当前方法则需借助能准确反应复杂人格特征的心理倾向表述来揭示群体差异性。在这方面，普洛格一直鼓励学者们与其交流获取其所使用的五题项"冒险倾向量表"（最初为四题项）（Plog，2006）。这有利于该领域的工具一致性，但普氏量表关注的是可普遍应用的总体个性倾向，不是专为目的地情境设计的。这里，作者更推崇其他学者（如 Smith、Weaver）的做法，即根据旅游及心理动机研究自行开发表征具体旅游心理倾向的量表，以提升研究的针对性和细致性。如 Weaver（2012）的十条目量表，虽然没有形成系列的丰富题项，但涵盖了游客冒险意愿的一些重要维度，非常具有参考价值。

当前，要推进该定位法在国内目的地营销中的有效引入和运用，构建一个符合中国游客特点的维度/题项全面、效度/信度良好且可推广的统一"冒险倾向量表"是首要工作。对已有量表（主要基于西方）的借鉴必不可少，但更多的工作应是识别和处理好中国人独特的个性特点给量表开发所带来的特殊要求。比如，绝大多数中国人都表现出鲜明的谦虚礼貌、矜持自控、对陌生人冷漠浅交、避免冲突和得罪人、爱面子、重视家庭和亲属关系、重视等级身份、恋群、节俭、谨慎等个性特点（Reisinger 和 Turner，2002），使得如表3—1所示的这些原本对西方游客可形成有效差异化的行为倾向内容在运用到中国游客时则可能无法奏效或需仔细斟酌其表述方式及各自的权重水平。这是一个非常有挑战性的议题，需展开深入研究。当然，由于本书的主要意图是阐明普氏定位法的理论宗旨和意义，这里就不再对这一问题赘述了，有待后续学者的跟进。

**表3—1　　在设计中国冒险倾向量表时需特殊处理的内容**

| 旅游者行为冒险倾向题目 |
| --- |
| ·在参加旅游活动时更喜欢冒险刺激性强、对体力有较高要求的项目？ |
| ·在购买纪念品时更喜欢原真性的、带有地方独特价值的商品？ |
| ·在对旅游服务不满时更愿意直接提出或投诉而不是默默忍受？ |
| ·更愿意自行出游而不是参加旅行社组织的团队出游？ |
| ·更愿意独自出行而不是与亲友结伴出行？ |
| ·更愿意在目的地停留较长时间来游玩和体验？ |
| ·在旅游中对导游的依赖更多的是文化讲解而非生活性的服务？ |
| ·更愿意与目的地人进行较多的接触和交流？ |
| ·在旅行中能够很快地与其他游客熟识并融合在一起？ |
| ·更愿意由自己安排所有旅游事务而不是依靠经验丰富的人的指导？ |
| ·为了实现自己的旅游目的而不太在意目的地的花费？ |
| ·在进行旅游决策时不担心花费了时间/金钱/经历而不是物有所值？ |

资料来源：根据相关文献的思考。

当通过特定技术（常用聚类分析）对客源地人群进行了有效的心理类型细分并识别出典型近冒险型旅游者之后，就进入了定位的大宗工作范畴——目标市场调研。这里它是对后续一系列品牌本体开发工作的统称（因这些活动都是遵循"基于消费者"路径开展的），含义远远超越了传统定位法下的市场分析。消费者认知排序和竞争对手分析在此都隶属其范畴，且仍为两个主体环节，但它们各自的内容和意义都已发生了根本改变。而且，二者的关系不再是简单的总结合并，而是紧密相连的元素承继和路径包容关系，并可出现逆向反馈。市场认知排序的任务是识别消费者需求，即明确游客在对众多目的地进行比较分析时关注的都是哪些资源、哪些属性能构成旅游决策的基础。西方旅游研究赋予目的地属性三性之分：重要性（importance）、突出性（salience）和决定性（determinance）（Pike 和 Page，2014）。此工作的关注点就对应其中所有对旅游活动顺利开展有重要意义的属性（即重要属性）中的部分"突出属性"，即对属性在决策中突出程度的排序。而"决定属性"又是"突出属性"中的少数几个对游客偏好和现实购买具有决定意义、能塑造自身品牌差异性的目的地核心特质，也即竞争对手分析工作的目标所在。因此，这里竞争对手分析本质上也是一种市场感知调查，是对近冒险型人群心智中目的地"突出属性"与竞争对手同异性的探究，以发现对消费者有意义的独特优势资源。其结果是定位的终极着眼点。

事实上，在普氏定位法下，在消费者认知排序工作后常可开展一个更为深入的二次市场细分，以游客对识别出的"突出属性"的不同偏好特点将其进一步细分为具有不同动机诉求的若干差异化人群。以便锁定一个范围更具体、对目的地更重要且更有能力接近的关键近冒险型市场，再进行后续工作。一般可借此选择一个规模最大或对目的地资源最为青睐的群体。或者可从弥补缺陷、进一步拓展市场的角度出发采取另一种思路，到竞争对手分析阶段再进行二次市场细分。根据近冒险型游客的竞争感知情况明确谁是自己的最紧密竞争对手，而哪些人群是当前对竞争者形象深刻、自身虽有类似资源却所占份额有限的。抓住这一特定人群，再转而辨别对其有极佳影响力的资源基础（此处即逆向反馈现象），增补到以经典程序面向整体市场调查所获的优势特质之中，可因定位着眼点的延伸极大拓展目的地的吸引空间、攫取一部分原属于竞争者的市场份额。可见，普氏定位法并不限制固定的运作模式和顺序，而是可以根据实际情况在各调研元素之间进行有机的选择与组合。其整体范式如图 3—5 所示。与传统方法截然不同，市场细分的思想投射在定位工作的开端，是核心必要环节，并贯穿其始终、融入其血液。图中的虚箭头代表这种渗透性影响，它指引了普洛格定位理念下各实际工作的开展，故其间的实线箭头（代表实际定位工作）和虚线箭头方向一致。市场调研范畴内的双向箭头代表期间各要素的动态互动机制，而其外围的虚圈代表整体范畴内的逻辑互通性。

48　旅游目的地定位：理论与实践层面的探索

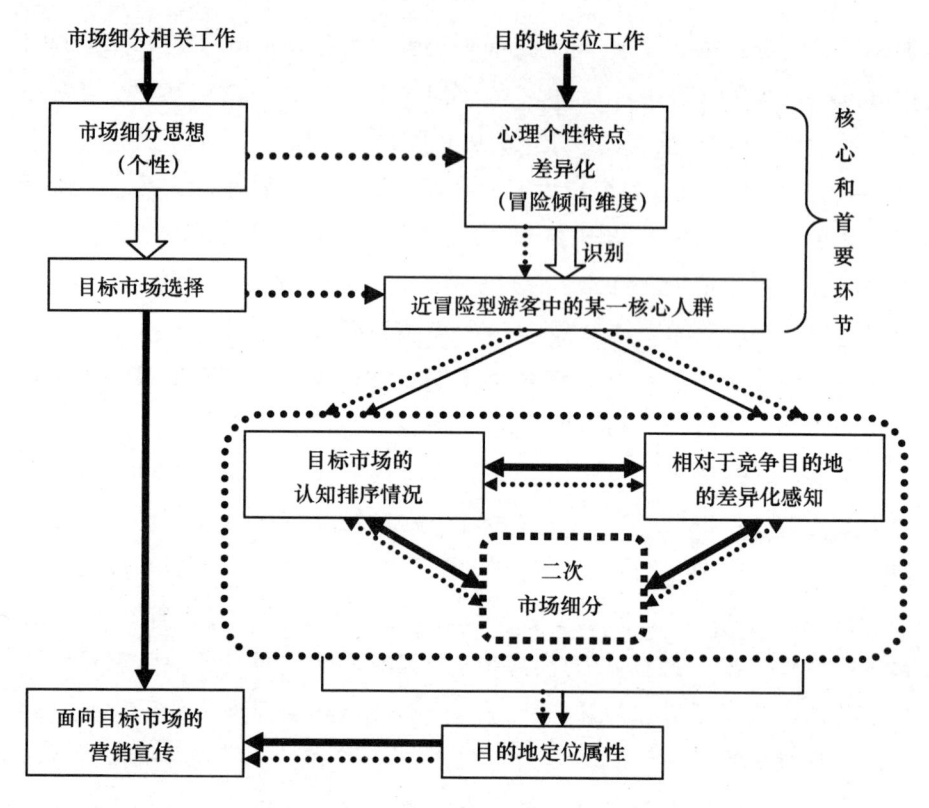

**图 3—5　普氏定位法的一般操作模式及其与市场细分工作的关系**

资料来源：对普洛格目的地定位法核心思想的总结。

"普氏定位法"对目的地营销者的启发是显而易见的，即迎合目的地人群变动的客观驱动规律，就必须进行针对性的规划和开发工作，不断维持/增补与冒险型旅游者需求相契合的资源品类，通过日益提升/丰富的旅游经历质量赢得这类群体的持久关注和访问动机。因为只有稳固这群较为理想的客源（出游频率高、停留时间长、花费多、对其他游客影响力大），才能为目的地构筑一个最有利的发展模式，即始终处于不断发展壮大的"年轻成人期"这一生命周期之上，在此阶段循环往复而不再向"成熟期"过渡。这一理念或许可打破传统视野认为目的地必将走向不可遏制衰亡的神话，为目的地经营管理开辟新的篇章。而其对那些已经步入成熟期往后阶段目的地的指导意义更为显著，因其明确提出了帮助它们迅速走出困境的方法，即以冒险型群体为核心吸引对象，发掘/兴建那些能重新使他们感兴趣的首创性资源，把目的地拉回上升曲线的良性循环机制中。随着新目的地的不断涌现，在近年来国家整体旅游发展一片看好的大形势下，我国一些传统目的地（如桂林、西安、大连、承德、大理等）却在不同程度上遭遇了游客量下降或增长缓慢、市场趋于饱和、形象过于狭窄、环境质量受损、严重依赖初次游客等发展问题（陈志永，2009；曲颖和李天元，2012；胡宪洋等，2013；李根和段文军，2014；张妍妍等，2014）。比如，作者开展的一项调研显示，3000名有海滨旅游意愿的被访者中只有25%的人视大连这一曾经的旅游旗舰城市为首选目的地，而且多为出游经验较少的近距离游客，印证了游客特点和目的地竞争地位的变化。而普氏定位法因其切合性无疑可成为帮助这些城市解决难题、实现目的地全面复兴的一剂良药。不过需强调一点，虽然该方法可称扭转局面的捷径，但事物发展需经历一定的时期（新景观设施的建设短期内无法竣工、新的形象要深入人心更是长期营造的结果），故此战略的实施可能将无法发挥立竿见影的效应。所以建议这些目的地在全面招揽冒险型游客的条件尚不成熟时可采取同时吸取部分依赖型人群的"双栖发展"路径。这种稳健的策略有助于保障目的地在过渡期仍能有充足的客源以及品牌本体的平稳变更。

## 四　结论及展望

在这个愈加同质化的时代定位理念经广泛、持久的倡导似乎已成为"老生常谈"的话题。然而，国内同人却始终没能深入探究其理论精髓，一直践行着一种与其宗旨背道而驰的目的地定位模式，仅强调资源的客观特色，忽视市场需求的特点和影响规律，曲解及误用市场细分、市场感知分析等工具，推出了太多让游客无法关注、识记、共鸣且易产生混淆的失败定位（李天元和曲颖，2010）。更令人费解的是西方已成型、并不断完善、提升的科学定位范式却鲜有国人取经。尤其是普氏定位法将定位功效的发挥与目标市场甄选紧密相连，打破了传统资源取胜的认知禁锢，提升了城市操控旅游发展周期的主观能动力，可称为定位方法发展中的重大突破。其原理简明、针对性强、易于操作，对处于迅速发展大背景下的各类国内目的地都有独特的参考价值，值得被大力推荐和研讨。

可以预见，随着国内外旅游研究焦点、范式的日趋合流，以及营销研究在全球旅游学术界中主流地位的确立，未来以"普氏心理类型理论"为代表的、与国内传统操作截然相反的"消费心态学"相关理念将在目的地定位和规划的应用中大行其道。就"普氏定位法"这一具体分支而言，其在国内的引入也必将遵循两条各自独行但最终殊途同归的研究路径："继承"与"突破"。既要延续该领域已有的研究体系和思路，在国内情境下开展一些类似的基础性研究，如中国游客"冒险倾向"量表的开发、普氏定位法各假设条件在国内的变异性表征等；又要与国外学者站在同一平台上，以前瞻性的视野提供一些在全球范围内都更具前沿性和开创性的成果。比如对不同类型目的地应用普氏定位法的差异化效度及其驱动因素的研究，以及将"个性"与其他关键消费心态研究变量联合作用机制的整合性分析，都将不仅具有中国独特性，更能对该领域的整体理论建构和思路拓展大有裨益。本节内容则属其基础研究中更为开端和初步性的工作，旨在通过对这一原理的深入透析引起更多国内学者的投入和争鸣，开启对普氏理论研究的全面学术耕耘。

## 第二节　案例1：瑞士应用普洛格理论的目的地重定位

本节内容将简要介绍一个由普洛格负责的瑞士定位项目来实际阐释"普氏定位法"的实施理念和过程，前文展示的其逻辑思路和操作要领将都能从中体现。

### 一　瑞士重定位背景

20世纪90年代初，到访瑞士的美国旅游者数量逐年下降，而与此同时其他欧洲国家的美国游客接待量却在稳步增长；与美国人口普查数据相比，瑞士来访游客普遍趋于年长和收入水平较高，显示出狭窄的市场吸引面；游客的心理类型定位不清；瑞士已有的定位战略不利，并且主要是聚焦于旅游者已经知晓的事物（阿尔卑斯山）。

## 二 解决问题的途径

根据瑞士面临的旅游发展问题和游客特征，普洛格判断出其现有客源不够理想，目的地发展已经处于生命周期的"衰退期"。因而瑞士重新定位的方向应该是竭力唤回那些冒险倾向较强的旅游者，推出一种能有效激励他们重访的品牌本体，以通过他们的拉动效应促成来访游客的大幅度回升。为此要开展市场调研来明确瑞士的哪些属性可用于吸引这群理想客源的来访。

## 三 研究设计和发现

在首先进行的样本挑选工作中，普洛格不仅使用了他用以揭示总体个性倾向的5题项"冒险倾向量表"进行市场差异化，还对细分结果以两个能反映冒险意愿的典型旅游行为题项进行了过滤：（1）是否为航空旅行者；（2）近年内是否有远距离的出国旅游愿望。最终确定了两部分近冒险型人群为调研对象：2/3的人在过去一年中至少两次乘飞机外出旅行，并且今后两年会去欧洲、远东或太平洋地区旅游；1/3的人除符合上述标准之外，过去两年内还曾两次去欧洲旅游。在设计调研工具方面，由于近冒险型旅游者希望在目的地停留期间可以参与多样化的活动，普洛格根据瑞士官方提供的资料和他的亲身体验汇总出48项瑞士可供游人开展的活动，作为问卷的主体。为了掩饰调查所针对的核心是瑞士，同时也是为了了解竞争者的信息，问卷中还涉及对三个瑞士的关键竞争对手（英国、法国、意大利）的评价。问卷中所列的48项活动在瑞士都有，但在有些用作比较的目的地中却不一定会有，以便完整地识别和界定瑞士的独特性。调查主要围绕两方面：一是在这48项活动中游客特别喜欢开展的有哪些；二是哪些活动是他们认为在瑞士、英国、法国、意大利逗留期间能够得以开展的。前者可反映出各项活动对美国游客选择出行目的地的重要程度（对应市场认知排序工作）；后者可揭示各欧洲目的地在美国游客心目中现有形象的优、劣势（对应竞争对手分析工作）。表3—2中列出了前17项游客感知较重要的活动以及瑞士被感知可开展这些活动的程度（以各个项目被选择人数的百分比表示）。

52    旅游目的地定位:理论与实践层面的探索

表3—2    理想目的地应具备的活动内容及游客对瑞士具备情况

|  | 理想的目的地 | 瑞士 |
| --- | --- | --- |
| 美丽的乡野 | 91 | 85 |
| 古城堡与要塞 | 86 | 33 |
| 野外小餐馆 | 82 | 38 |
| 令人感兴趣的博物馆 | 80 | 29 |
| 风格别致的村庄 | 79 | 67 |
| 美丽的高山与湖泊 | 78 | 76 |
| 令人感兴趣的建筑 | 74 | 37 |
| 乘火车穿越美丽乡野 | 68 | 60 |
| 露天市场和集市 | 66 | 33 |
| 古老的教堂 | 65 | 26 |
| 古罗马遗迹 | 64 | 9 |
| 美丽的公园与花园 | 63 | 40 |
| 地位很高的美术馆 | 62 | 17 |
| 积雪盖顶的高山 | 56 | 58 |
| 葡萄酒酿造厂/品酒 | 51 | 11 |
| 滑雪 | 28 | 34 |
| 高尔夫度假地 | 20 | 5 |

资料来源：普洛格于20世纪90年代初对瑞士重定位的调查数据，见普洛格（2007）《旅游市场营销实论》，第232页。

调查结果显示，美国游客认为瑞士是一个景色相当优美的国家，其在一些相关选项（如美丽的高山与湖泊、风格别致的村庄、美丽的乡野）上的得分要远远高于竞争者，并且这些活动也是游客在出游选择时比较重视的项目。因此，这一属性符合标准定位程序中"决定属性"的内涵，是瑞士的显著差异化优势，应被纳入定位战略。但是，因这本身就是瑞士长久以来的宣传重点，已深入人心却没能发挥积极的效果。因此，在新战略中它更适合作为背景去衬托其他更能帮助解决实际问题的属性，而不应再是焦点。这意味着必须以一种非常规的思维来重新探寻解决问题的要旨。一个惊奇的发现是：除了风光秀美，瑞士则很少被游客感觉可以提供其他活动，特别是在文化遗产方面，几乎呈现出一种形象上的空白。尽管瑞士拥有诸多古城堡、军事要塞、古老的教堂、品质优秀的博物馆、地位很高的美术馆,以及风格迥异的建筑群体,游客们对此却几乎没有了解,对其他几个国家在这些项目上的打分都比瑞士高得多。而这些项目却在游客的出游选择中具有较重要的地位(见表3—2)。这大抵就是其他欧洲国家旅游业蒸蒸日上而瑞士却在走下坡路的原因,即瑞士面临的问题是:美国游客对瑞士旅游供给状况的认识过于狭窄,限制了人们对在游览该国时所能开展活动的预期,大大削弱了增大游客来访量和延长其停留时间的可能性。因此必须拓展瑞士旅游形象的宽度和深度,创建一种新的比较全面的形象。如前所述,事实上瑞士拥有很多美国游客在旅欧时会寻求的东西,只是他们没有将这些东西同瑞士联系起来。所以就必须在新定位战略中对这些当前的感知弱势予以大力强调,以这种逆向思维最大限度地扩展游客吸引幅度。最终普洛格建议以"瑞士的八大奇迹"作为新促销主题,暗示瑞士所能提供旅游经历的丰富性,激发人们想极力去发掘美丽风景之外的其他瑞士奇迹都是什么。这一案例虽然未通过更精细化的研究设计(如二次市场细分)获取诸如竞争态势/需求特征和规模等信息,但它巧妙采用了以转变劣势属性感知来填补客源缺口的变通手法,诠释了普氏定位法运用中的灵活性。

## 第三节 案例2:实现精准目标市场识别的美国入境游客细分

本节内容通过对中国入境旅游市场振兴的实证研究案例更进一步剖析、示范战略性目的地吸引方案的确立流程。该案例是作者自身基于前述理论知识所开展的一手实证调研,也代表了对普洛格理论的跨文化、跨地域检验。

### 一 引言

随着游客消费心理的日趋复杂和分化,市场细分工作的重要性愈加突出,且实践中对其精准性和"营销—购买"转换率的要求进一步提升。以对规模经济和定制化运营的权衡为思想实质(Li X, Meng, Uysal & Mihalik, 2013), 该技术的主要价值在于将整体市场划分为若干个内部同质、外部异质的细分市场, 让营销者以量身定制的沟通方式和产品服务于从中选定的目标市场, 从而促成其有限营销资源的合理利用和"成本—效益"最大化。

当前我国入境旅游市场就特别需要应用该技术深化对消费者的了解。近年来, 在出境旅游持续升温的映衬下, 我国入境旅游显得异常冷淡。每年平均 9% 的游客增长率仅是出境群体的一半, 且从 2013 年起已连续两年出现了负增长, 造成巨额旅游贸易逆差 (2014 年已超过 1000 亿美元)[①]。入境旅游是我国旅游业融入国家战略的基石, 也是缔造旅游强国的基础性指标之一, 因此必须以最大化招揽入境游客为起点实现其全面复苏。

在这方面, 美国游客是一个极佳的研究切入点。首先, 作为经济最发达和有着悠久出境游传统的国度, 美国游客的价值取向和需求态势对理解我国整体入境市场的发展具有良好预测力 (如中国首要客源国韩国、日本)。事实上, 近十年来美国游客访华状况与我国入境亚洲市场在变化趋势上非常接近 (如图 3—6 所示, 亚洲市场因为规模更大反应更显灵敏一些)。其次, 当前美国访华市场的境遇亦是整体入境市场状况的一个微缩写照。虽然作为我国的第三大客源国, 但事实上每年访华的美国人仅占其全部出境市场的 3%[②]。且从 2011 年起, 该市场的年平均游客增长率已从前十年的 10% 以上 (2001—2010, 剔除非典等特殊因素的干扰) 下降到 1.05% (2011—2014)。综上, 从市场复兴要求的迫切程度和研究成果的广泛代表价值考虑, 本书以美国游客作为案例群体。

---

① 数据来自中华人民共和国国家旅游局官方网站 2000—2014 年的入境旅游统计信息, 或根据此信息计算得出: http://www.cnta.gov.cn/zwgk/lysj, 2015 - 02 - 12。

② 根据美国商务部旅行与旅游业办公室 2007—2014 年的出境旅游统计数据计算得出: http://travel.trade.gov/outreachpages/outbound.general_information.outbound_overview.html, 2015 - 02 - 28。

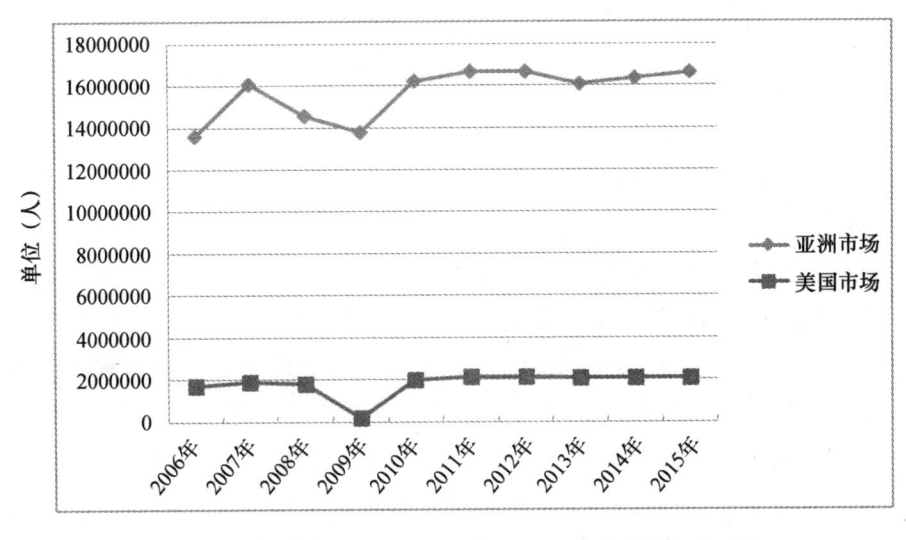

**图3—6 近十年访华亚洲游客和美国游客的数量变化曲线**

资料来源：作者根据中华人民共和国国家旅游局官方网站2006—2015年的入境旅游统计信息（http://www.cnta.gov.cn/zwgk/lysj）整理而成。

## 二 相关文献综述

### （一）最大化访问增长的理论支撑

心理类型不同的游客对目的地成功运营意味着不同的市场含金量，这一共识已反映在国内外诸多探讨游客心理特征对其行为影响的文献中（余勇，2008；张洪波、徐艳，2009；梁增贤、董观志，2011），然而普洛格心理类型理论是唯一能将目的地兴衰变迁与其所吸引游客的特征紧密连接的研究。该理论强调，目的地兴衰变迁的奥妙就在于伴随旅游设施开发不断升级其产品的独特性和冒险价值发生了转变，进而使其吸引人群从冒险型悄然转变为近冒险型、转变为中间冒险型……直至最终转变为依赖型（详细理论背景和内容见上一节内容）。

该理论的核心在于其强调系统性的开发规划是决定一个目的地招致不可遏制的衰败还是实现多元化可持续发展的决定因素。通过对冒险类别游客的青睐，它为目的地最科学的承诺制定提供了一种结构框架。普洛格公司跨国度、行业的大量调查显示与其他人群相比，冒险类别游客表现出一些对目的地绩效特别有利的消费特征，如：出游频率高、在目的地参加活动多、人均花费多。近年的一项研究甚至发现，冒险者在情感态度、推荐和重游意愿及支持举动等忠诚维度上都表现出不低于（甚至超过）依赖者的评分结果（Weaver，2012），打破了对冒险者缺乏忠诚的传统假设。基于客源基础变化是目的地兴衰的根本原因，普洛格明确指出，对于那些游客来源转向依赖型一方的成熟目的地，若要改变其不断衰退的发展格局，实现游客来访量的逆转性增长，其最佳目标市场甄选就应是瞄准近冒险型游客中的某一核心人群。因为这种定位会具有最广阔的吸引面，能扩及曲线中规模最大的一批人群（近40%，即近冒险型—中间冒险型）（Plog，2004）。因此，借鉴该理论，识别和有效接触到这一核心人群便能成为撬动目的地最大化游客访问增长的杠杆性举措。然而，尽管普洛格模型被广泛引用和传播，其对目的地市场复兴的这种直观规划和营销启示却极少在实证研究中得到应用。本节内容即以"冒险倾向"变量为核心细分变量之一来促进对该理论思想的操作化。

### （二）目的地市场细分

当前对目的地市场细分方法的分类主要有两种。一种是按细分结果的来源划分为"前验法（a priori approach）"和"后验法（a posterior approach）"（Dolnicar，2004）。前者根据研究者的常识性推断分割市场，其细分结果预先可知；而后者的细分市场信息要通过数据统计分析获取。二者亦可在同一研究中联合使用，以前验法作为更深入的后验法应用的基础。第二种是按使用细分变量的数目及涉及阶段划分为"单阶段""二阶段"和"多阶段"方法，分别对应使用一个、两个和三个以上的细分变量（Morrison，1996）。为获得更为精准、深入的细分效果，本书的细分设计综合包含了这两种分类方法的元素，即在整体的多阶段细分框架下涵盖对"前验法"和"后验法"的次序性运用，如图3—7所示。

在细分变量的选择上，旅游学者经历了如下的变更过程：早期主要使用描述性社会人口统计变量（如年龄、职业、收入等），但因这些变量的测量结果混合、多变，被认为缺乏有效性（Tkaczynski, Rundle-Thiele & Beaumont, 2009）。自此，心理特征（psychographics）或特定行为本身等与行为关联度更高的变量被替代性地选作细分基础。再往后的发展趋势则是在多重目标驱动下对多种细分变量的联合使用（Johns，2002）。一般首先以某"高预测力变量"为核心细分基础，再对其细分结果应用若干次级重要变量来辅助勾勒群体特征。本书也遵循这种前沿的综合性理念，且在细分市场生成上应用"双核心变量"做了一个更精细的二次细分。

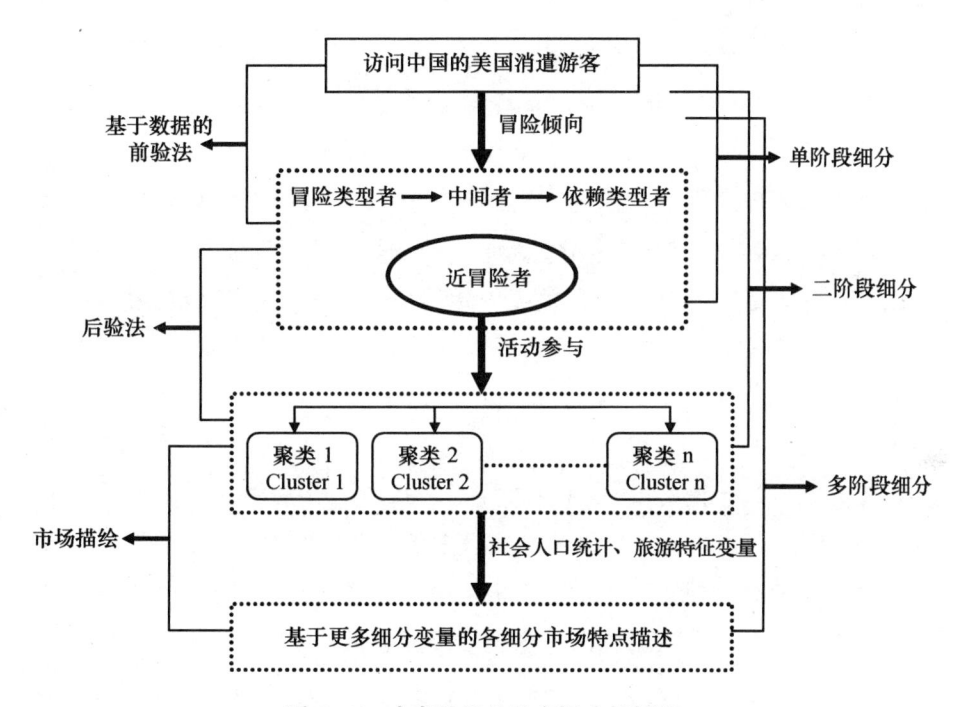

**图 3—7  本书的目的地市场分析框架**

资料来源：作者整理。

心理特征是被评价最高的细分基础之一，而"动机"（或称"寻求利益"）则是其中最常被应用的具体变量（Frochot & Morrison, 2000）。但事实上该细分变量有一个显著缺陷，即它对特定人群的划分结果必然要随目的地、决策情境及时尚潮流等因素的改变而改变，缺乏稳定性（Mumuni & Mansour, 2014）。在这方面，"冒险倾向"概念，同作为能揭示行为内在动因的心理变量，则具有跨地域、文化和情境应用的推广可信度。因为人的个性极少或仅微妙地发生变化（Griffith, 1996）。此外，该变量还具有一个独特功效。因各利益相关者对吸引游客的主张不同，目的地官方在整合各方力量联合营销时始终面临目标市场应如何取舍这一难题（Pike, 2005）。绕开这一固有争议，普洛格模型强调吸引有最大化访问增长潜力的冒险类别人群则便于以"把整体蛋糕做大"的思维惠及所有利益实体。

然而仅根据普洛格理论作细分也存在不足之处。如有学者指出，这种传统的理论推断分类法可提供相关启示，却并非真正调研意义上的市场细分，因为其结果不是数据驱动的（Johns，2002）。故本书在其应用上采取 Dolnicar（2004）的方法，以基于数据的"前验分类"来尽量弥补此缺陷。但仅是如此还不够，因为整体的类别和意愿分化无法帮助探测精细化营销和管理工作的着眼点，需再纳入更具体的行为指示变量作深层细分。"活动参与（activity participation）"就是一个行为导向的细分基础，其效度已在大量情境下得到证实（Mumuni & Mansour, 2014）。可开展活动的数目和类别本身就是游客进行目的地选择的重要考虑因素（Yan, Morrison & Sun, 2007），其细分结果揭示的是抽象动因下的现实行为组合模式，直接与游客的支出特征，及由此决定的服务方式和管理导向相链接。此外，因该变量是个体利益相关者偏爱的细分基础（Tkaczynski, et al., 2009），将其纳入也有利于使目的地官方的宏观策略制定最大限度地与利益相关者观点相契合，以打造精诚团结的联合营销机制。因此，"活动参与"变量充当了本书的第二个核心细分变量。

## 三 研究方法
### （一）抽样和数据收集

本研究是中国相对亚洲主要竞争国进行美国市场定位的更大规模研究的一部分，其具体目标为通过多阶段深入细分识别对未来瞄准美国近冒险型消遣游客市场最有价值的细分人群。调研于 2015 年 3 月至 4 月在中国内陆 7 个海外游客吞吐量最大的国际机场开展，排除访华的 18 周岁以下、停留 2 日以下、商务及过境美国游客。样本规模由"置信区间法（confidence interval approach）"确定，即总体变异率设为 50%，在 95% 的置信区间和 1.96 的标准误下所需样本规模为 385 人。假设问卷反馈率为 75%，不可用率为 10%，共需招募 593 名（385/0.65）游客。因本书涉及对近冒险型游客做第 2 次细分，为保障所得细分市场的规模，实际共发放问卷 2400 份（≈593/0.4，保守估计 1/4 的样本为近冒险者）。

抽样过程由两阶段构成。首先，为消除游客及资源类别的地域偏差，一个涵盖中国内陆国土分化七大区域（即东北、华北、华东、华中、华南、西北、西南）的全范围"比例分层抽样（proportionate stratified sampling）"被开展。各区域内最重要的一个国际机场被继而选作具体抽样场所。"层次子样本规模"由各区域的美国游客接待量占全国总量比例来确定。接下来是通过"系统性随机抽样（systematic random sampling）"来选择个体样本，采样间隔由飞往美国航班的平均容客量和登机率计算得出。经机场管理层批准后，由受雇大学生在候机室对接触到的每五名待返回本土的美国游客进行招募，向其陈述调研目的、方式等信息，发放自填式问卷。首先考察年龄、访华目的和停留时间三个筛选性问题，遇到不符合条件者跳过，从下一名合适游客起继续实施五间隔的随机抽样。一套中国的风景明信片被赠送来激励游客参与。

（二）问卷

所用问卷包含涉及目的地竞争性定位的诸多问题，其中三部分与本研究具体相关。1. "冒险倾向"测量。当前有两种关于此概念的测量量表：一种是普洛格推崇的基于个性的抽象陈述（Plog，2006）；另一种是其他学者使用的旅游情境下的具体冒险行为表征。因后者对目的地营销更具直观指导意义，本书采用此方法。12个题项，即 Weaver（2012）开发的10题项，及作者补充的2个分别描述纪念品偏好和支出心态的题项，被使用。被访者需在5点李克特量表上圈出他们对各题项陈述的同意程度，其中1＝强烈不同意，5＝强烈同意。2. "活动参与"测量。要求被访者指出他们在此次访华期间是否参加过以下28种消遣活动中的每一种。活动列表来源于对先前活动细分文献的回顾和对主营入境游业务旅行社员工的深入访谈。3. 社会人口统计特征和旅游特征测量。其中的"访问动机"量表包含参阅多项研究提炼的七个当前情境最适用的总体推力因素。为更清晰地展示动机的不同重要性，要求被访者只从中选出他们最为关键的三个访华原因。美国游客在华的总体支出费用和停留天数分别由开放式问题来请求游客填写。为确保获得真实和足够多的反馈，调查员被培训在研究介绍时要特别强调调查数据的保密性和仅用于学术目的，并坦言对这两个问题的回答在研究中的重要价值。预测试于2015年2月在180名到访上海的美国消遣游客中开展。问卷初稿据此作了微小的措辞和发放程序修改，并证实各量表均具有 Cronbach's alpha 值超过0.70的良好信度（Hair，Anderson，Tatham & Black，1998）。冒险倾向和访问动机的具体问卷题目如表 3—3 所示（活动参与题目可参见统计分析部分的汇报）。

表 3—3　　　　　　　　问卷中涉及变量的测量题目

| | |
|---|---|
| 冒险倾向 | 1. 旅游时我愿意去看一些感兴趣的东西，即使身体上带来不便 |
| | 2. 我经常旅行到偏远的地方去观察罕见或不寻常的吸引物 |
| | 3. 旅游时我倾向于接受未安排的或即兴的访问经历 |
| | 4. 旅游时我喜欢体能活跃起来 |
| | 5. 尽可能多了解所访问的地点对我而言是重要的 |
| | 6. 旅游时我不希望接受较多的服务 |
| | 7. 我喜欢由自己做出所有的旅行安排 |
| | 8. 我更喜欢访问自己从未去过的地方 |
| | 9. 心灵刺激是我为何旅游的一个重要原因 |
| | 10. 旅游时我喜欢体验风险元素 |
| | 11. 旅游时我喜欢购买具有当地原真性文化特色的纪念品 |
| | 12. 我愿意为喜爱的旅游产品支付较高价格，即使结果会大失所望 |
| 访问动机 | 1. 寻求刺激或自我放纵　　　　2. 身体康健 |
| | 3. 接触自然　　　　　　　　　4. 与家人享受时光 |
| | 5. 放松或舒适　　　　　　　　6. 文化学习或开阔视野 |
| | 7. 提高自尊或社会地位 |

资料来源：作者整理。

## （三）数据分析

数据分析通过四个步骤完成。首先，被访者对 12 个冒险倾向题目的评分总数被计算，以人为设定数值距离将全部样本划分为普洛格描述的五种心理类型。其次，聚类分析被实施来根据游客参与活动的相似性和差异性将近冒险型群体进一步划分为若干个子细分市场。经典的二阶段聚类法被采用，即首先通过将个体两两合并成单一集群的"层次聚类法 (hierarchical cluster analysis)"识别恰当的细分市场数目，再以指定的聚类数实施"快速聚类法 (K-means cluster analysis)"重新调整个体的类别归属。再次，应用一系列 $\chi^2$ 检验对各子细分市场的社会人口统计特征和旅游特征进行描绘并比较。最后，对识别出的每个子细分市场应用 Lee 等

(2006) 的"经济价值组合矩阵（Economic Value Portfolio Matrix）"对其可营利性进行评价，指导目标市场的选择。

## 四　研究发现

### （一）基于数据的前验细分结果

基于中国作为整体目的地的资源广泛性，可确信将样本直接划分为前述五种心理类型的效度，而无须采取后验方法。因样本中冒险量表的实际取值范围为 14—58 点，组间距设为 8，则 14—22 点、23—31 点、32—40 点、41—49 点和 50—58 点分别代表依赖型、近依赖型、中间型、近冒险型和冒险型。实际回收可用问卷 1680 份，其中近冒险者为 507 人，占 30.2%，超过预期 5%。样本呈现出中国从近冒险型目的地逐渐转变为中间型目的地的偏态分布模式，因为中间型游客的数量最多（34.5%）。这与普洛格 2003 年对中国目的地心理类型定位的结果发生了明显改变（Burns，1995）[3]。整体上看，本书关注的近冒险型游客表现出普洛格及其他学者界定此类群体的典型特征，即：女性偏多一些（56.8%），多为年龄、学历和收入均偏高的人士（45 岁以上者占 54%，本科以上学历者占 71.2%，60.2% 的人年收入超过 6 万美元），旅行经验丰富（44.4%的人在过去两年内旅行五次以上），更偏好以散客方式自由出行（66.5%），在目的地停留时间较长（平均 13.8 天）。

### （二）基于活动参与的子细分市场识别

Ward's 法被执行于游客的活动参与数据，集聚系数和树状图显示数目 4 为最恰当的聚类决策。快速聚类法被继而实施来具体构建组群，原则是使个体到某组群"重心（centroid）"的距离最下化。据此确定的四个子细分市场如下（见表 3—4）：刺激性户外活动最适合用来界定"聚类（Cluster）1"（63 人，12.4%）的活动域，因为其在该市场中的平均参与率明显高于其他市场，如水肺潜水、皮艇等水上冒险活动（73%）及攀岩（57.1%）、蹦极（52.4%）、滑雪（42.9%）、溪流下降（39.7%）等。该市场同样对骑马、骑自行车/远足、打高尔夫/网球等普通康体活动有较高参与热情，其最排斥的就是文化类活动，故被命名为"户外刺激体验者"。"聚类 2"（205 人，40.5%）是规模最大的市场，他们主要对大众低能量休闲娱乐活动感兴趣,如访问风景地标(100.0%)、观光(93.2%)、购物(91.2%)、访问游乐场/主题公园(89.8%)、乡村度假(85.4%)、品尝当地美食(83.9%)等。文化类活动也拥有一定参与率,但刺激性户外活动则明显与其悠闲轻松的心理诉求不相吻合,故"休闲娱乐追求者"是对他们的贴切诠释。

"聚类3"(143人,28.2%)是显然的"文化探求者",因为他们对典型的文化活动有极高参与率,如民俗表演(100%)、访问博物馆/画廊(100%)、参加节事活动(98.6%)、游览名胜古迹(97.9%)、古镇/古村落旅游(96.5%)等。其他参与率高的活动也都是对当地文化风俗有较好体现的活动,如品尝当地美食。"聚类4"(96人,18.9%)除了在访问风景地标上的参与率达到了100%外,其他活动基本上都是中等程度的参与率。他们的平均活动参与数目最多,但不特别热衷,也不特别抵触哪类活动,故"兴趣广泛者"应是对他们的一个适当界定。

表3—4　　　　　　　　各子细分市场活动参与率　　　　　　　　单位:%

| 消遣活动题项 | 户外刺激体验者(n=63,12.4%) | 休闲娱乐追求者(n=205,40.5%) | 文化探求者(n=143,28.2%) | 兴趣广泛者(n=96,18.9%) |
| --- | --- | --- | --- | --- |
| 攀登 | 57.1 | 6.3 | 1.4 | 37.5 |
| 水上刺激性活动 | 73.0 | 10.2 | 2.1 | 41.7 |
| 空中刺激性活动 | 17.5 | 3.4 | 0.0 | 12.5 |
| 滑雪 | 42.9 | 4.4 | 0.0 | 29.2 |
| 蹦极 | 52.4 | 6.3 | 0.0 | 31.3 |
| 溪流下降 | 39.7 | 0.0 | 0.0 | 13.5 |
| 洞穴探察 | 28.6 | 0.0 | 0.0 | 4.2 |
| 骑马 | 90.1 | 61.5 | 11.2 | 56.3 |
| 骑自行车/远足 | 88.9 | 72.2 | 13.3 | 42.7 |
| 水相关低能量活动 | 73.0 | 80.0 | 25.2 | 63.5 |

续表

| 消遣活动题项 | 户外刺激体验者（n=63, 12.4%） | 休闲娱乐追求者（n=205, 40.5%） | 文化探求者（n=143, 28.2%） | 兴趣广泛者（n=96, 18.9%） |
|---|---|---|---|---|
| 打高尔夫/网球 | 82.5 | 81.0 | 40.6 | 68.8 |
| 乡村度假 | 12.7 | 85.4 | 36.4 | 75.0 |
| 康体温泉 | 1.6 | 53.2 | 38.5 | 42.7 |
| 观察野生动物 | 66.7 | 82.0 | 75.5 | 52.1 |
| 访问风景地标 | 71.4 | 100.0 | 90.9 | 100.0 |
| 观光 | 68.3 | 93.2 | 90.2 | 82.3 |
| 购物 | 52.4 | 91.2 | 83.5 | 60.4 |
| 品尝当地美食 | 30.2 | 83.9 | 93.0 | 50.0 |
| 访问游乐园/主题公园 | 38.1 | 89.8 | 9.8 | 38.5 |
| 夜间娱乐活动 | 9.5 | 52.7 | 15.4 | 21.9 |
| 游览名胜古迹 | 71.4 | 74.6 | 97.9 | 90.6 |
| 文化庆典/宗教/祭祀活动 | 4.7 | 8.8 | 92.3 | 24.0 |
| 古镇/古村落旅游 | 6.3 | 20.0 | 96.5 | 40.6 |
| 民俗表演 | 6.3 | 18.5 | 100.0 | 30.2 |
| 参加节事活动 | 7.9 | 57.1 | 98.6 | 56.3 |
| 访问博物馆/画廊 | 1.6 | 18.0 | 100.0 | 34.0 |
| 参观/学习民间工艺品制作 | 0.0 | 42.0 | 76.2 | 16.7 |
| 参观纪念场所 | 0.0 | 0.0 | 81.1 | 22.9 |

资料来源：作者整理。

### （三）基于多变量的子细分市场特征描绘

前述的"二阶段细分"确立了本书的核心细分结果，但为实现精细化营销接触还须使用更多变量帮助描绘各子细分市场的特征，也即补充的"多阶段细分"过程。一系列关于聚类成员与社会人口统计及旅游特征变量的列联表被建立，使用 $\chi^2$ 检验判别横轴与纵轴数据之间无显著关系的零假设是否成立。社会人口统计特征中，年龄、雇佣程度和年收入被发现在各聚类间形成显著差异。超过85%的户外刺激体验者年龄都在44岁以下，尤其是24岁以下者占到近50%，而文化探寻者则拥有最大份额的65岁以上老年游客（50.3%）。兴趣广泛者的称谓最能代表典型的全职/兼职工作者（41.7%），而户外刺激体验者和文化探寻者的构成则分别偏向学生（38.1%）和退休人员（30.1%）。收入与年龄表现出明显相关性，因为44.1%的文化探寻者年收入都超过80000美元，而其他市场的收入中位数则在60001美元—80000美元。以学生为主体的户外刺激体验者则是低收入者的比例偏高（31.7%）。

关于旅游特征，除出游模式外各变量都充当了显著的差异化指标。户外刺激体验者和兴趣广泛者中近年内旅游五次以上的频繁出游者比例尤其高（57.1%与54.2%）。除由较多独自出行者构成（39.7%）的户外刺激体验者外，其他市场均首选与关系紧密的亲属、恋人或朋友共同出游。在访华的总体消费支出上，文化探寻者和兴趣广泛者中各有显著较高比例的个体花费超过7000美元（18.6%和17.4%）。兴趣广泛者的目的地停留天数高于理论预期值（37.5%在21天以上），而停留六日以下者则明显较少。

在访问动机方面，除身体康健因子外，各动机在聚类间都形成了显著区分，基本上展现出内在动机与外显行为的良好匹配。绝大多数户外刺激体验者和近1/3的兴趣广泛者在旅行中寻求刺激/自我放纵。休闲娱乐体验者（52.2%；40.5%）和兴趣广泛者（39.6%；38.5%）是接触自然及与家人享受时光动机的主要持有者。放松/舒适的心理在除户外刺激体验者之外的其他三个市场中均发挥重要作用（均超过60%）。文化探求者中有明显更多比例（35.7%）的游客将旅游看作提升其自尊/社会地位的资本。审视文化学习/开阔视野动机的数据，文化探寻者对该因子并没有表现出相对于其他市场的绝对性重视（49.7%）。而且，从纵向的动机间比较来看，这也不是他们的核心动机。这种出乎意料的结论引发新的深层次启示。表3—5中对各子细分市场的综合特征进行了汇总。

表 3—5　　　　　　　　　　　子细分市场特征总结

| 特征 | 户外刺激体验者 | 休闲娱乐追求者 | 文化探求者 | 兴趣广泛者 |
|---|---|---|---|---|
| 市场份额 | 12.4% | 40.5% | 28.2% | 18.9% |
| 年龄 | 绝大多数都为44岁以下的年轻人 | 以中等年龄者为主 | 一半以上为超过65岁的老人 | 以中等年龄者为主 |
| 雇佣状况 | 学生人数偏多 | 无显著倾斜 | 退休人员偏多 | 全职/兼职工作者偏多 |
| 年收入 | 较低 | 中等 | 年收入超过8万美元者比例偏高 | 较高，仅次于文化探求者 |
| 出游频率 | 频繁 | 无明显规律 | 无明显规律 | 频繁 |
| 出游模式 | 多为独立出行 | 多与关系紧密者同游 | 多与关系紧密者同游 | 多与关系紧密者同游 |
| 总消费支出 | 处于中等水平 | 偏低 | 近20%的人总支出超过7千美元 | 偏高，仅次于文化探求者 |
| 停留天数 | 相对较短 | 中等 | 中等 | 停留21天以上者数目偏高 |
| 旅游动机 | 以寻求刺激/自我放纵和身体康健为主要动机，其中前者比例显著偏高 | 多重目标，但持有接触自然、与家人享受时光动机者的比例显著偏高 | 以放松/舒适、身体康健为主要动机，另外持有提高自尊/社会地位动机者的比例显著偏高 | 多重目标，尤其重视放松/舒适和身体康健 |

资料来源：作者整理。

### （四）目标市场识别

本书基于最大化游客访问增长的目标进行细分变量及其执行方案的选择。但在具体目标市场的确定上，因近冒险者对大众市场杠杆效应的发挥需经历一段时间，必须兼顾所选市场的短期获利性。因此这里主要应用"经济价值组合矩阵"对各子细分市场的吸引力进行分析。它改变传统对各参考指标或整体支出取均值的市场经济价值评估方法，整合"经济产出（economic yield）"和"获利效率（the efficiency of generating profit）"两个维度，从利润结构的角度揭示各细分市场的真实经济潜力，为营销预算分配和广告设计提供更直观、清晰的指导。"经济产出"即一个市场所能为目的地带来的经济收入总和;"获利效率"则是在参照了一个市场在目的地停留时间因素后衡量该市场的相对获利能力,即停留时间越短、经济产出越高的市场获利效率就越高。

　　本书根据全部美国游客"每人每天平均支出"和"平均停留天数"数据的交叉点构建包含四个象限的经济价值矩阵,将每位游客归置在一个特定象限之内,为其分配一个"SSI 指数(stay-spendindex)"。SSI-1 代表"首选市场(Priority market)",即总体经济产出最大,同时获利效率也相对较高。需指出,因冒险类别游客被确认具有更强的资源保护与管理合作意识(Weaver, 2012),延长其停留时间预期将为目的地带来更大的综合效益,故作者认为具有如上属性的市场在本情境下应属"首选市场"。SSI-2 代表"有利市场(Favorable market)",即总体经济产出较大,同时获利效率最高,表现为在短期内集中消费目的地资源。SSI-3 代表"低价值市场(Low value Market)",因为尽管其获利效益较好,但总体经济产出量是四者中最低的。SSI-3 代表"后备市场(Back-ups)",其获利效益虽然偏低,但因为停留时间较长,总体经济产出还是可观的。

　　接下来,各子细分市场的经济潜力由其 SSI 指数的构成决定(见表 3—6),但其综合吸引力还须参考各自占整体市场份额的大小来确定。兴趣广泛者的 SSI 组合尤其引人注目,来自首选市场的游客数目超过一半,属于有利市场者亦占到 29.2%。但是该群组的规模较小(仅占 18.9%),预期整体价值并不显著。休闲娱乐追求者规模最大,但该群组中有数目较多的游客被归入低价值市场(24.4%),且其所占首选市场者的比例是最小的。不过它有较多游客(34.1%)属于停留时间相对较长的后备有生力量,可作为未来进一步市场开拓的基础。户外刺激体验者在各 SSI 指数分配上没有显著差别(都在 20% 左右),且该群组的规模最小,亦不属于当前具有可塑性的对象。作为目标市场的机遇落在了规模第二大的文化探求者身上,它同样拥有非常良好的盈利组合,因为属于首选市场和有利市场的游客合计占到 84.7%。尽管其后备市场的比例最小,但以上特点足以支撑它作为未来较长时间内瞄准对象所能带来的庞大价值回报。

表 3—6　　　　　　　各子细分市场的经济价值分析　　　　　　单位:%

| SSI 指数变量 | 户外刺激体验者<br>(n=63, 12.4%) | 休闲娱乐追求者<br>(n=205, 40.5%) | 文化探求者<br>(n=143, 28.2%) | 兴趣广泛者<br>(n=96, 18.9%) |
| --- | --- | --- | --- | --- |
| 首选市场 | 25.4 | 18.0 | 37.1 | 52.1 |
| 有利市场 | 22.2 | 23.4 | 47.6 | 29.2 |
| 低价值市场 | 25.4 | 24.4 | 6.3 | 6.3 |
| 后备市场 | 27.0 | 34.1 | 9.1 | 12.5 |

资料来源：作者整理。

## 五　探讨

### (一) 管理启示

本节内容基于普洛格的心理类型理论，为识别美国近冒险型消遣游客市场上对访问增长具有杠杆功效的核心人群提供分析指导。文化探求者这一子细分市场被发现最适合作为未来精准性营销的目标。需注意到，该市场是本研究中唯一一个在参与活动与实际动机上发生错位的，其要求更加独特和定制化的吸引方案。典型文化游客的动机被认为是丰富知识，或基于遗产个人关联性和思乡情结的情感介入（Yan, Morrison, & Sun; Richards, 1997; Poria, Butler & Airey, 2001）。但在本研究中这只是排位第三的动机，逊于放松/舒适和身体康健，同时自尊/社会地位提升也发挥较大作用。这是否意味着近冒险型文化游客属于一些学者所界定的"非驱动型（unmotivated）"文化旅游参与者？当前可以肯定的是这些游客最关注的并非文化活动的质量和深度，而是与此相伴的轻松欢愉和体力锻炼。对他们而言文化或许是一种"软冒险"，是其探索多样化世界和异域差异性的有机组成部分。可能主要因为他们年事已高，又具有鲜明的社会动机，才选择了这种内涵较强的替代性冒险活动。从吸引这类群体的角度而言，首先要维护文化遗产的"原真性"，因为这就意味着神秘和陌生感，也是促发他们以此作为冒险元素的根由。所以商业性的文化展示方式不适合这类人群。其次，文化景点的常规项目设计必须通过"活动编排（programming）"注入一些新亮点，提供其所需要的趣味性、参与性、能动性和挑战性。另因该市场并非坚定的文化热衷者，嫁接一定知识/社会地位符号的大众休闲康体活动亦可能对其产生吸引力。

## (二) 理论启示

本书对当前目的地市场细分文献有如下两方面理论启示。第一，文章证实了"冒险倾向"和"活动参与"是两个可被次序使用的有效市场细分变量组合。长久以来在目的地细分变量的选择上，Kotler 提倡的"综合法（combination approach）"（Kotler, Bowen & Makens, 1998），即以多个补充变量验证基于一个核心变量的细分结果，被广泛采用。而 Morrison 的"阶段法"却极少被实际应用，尽管普遍的研究逻辑暗示着多核心变量的细分效度会优于前者（Morrison, 1996）。在当前研究设计下，两个核心变量的各自优势都得以发挥。仅着眼于微观营销举措的市场细分无法解释为什么特定目的地能吸引特定类型的游客这一根本问题，故"冒险倾向"被运用来通过"游客选择"尽可能人为超控目的地的生命周期演变。"活动参与"是对动机影响的表象反映，进一步厘清深层需求差异驱动下各子细分市场对产品消费和经济增长的贡献模式。它最利于帮助识别当前产品的市场占有率、需求匹配度、竞争性定位、谱系完善性及未来开发着眼点。对两个变量的整合实质上是对需求方消费者内心世界和供给方产品特点的一种有机链接，为"需求—产品"对应关系提供了更细致、清晰的解读。

第二，通过多阶段细分，本书揭示了对近冒险型游客这一"利基市场"进行深入探究的必要性。以往学界对冒险类别游客的关注都是仅着眼于纯粹意义上的冒险者，即那些热衷于高体能消耗的身体冒险性户外活动、排斥常规旅游项目的游客群体。但这其实是一个非常狭窄的需求层面。规模相对更大、更具吸引价值、与大众市场关系更紧密的近冒险型群体被普遍忽视。与习惯性认识不同（即认为近冒险者会表现出与冒险者相似的行为特点），本研究发现参加"硬冒险活动"的个体在近冒险者中的实际占比却是最小的（12.4%）。绝大多数近冒险者都是在类似大众旅游取向的休闲、游览活动中调节身心、与亲友欢度时光。这支持了 Weber（2001）对冒险旅游与特定情境和风险维度相关性的剔除，即需要更加综合的、多维的冒险旅游概念界定。

近冒险型游客在很多消遣活动的选择上已近似大众市场，但在内在消费动机、所需的活动组合与提供方式上又有其特性，而且其内部又可分化出具体需求指向和活动程度各异的若干子细分市场。这支撑了它成为一个要求独特关注、研究的新需求层面。而且，鉴于近冒险者的较强环境意识及对大众市场访问的杠杆作用，深化对其研究有可能成为目的地有效链接冒险市场与大众市场，实现可持续发展与业务量增加共生、并存的突破口。这种研究导向也将更加迎合很多目的地双栖吸引的现实发展路径，因为毕竟只吸引冒险游客的做法只适合少数目的地。

（三）局限和未来研究建议

本研究的第一个局限是在"冒险倾向"测量上主要采用了Weaver（2012）量表，因为这是当前可接触到的、最全面的非抽象量表。然而，该量表的"心理质量（psychometrical quality）"很大程度上未被检测。故未来学者应致力于基于严谨流程开发更加有效、可信和具有可推广意义的冒险倾向量表。第二，本书使用的是根据重心距离将个体分配到某一组群的传统聚类方法。一些学者认为这种主观归类掩盖了多重动机和活动偏好的真实消费环境，细分市场间可能并无互斥性（Li, Meng, Uysal & Mihalik, 2013; Baloglu, Weaver & McCleary, 1998; Chaturvedi, Carroll, Green & Rotondo, 1997）。因此，未来研究可将"重合性细分（overlapped segmentation）"方法和本书的细分变量组合及应用程序相融合，更贴切地描述游客消费图景。第三，本书的活动细分基于的是当前我国所实际提供的各种活动。但事实上，若通过先期定性研究增添一些游客感兴趣但我国尚未开发的新活动项目，将更利于发掘未来市场开拓或竞争制胜的立足点。

**参考文献**

[1] Andergassen R., Candela G., & Figini P. An economic model for tourism destinations: Product sophistication and price coordination [J]. Tourism Management, 2013, 37: 79-86.

[2] Baloglu S., Weaver P., McCleary K. W. Overlapping product-benefit segments in the lodging industry: A canonical correlation approach [J]. International Journal of Contemporary Hospitality Management, 1998, 10 (4): 159-166.

[3] Burns A. C., Bush R. F. Marketing Research [M]. New Jersey: Prentice Hall, 1995, 68.

[4] Butler R. The concept of a tourism area cycle of evolution: Implications for management of resources [J]. Canadian Geographer, 1980, 24 (1): 5–12.

[5] Chaturvedi A., Carroll J. D., Green P. E., Rotondo J. A. A feature-based approach to market segmentation via overlapping k-centroids clustering [J]. Journal of Marketing Research, 1997, 34 (3): 370–377.

[6] Dolnicar S. Beyond commonsense segmentation: A systematics of segmentation approaches in tourism. Journal of Travel Research, 2004, 42 (3): 244–250.

[7] Dolnicar S. Insights into sustainable tourists in Austria: A data based a priori segmentation approach [J]. Journal of Sustainable Tourism, 2004, 12 (3): 209–218.

[8] Frochot I., Morrison A. M. Benefit segmentation: A review of its applications to travel and tourism research [J]. Journal of Travel & Tourism Marketing, 2000, 9 (4): 21–45.

[9] Griffith D. A. and Albanese P. J. An examination of Plog's psychographic travel model within a student population [J]. Journal of Travel Research, 1996, 34 (4): 47–51.

[10] Grönroos C. On defining marketing: finding a new roadmap for marketing [J]. Marketing Theory, 2006, 6 (4): 395–417.

[11] Hair J. F., Anderson R. E., Tatham R. L., Black W. C. Multivariate Data Analysis with Readings [M]. Prentice-Hall International: Englewood Cliffs, NJ, 1998: 202.

[12] Hosany S. and Prayag G. Patterns of tourists' emotional responses, satisfaction, and intention to recommend [J]. Journal of Business Research, 2013, 66 (6): 730–737.

[13] Jamal S. A., Othman N. A., Muhammad N. M. N. The moderating influence of Psychographics in homestay tourism in Malaysia [J]. Journal of Travel & Tourism Marketing, 2011, 28 (1): 48–61.

[14] Jani D., J. J-H., & Hwang Y. H. Big five factors of personality and tourists' internet search behavior [J]. Asia Pacific Journal of Tourism

Research, 2014, 19 (5): 600-615.

[15] Jiang S., Scott N., & Peiyi D. Using means-end chain theory to explore travel motivation: An examination of Chinese outbound tourists [J]. Journal of Vocation Marketing, 2015, 21 (1): 87-100.

[16] Johns M., Gyimóthy S. Market segmentation and the prediction of tourist behavior: The case of Bornholm, Denmark [J]. Journal of Travel Research, 2002, 40 (3): 316-327.

[17] Kotler P., Bowen J., Makens J. Marketing for Hospitality and Tourism (2nd edition) [M]. Upper Saddle River, NJ: Prentice Hall, 1998: 332.

[18] Lee G., Morrison A. M., and O'Leary J. T. The economic value portfolio matrix: A target market selection tool for destination marketing organizations [J]. Tourism Management, 2006, 27 (4): 576-588.

[19] Li X. P., Li X., & Hudson S. The application of generational theory to tourism consumer behavior: An American perspective [J]. Tourism Management, 2013, 37: 147-164.

[20] Li X., Meng F., Uysal M., Mihalik B. Understanding China's long-haul outbound travel market: An overlapped segmentation approach [J]. Journal of Business Research, 2013, 66 (6): 786-793.

[21] 梁增贤、董观志：《主题公园游客心理容量及其影响因素研究》，《人文地理》2011年第118期（2），第139—143页。

[22] Litvin S. W. Revisiting Plog's model of allocentricity and psychocentricity...one more time [J]. Cornell Hotel and Restaurant Administration Quarterly, 2006, 47 (3): 245-253.

[23] Liu Z. P., Siguaw J. A., Enz C. A. Using tourist travel habits and preferences to assess strategic destination positioning: The case of Costa Rica [J]. Cornell Hospitality Quarterly, 2008, 49 (3): 258-281.

[24] Ma M. and Hassink R. An evolutionary perspective on tourism area development [J]. Annals of Tourism Research, 2013, 41: 89-109.

[25] Masiero L. and Zoltan J. Tourists intra-destination visits and transport mode: A bivariate probit model [J]. Annals of Tourism Research,

2013, 43: 529 - 546.

[26] Mody M., Day J., Sydnor S., Jaffe W., & Lehto X. The different shades of responsibility: Examining domestic and international travelers' motivations for responsible tourism in India [J]. Tourism Management Perspectives, 2014, 12: 113 - 124.

[27] Morrison A. M. Hospitality and Travel Marketing (4th edition.) [M]. Albany, NY: Delmar Publishers Inc., 1996, 207, 392.

[28] Mumuni A. G., Mansour M. Activity-based segmentation of the outbound leisure tourism market of Saudi Arabia [J]. Journal of Vacation Marketing, 2014, 20 (3): 239 - 252.

[29] Park J-Y. and Jang S. C. Psychographics: Static or dynamic? [J]. International Journal of Tourism Research, 2012, 16 (4): 351 - 354.

[30] Pavelka J. Plog in public: Taking tourism theory to practice [J]. SCHOLE: A Journal of Leisure Studies and Recreation Education, 2013, 28 (2).

[31] Pike S. and Page S. J. Destination Marketing Organizations and destination marketing: A narrative analysis of the literature [J]. Tourism Management, 2014, 41: 202 - 227.

[32] Pike S. Tourism destination branding complexity [J]. Journal of Product & Brand Management, 2005, 14 (4): 258 - 259.

[33] 普洛格:《旅游市场营销实论》,李天元、李曼译,南开大学出版社2007年版。

[34] Plog S. C. One mo', once: A commentary on the Litvin paper on the Plog psychographic system [J]. Cornell Hotel and Restaurant Administration Quarterly, 2006, 47 (3): 254 - 259.

[35] Plog S. C. Why destination areas rise and fall in popularity: An update of a Cornell Quarterly classic [J]. Cornell Hotel and Restaurant Administration Quarterly, 2001, 42 (3): 13 - 24.

[36] Plog S. Why destination areas rise and fall in popularity [J]. Cornell Hotel and Recreation Administration Quarterly, 1974, 14 (4): 55 - 58.

[37] Poria Y., Butler R., Airey D. Clarifying heritage tourism [J]. Annals

of Tourism Research, 2001, 28 (4): 1047 - 1049.

[38] Reisinger Y. and Turner L. W. Cultural differences between Asian tourist markets and Australian hosts, Part 1 [J]. Journal of Travel Research, 2002, 40 (3): 295 - 315.

[39] Richards G. Cultural Tourism in Europe [M]. Wallingford: CABI Publishing, 1997, 82.

[40] Ries A. and Trout J. Positioning: The Battle for Your Mind [M]. New York: McGraw-Hill, 1986.

[41] Smith SLJ. A test of Plog's allocentric/psychocentric model: Evidence from seven nations [J]. Journal of Travel Research, 1990, 28 (4): 40 - 43.

[42] Smith SLJ. Another look at the carpenter's tools: A reply to Plog [J]. Journal of Travel Research, 1990, 29 (2): 50 - 51.

[43] Sung H. Y., Morrison A. M., O'Leary J. T. Segmenting the adventure travel market by activities: From the North American industry providers' perspective [J]. Journal of Travel & Tourism Marketing, 2015, 32 (3): 211 - 226.

[44] Tkaczynski A., Rundle-Thiele S. R., Beaumont M. Segmentation: A tourism stakeholder view [J]. Tourism Management, 2009, 30 (2): 169 - 175.

[45] Veisten K., ViderHaukeland J., Baardsen S., Degnes-Ødemar H., Grue B. Tourist segments for new facilities in National Park areas: Profiling tourists in Norway based on psychographics and demographics [J]. Journal of Hospitality Marketing & Management, 2015, 24 (5): 486 - 510.

[46] Weaver D. B. Psychographic insights from a South Carolina protected area [J]. Tourism Management, 2012, 33 (2): 371 - 379.

[47] Weber W. Outdoor adventure tourism: A review of research approaches [J]. Annals of Tourism Research, 2001, 28 (2): 360 - 377.

[48] Yan G., So S-I., Morrison A. M., Sun Y-H. Activity segmentation of the international heritage tourism market to Taiwan [J]. Asia Pacific

Journal of Tourism Research, 2007, 12 (4): 333-347.

[49] 余勇:《体验经济时代森林公园游客消费心理特征探讨》,《陕西行政学院学报》2008年第22期 (1),第68—70页。

[50] 张洪波、徐艳:《海南境外游客行为与旅游心理偏好特征分析》,《消费导刊》2009年第12期,第2—4页。

[51] 陈志永:《传统旅游目的地创新发展研究——以云南大理为例》,《贵州教育学院学报》(社会科学版) 2009年第25期 (10),第39—42页。

[52] 高静、章勇刚:《基于目标市场的旅游目的地定位模式研究》,《旅游论坛》2009年第2期 (3),第433—438页。

[53] 胡宪洋、马嘉、寇永哲:《大西安旅游圈旅游规模分布演变及空间特征》,《经济地理》2013年第33期 (6),第138—192页。

[54] 李根、段文军:《基于IPA的桂林旅游目的地形象游客感知分析》,《中南林业科技大学学报》(社会科学版) 2014年第8期 (3),第1—5页。

[55] 李天元、曲颖:《旅游目的地定位主题口号设计若干基本问题的探讨——基于品牌要素视角的分析》,《人文地理》2010年第25期 (3),第114—116页。

[56] 李天元:《旅游目的地定位研究中的几个理论问题》,《旅游科学》2007年第21期 (4),第1—7页。

[57] 曲颖、李天元:《旅游目的地非功用性定位研究——以目的地品牌个性为分析指标》,《旅游学刊》2012年第27期 (9),第17—25页。

[58] 张宏梅、陆林、朱道才:《基于旅游动机的入境旅游者市场细分策略——以桂林阳朔入境旅游者为例》,《人文地理》2010年第114期 (4),第126—132页。

[59] 张妍妍、李君轶、杨敏:《基于旅游数字足迹的西安旅游流网络结构研究》,《人文地理》2014年第138期 (4),第111—118页。

[60] Perdue P. P. Target market selection and marketing strategy: The Colorado downhill skiing industry. Journal of Travel Research, 1996, 34 (4): 39-46.

[61] JangSC. Morrison, A. M., & O'Leary, J. T. A procedure for target mar-

ket selection in tourism. Journal of Travel & Tourism Marketing, 2004, 16 (1): 19-33.

[62] Shani A., Reichel A., & Croes R. Evaluation of segment attractiveness by risk-adjusted market potential: First-time vs. repeat visitors [J]. Journal of Travel Research, 2012, 51 (2): 166-177.

# 第 四 章

# 科学的旅游目的地定位调研路径及其案例

本章内容谈论"目的地定位战略开发"这一核心定位环节中的后两项工作:"定位调研"和"定位思想提炼"。"定位思想提炼"是对定位调研结果的具体化和总结过程,它往往作为前者的一种自然延续而不被单独探究。其难点通常反映在目的地官方对自身可资利用的宽泛资源范畴进行选择权衡上,这实质上关乎的还是对科学定位逻辑和定位调研路径的选择问题。另外,这项工作的最终确定取决于旅游官员的理解和工作导向,研究人员只是提供对调研结果的一些阐释性建议。所以本章就不从学术层面对其进行深入探讨,仅提供一些基本的工作指导原则。本章的重点放在"定位调研"这项重中之重的工作之上。

"定位调研"是通过将客源市场对几个竞争目的地的感知状况进行比较分析确定其各自的优势与劣势所在。它的终极目标是要为一个目的地识别出其在当前竞争格局下最可资强调的差异化属性,为营销信息的传递提供直接指导。这项工作的开展涉及两个层面:(1) 识别客源市场区分自身和竞争目的地的感知着眼点;(2) 基于这些着眼点对自身和竞争目的地进行比较分析。

当前对第一个层面工作进行探讨的研究文献比较少,这主要是因为不太容易寻找到"供给方产品"和"需求方感知"的对接点。这项工作本身的出发点就是基于供给视角的,它旨在使目的地了解客源市场在进行出游选择时最看重的资源属性是什么。因为要用来直接指导目的地的产品开发和组合,资源本身是最具体、最合适的差异化比较对象。但另一方面游客感知比较涉及的是心理层面的分析，采用"心理构念（psychographics）"才能做到真实准确。现有研究中能够将游客心理感受和目的地产品直接相链接的"心理构念"非常有限。"目的地形象"是一个合适的选择，因为形象测量很大程度上也是以目的地产品为基础来开展的。所以当前关于这一层面的研究都是围绕着对目的地"突出属性"（即目的地形象的视角）的识别而展开的，"目的地差异化比较分析"作为该层面工作的递进很多年来也都将形象作为一个重要的分析变量。

后来随着品牌化、情绪营销等新研究理念的涌入，第二个工作层面（即目的地差异化比较分析）的研究视野逐渐开阔，更多的新定位指标被采用（见第二章内容），基于形象的定位研究日趋减少。这些新定位指标主要属于更具抽象性的心理构念，和供给方关注的具体产品无法直接融合。这就是为什么现今定位调研这两个层面的研究日益脱离（第一个层面逐渐消失），学者们多以个人知识基础和研究经验直接指定"定位指标"的原因所在。本书在这里梳理定位调研这两个层面工作的关系及其演进趋势旨在构建本章内容的逻辑链条，并倡导未来研究开发更利于二者融合的新定位指标。因为二者的融合相当于通过对定位指标要素的筛选缩小了调研范畴、促进了研究的精细化，也缓解了最终对定位焦点的艰难抉择。本章涉及内容及其内在逻辑关系如图4—1所示。

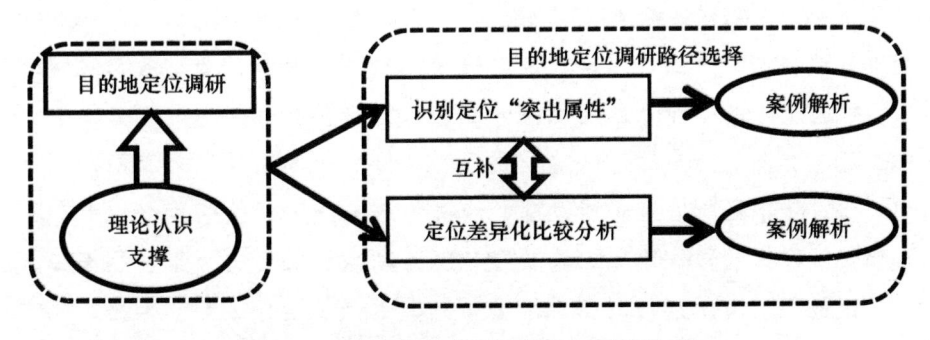

**图4—1 本章涉及内容及其内在逻辑关系**

资料来源：作者整理。

# 第一节　旅游目的地定位调研相关理论知识

本节内容主要介绍指导旅游目的地定位调研实践开展的一些基础理论知识，对这些内容的深入理解都成了选择科学定位调研路径的必要前提性认识。

## 一　旅游目的地定位战略开发的特殊挑战

定位理论的产生基于三个命题：（1）我们生活在一个过度沟通的社会，每天都受到大量信息的冲击；（2）消费者的心灵对于这种信息拥挤已然形成一个防卫系统；（3）欲冲破拥挤到达消费者心灵的唯一方法就是使用简洁而集中的信息。因此，"试图向所有人传递所有产品属性的无差异化策略（Trying to be all things to all people）"是错误的。在具体应用和执行这一定位基本思想时，旅游目的地产品不同于一般产品（服务）的特点为其定位战略开发工作在以下两方面带来了需格外重视和妥善应对的挑战。

### （一）识别定位针对的目标市场

根据一般营销理论，市场细分和选择目标市场是定位的前置工作。旅游目的地定位战略的开发也必须首先识别其所要针对开展消费者态度调查的市场基础。不同的是：一般产品（服务）只是设计来满足消费者的某一类消费需求，企业内部对其目标市场有明确一致的认识；而旅游目的地往往拥有可满足多样化游客需要的资源、属性，源于各自吸引的主要游客类别的差异，目的地各内部利益相关者所感兴趣的细分市场可能是相当异质、分化的。这些异质市场对目的地促销信息会有不同的反应，为一个市场所偏好、能发挥最佳宣传效果的定位战略未必也能在其他市场上发挥同样作用。如果要迎合所有利益相关者的兴趣，则需要开展广泛的市场调研来针对每个细分市场分别开发定位战略。但是，两方面原因决定了这种做法是不可行的。首先，目的地的营销资源非常有限；其次，面面俱到的做法事实上会产生模糊、分散的目的地形象，导致目的地整体竞争力下降，对吸引更多客源的目标无益反而有害。当前旅游竞争日益表现为以目的地之间对客源的竞争为前提，其次才是各旅游企业之间对到访目的地的游客的竞争。因此，目的地必须以整体利益最大化为目标，在各内部利益相关者之间进行统筹协调，选择出一个或少数几个最重要的细分市场作为自身定位战略设计所面向的目标市场。

### （二）选择作为定位焦点的目的地属性

在确定了定位针对的目标市场并开展了相应的市场调研之后，根据其结果，目的地需要从中选出使用哪一属性或哪些属性作为定位战略设计的焦点。通过产品属性来定位是最常使用的定位方法（Aaker, 1982）。对于一般产品（服务）来说，因为包含的属性不多，为其确定适宜的定位焦点相对比较容易。但是旅游目的地是一个由行、游、住、食、购、娱等诸多单项旅游产品组成的"集合体"。在有些情况下，定位市场调研的结果显示目的地宽泛的产品范畴中有很多属性都具备在满足消费者需求上实现差异化的条件，都可作为定位战略设计的备选项。但是，为了提高定位战略实施的有效性，使目的地信息能够为潜在游客所关注、识记，目的地只能以一个或少数几个属性为焦点来设计其定位战略。克朗姆顿等指出，"只有在强调的差异性属性范围很小的情况下，目的地定位才最有可能获得成功"[1]。这意味着目的地管理者需要进行分析和权衡，需要有所为，有所不为。资源禀赋得天独厚的目的地往往希望在营销中将自身的所有优势资产都展示给潜在游客，因而在对各属性的取舍上会显得格外为难一些。我们经常看到的一些包含其产品诸多方面的目的地形象定位口号，如"蒋氏故里，弥勒道场，人文荟萃，人居福地""雅丹、戈壁、绿洲、油田尽在克拉玛依"应该就是这一难点的实际明证。在对这一挑战的应对上，目的地政府行使其建立在科学基础上的主导作用不仅必要，而且无可取代（李天元，2007）。从理论上讲，最终选择的定位属性应该是为数极少的几个（最好不超过两个）关键的、强有力的差异化属性。

---

[1] Crompton J. L., FakeyePC. & Lue C., "Positioning: The example of the Lower-Rio GrandeValley in the winter long stay destination market", *Journal of Travel Research*, 1992, (4): 20 – 26.

## 二 旅游目的地定位战略开发的操作原则

### （一）从潜在游客的心灵出发

里斯和特劳特曾重点阐述过："定位不是从你自己开始，而是从潜在消费者的心灵开始。不要问你是谁，而要问你在潜在消费者的心目中已然拥有一个什么样的位置。在我们过度沟通的社会改变心灵是一个相当困难的任务。对已经存在的东西进行工作将容易得多。"[1] 因此，旅游目的地定位不应从目的地管理者认为当地可以提供什么出发，不能基于从供给角度对自身资源所作的分析和评价结果。起点应该是识别在潜在游客心目中对当地既有位置的感知。如果目的地当前市场位置中就有值得强化的关键特色，这一情形将非常理想。据此设计的定位战略实施起来会格外有效，因为它避免了更改消费者心灵这一难题，可以延续利用原有的积极形象。

### （二）基于差异化的"决定"属性

旅游研究中，根据消费者的不同感知情况，传统上赋予目的地属性以三性之分："重要性（importance）""突出性（salience）"和"决定性（determinant）"。"重要性"指在目标市场的特定"出游背景（travel context）"下，游客对目的地各属性的重要程度的感知。目的地属性的重要性随出游背景不同而不同（Pike & Ryan, 2004）。比如，分别以都市观光和海滨度假为出行动机的游客在寻求利益上差别很大，对于历史古迹这一属性，前者一般给予很高的重视程度，后者却关注较少。那些感知重要程度较高的属性，即文献中所称的"重要属性（important attributes）"，代表了相应出游背景下游客要求必须予以满足的基本需求要素。这些属性是特定情境下旅游的必要属性，但往往并不能真正影响旅游者的决策。比如航空安全和酒店房间的清洁度虽然是海外旅行的必备条件，却不是能左右旅游者目的地选择的因素。"突出性"指就满足游客的旅游动机和目标而言，各属性能被纳入其对竞争目的地进行认知水平排序范畴内的突出程度。相应地，"突出属性（salient attributes）"

---

[1] Trout, J. & Ries, A. *Positioning: The battle for your mind*, New York: McGraw Hill, 1981: 193.

意味着那些在决策中旅游者比较、分析各备选目的地时借以参照的标准。旅游者就是依靠这些属性在心目中将各竞争目的地之间形成区分的，继而选择出那个以特殊方式最好地满足了其需要的目的地。"决定性"则是指游客感知中目的地各属性在使自身与竞争对手形成积极、显著差异上的决定能力。因此，""是一个相比较而言的概念，是基于一个目的地自身而言的"突出"属性中那些可与竞争对手形成显著性差异的相对优势属性。因差异化是其核心考虑点，在一些文献中"决定属性"也被称作"差异化属性（differentiating attributes）"。

　　三类属性中应被纳入定位战略之中的是"决定属性"，因为定位的根本目的就是要在消费者心目中为自身产品树立一个与众不同的独特位置。有时三类属性彼此之间都有交叉，即：在那些"重要属性"中，有目的地自身的"突出属性"；而突出属性中有一些又是可使该目的地与其竞争对手之间实现积极差异化的"决定属性"。这是一种最理想的情况，它说明该目的地在其面向的出游背景下游客寻求的基本利益方面就具备进行差异化的机会，往往属市场上同类目的地之中品级较高、名气较大的强势品牌。对这样的目的地进行定位会比较容易，因为它们的品牌形象已经深入人心，所要做的工作只是进一步强化或拓展其原有的品牌定位内涵。但在实际定位工作中，我们可能更常遇到的情形是：市场调研结果显示，在重要性较高的那些属性上，目的地的感知表现情况却相对逊色；或者尽管目的地在"重要属性"上的表现情况不差，但是与面向同一出游背景的竞争目的地相比并不足以构成显著差异，真正可借以实现差异化定位的机会存在于一些重要性相对较差的属性之上。对于面对以上情形的目的地而言，其定位/重定位工作的开展往往旨在扭转当地旅游业发展颓势，或发掘自身产品在同类资源中的独特卖点以迅速在市场上树立形象和应对来自更强大对手的竞争。在这个意义上，它们在甄别和择定用以实现定位目标的恰当属性上任务会更艰巨一些。三类目的地属性之间的关系如图4—2所示。

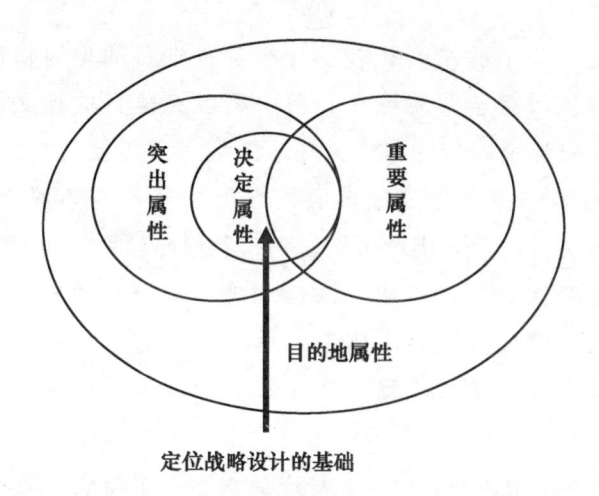

图 4—2　重要属性、突出属性和决定属性三类目的地属性之间的关系

注：资料由作者整理，箭头标示定位战略设计的基础应该是基于目的地的决定属性。

## 三　旅游目的地定位和相关概念的关系

### （一）目的地定位和目的地形象的关系

1. 目的地形象

国际上关于目的地形象的研究最早可追溯到 20 世纪 70 年代（Pike, 2002），至今已发展成为旅游研究中关注者最多、成果最丰硕的领域之一。在我国，关于目的地形象问题的探讨至少也已有十多年的历史（李天元，2007）。对于这一概念的定义学者们一直以来都未达成一致认识，其界定方式之多几乎因人而异（Gallarza, Saura & Garcia, 2002），在具体用法上也多有不同（Jenkins, 1999）。目的地形象研究也因此被评判为"非理论性"和"缺乏概念框架"（Fakeye & Crompton, 1991）。但是，尽管存在诸多的不一致和混淆，该研究体系日益表现出的一个倾向于规范化的主流趋势为：从需求角度来理解和界定目的地形象。换言之，尽管旅游研究中曾存在便于从供给角度分析问题而对"投射性形象（projected image）"和"接收性形象（received image）"所作的区分（Kolter & Barich, 1991），绝大多数学者的研究和应用都表明他们倾向于认可和接受目的地形象是一个用于表征旅游者个体对目的地主观感知和态度的概念。这点可以从国际旅游研究中一些被最广泛引述的目的地形象定义中反映出来。如 Crompton（1979）定义："目的地形象是一个人对目的地信念、想法和印象的总和";Baloglu 和 McCleary（1999）定义："目的地形象是一种表示旅游者个人态度的概念，它指个体对旅游目的地的认识、情感和印象。"

2. 两个概念的联系

在研究起源上，目的地定位研究最初是由目的地形象研究所驱动的（Prayag, 2007）。形象顺其自然地成为了了解目的地之间相对感知定位的起点，被用作最主要的定位分析指标（曲颖、李天元，2011）。因此，在理论层面上，形象被认为是目的地定位中的关键概念（Pike & Ryan, 2004），目的地定位研究也主要是在目的地形象的范畴内来开展的（Gallarza, Saura and Garcia, 2002）。在应用层面，形象被认为代表旅游者对与目的地相连的大量联想和信息片段简化、提炼的产物（Reynolds, 1965），可直接对消费者的目的地选择过程发挥重要影响，同时又因旅游产品的无形性成为目的地之间主要可资利用的竞争工具。由此，目的地定位过程通常伴随着一个面向目标市场旅游者的积极形象打造过程，任何目的地定位战略的直接目标即为强化目标受众已经持有的积极形象、纠正负面形象或创建一个新形象（Pike & Ryan, 2004）。

3. 两个概念的区别

在研究和实际运用中，人们对目的地定位和目的地形象之间的混淆点主要在于容易将目的地定位工作等同于常见的目的地形象调查工作（destination image investigation）（Crompton, Fakeye, &Lue, 1992）。但事实上，二者之间存在以下三点显著差异：第一，目的地形象调查工作的任务是对某单一目的地的形象进行测量，而目的地定位战略开发工作则需要将游客对一个目的地的感知纳入竞争参考框架之内，"竞争"是贯穿其工作始终的理念。定位最终的落脚点为在消费者心目中占据一个独特位置。所谓"位置（position）"，指的是一个产品在特定属性上相对于竞争者的感知，它不同于对自身产品形象的简单测量结果。斯迪文·派克曾指出，"形象"只是反映市场吸引力的指标，"位置"才是反映市场竞争力的指标（Pike, 2006）。

第二，目的地形象调查工作可以反映出游客对一个目的地更全面的属性的感知，而目的地定位战略开发工作只涉及对各竞争目的地在相同属性上的感知作比较。定位调研的目标是识别出自身产品中那些能与竞争对手实现积极差异化的"决定"属性,并不是要系统地分析、测量每个竞争目的地的形象,因此对于一个目的地所专有的、独特的属性(destination-specific attributes)通常不会被纳入调研设计之中。但是,在针对一个目的地独立开展的形象调查工作中,运用"非结构化(non-structural)"技术来提取一个目的地独特的属性却是非常重要和加以提倡的(Echtner & Ritchie,2003)。

第三,目的地形象调查工作对营销者的价值主要在于甄别其当前形象管理中存在的问题,而目的地定位战略开发工作则能帮助营销者找出有效解决这些问题的途径。形象调查工作的结果一般为:识别游客对目的地各属性在形象感知上的优势和劣势,或评价目的地在其"投射形象(projected image)"和"接收形象(received image)"间的一致程度。克朗姆顿等指出,与定位研究相比,传统形象调查研究对营销者的作用非常有限,因为尽管特定形象属性的优势和劣势被识别出来,却没有提供关于在目的地促销中应使用哪些属性的指导。超越形象调查工作,定位战略开发工作强调了解消费者需要以及目的地在差异化地满足这些需要上的能力,通过寻找恰当的定位属性,能够为克服目的地当前形象劣势或弥合其供需形象之间的缺口提供具体解决方案。

(二) 目的地定位与目的地品牌化的关系

1. 目的地品牌化

虽然一般营销领域中的品牌化研究兴起于 20 世纪 40 年代,将品牌化理论应用于旅游目的地则是 20 世纪 90 年代末才出现的事(Gnoth,1998)。目的地品牌化的出现被认为主要是由其所面临的现实市场和营销环境所驱动的:全球旅游业竞争的激烈、目的地之间可替代性增强、旅游消费者行为的日趋成熟和挑剔、相似的目的地促销技术、紧张的目的地营销经费等(Pike,2004)。相应地,该领域研究也表现出很强的由实践所驱动,并在一定程度上滞后于实践发展的特点。Park 和 Petrick(2006)指出,尽管品牌化运动在目的地之间日益盛行,却一直缺乏关于品牌化要求什么,以及它如何与现行营销技术相区分的界定。Pike(2009)对十年(1998—2007)目的地品牌化文献的回顾亦发现有近一半文献的关注点都是具体目的地品牌化的案例分析,而完全以概念界定为焦点的文章只有四篇。迄今为止,学界和业界都尚未对目的地品牌化包含的问题是什么形成一致观点，但关于这一概念的认识的确经历了一个由浅入深的过程。在研究早期，对这一概念的认识非常模糊和局限：学者们对其未作界定而直接应用、将其等同于目的地形象、目的地（重）定位或目的地形象打造（Cai，2002）、将其理解为简单的标识或口号化运动（Tasci & Kozak，2006），等等。近年来，在详细回顾经典品牌研究文献和目的地营销文献的基础上，一些学者提出了相对完善和切合的目的地品牌化定义，其中 Blain 等所提出的定义被认为是到目前为止最全面的（Pike，2009）："目的地品牌化是一系列市场营销活动，（1）支持创造旨在识别并使目的地差异化的名称、符号、标识、文字或图形标志等；（2）一致地传达对与目的地独特相连的、值得记忆的旅游体验的期望；（3）巩固和强化旅游者与目的地之间的情感联系；（4）降低消费者的搜寻成本和感知风险，这些活动共同作用于创造一个能够积极影响消费者目的地选择的目的地形象（Blain，Levy & Ritchie，2005）。"该定义通过融合品牌、品牌资产、旅游体验、目的地形象、品牌对买卖双方功能等内涵鲜明地揭示了目的地品牌化实践的实质：即它是将"品牌化"模式应用于目的地情境而产生的一个有着明确界定的目标、运作方法、实施规范和预期市场效果的整合一系列市场营销活动在内的动态战略营销过程。就其所包括的内涵范畴而言，同样可以将其分解为与"目的地定位"基本上相对应的五大工作环节：开发目的地品牌本体（destination brand identity）、物化展示目的地品牌本体、向目标市场沟通目的地品牌本体、落实目的地品牌本体所做承诺和监测目的地品牌资产（destination brand equity）。图4—3 为目的地品牌化和目的地定位的内涵范畴对应示意图。

2. 两个概念的联系

在旅游研究中，目的地定位和目的地品牌化可以说是两种存在较大共性、兴起于不同时代的目的地营销理念，分别依靠"定位理论"和"品牌化理论"。二者的联系首先反映在其理论深处的共性上，即二者共同强调对目的地实现差异化。定位的终极目标是要建立和维持在消费者心目中的独特地位，而品牌的一个核心功能便被界定为使自身产品与其他卖者的产品相区分（Aaker，1991）。如前所述，从完整的内涵范畴来看，二者都可被理解为整合、囊括一系列连续市场营销活动在内的综合性战略营销过程，包含在内容实质上基本上相对应的五大工作环节，这些

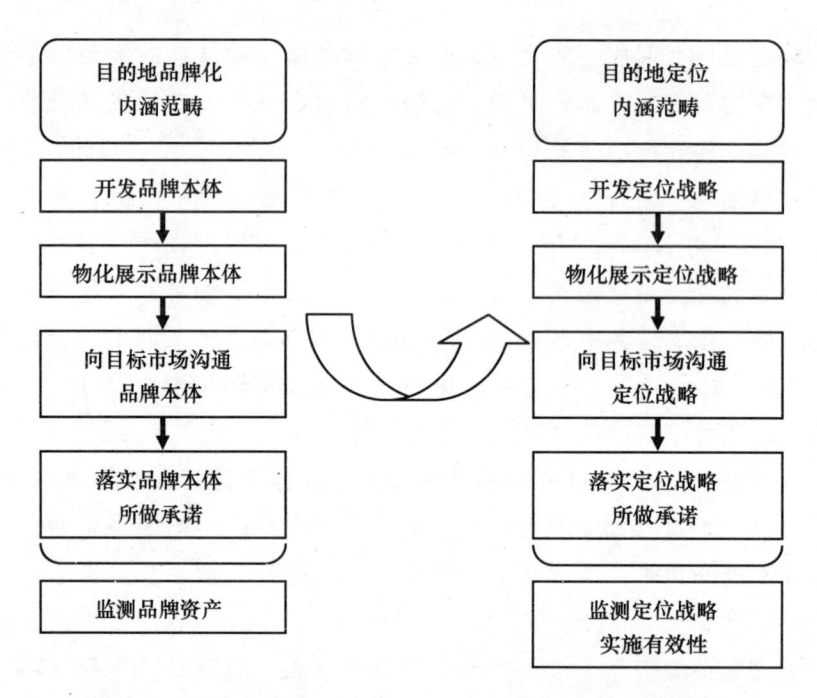

86　旅游目的地定位：理论与实践层面的探索

**图 4—3　目的地品牌化和目的地定位基本上相对应的内涵范畴**

资料来源：作者整理。

工作环节在实操过程中表现出较强的重合性和内在联系。以"开发目的地品牌本体"和"开发目的地定位战略"这两个对应的基础、核心环节的阐释为例，其他工作环节类似。"品牌本体（brand identity）"是品牌理论中的一个重要概念，Aaker 将其界定为："品牌战略者期望予以打造和维持的一组独特品牌联想（Aaker，1996）。"品牌本体为品牌提供方向、目的和含义，是品牌战略愿景的核心和品牌联想的驱动器。它反映所有品牌要素（brand elements）对意识和形象的贡献，将目的地与竞争对手相区分的所有特征和活动都旨在铸就其所投射的品牌本体的强度和独特性（Keller，1998）。因此，"开发目的地品牌本体"在目的地品牌化实践中具有与"开发目的地定位战略"在整体目的地定位工作中相对应的重要地位和价值，奠定品牌化运作的根基，引导、统合其系列营销活动的开展。当前，随着品牌化作为一种创新性目的地营销方法的日益盛行，原本分属两种运作机制的"开发目的地定位战略"和"开发目的地品牌本体"工作逐渐实现了统一、融合。"开发目的地定位战略"被内化为更宽广框架下的"开发目的地品牌本体"工作的一部分;"开发目的地品牌本体"在一定程度上可以操作化为"开发目的地定位战略",即实施所谓的目的地品牌定位工作——把目的地定位按照一种给品牌定位的方法来运作。正是基于两个工作环节之间的这种内在对应和重合关系,普洛格(2004)指出定位为目的地品牌化的成功开展奠定了战略基础,是目的地品牌化的必要前置步骤。

3. 两个概念的区别

目的地定位和目的地品牌化之间的区别主要体现在以下两个方面。第一,虽然二者完整内涵范畴下包含了一系列相似的营销活动,但依靠各自的理论基础目的地定位和目的地品牌化表现出不同的工作倾向点。目的地定位关注的是如何在消费者心目中建立和维持一个独特地位,寻找到这一独特地位(即能够在消费者心智阶梯上实现领先占位的产品品类信息)成为定位工作者至关重要的任务。因此,目的地定位主要把工作重心放在形成一个可资利用的核心定位理念这一前期基础性范畴上,即目的地定位和目的地品牌化相对应的五个工作环节中的第一个。相比之下,目的地品牌化的倾向点则为二者相对应的五个工作环节中的第二个:物化展示品牌本体。品牌本体物化在品牌化过程中的重要性不言而喻。美国市场营销协会对品牌的定义即为:"一种名称、专有名词、标识、符号或设计,或它们的组合运用,其目的是借以辨识某个销售者或某群销售者的产品或服务,并使之与竞争对手的产品或服务区别开来。"Berthon等(1999)亦强调,品牌最终充当关系构建所围绕的标志。这些物化手段(或称品牌要素)构成了品牌本体的外在承载物,使其内涵被识别和快速、简洁地传达。强大品牌往往都具有表现突出的载体形式,能产生积极的视觉和心理效果。Cai(2002)指出,品牌化区别于传统营销技术的一个重要特征就是"一组一致品牌要素"在朝向强大品牌本体的形象打造过程中所发挥的统一作用。目的地定位和目的地品牌化各自的内涵倾向点在图4—3中以阴影背景进行了标示。

第二,对于开发目的地定位战略和开发目的地品牌本体这两个基础工作环节,虽然二者在各自体系中具有对应的功能价值,在实际工作中亦趋向融合,但二者在内外部导向的视角上显示出细微差异。定位是对现有产品在消费者心智中的创造性实践,被称作真正以消费者为主体的理论（金琳，2009）。虽然目的地产品情况也是开发目的地定位战略不可或缺的考虑要素，但这一过程产生的核心定位理念具有更强的外部市场导向，直接以消费者心智中的一个独特地位为塑造对象，进而与旅游市场对目的地的现实感知挂钩。总体上看，开发目的地品牌本体是一个具有双重导向功能的过程：对内要能整合各内部利益相关者的力量，促进他们形成团结一致、精诚合作打造目的地品牌的意愿；对外要能迎合目标市场的兴趣和需求，使品牌可在消费者心目中与竞争对手相区分。但是，就品牌本体概念本身而言，它具有一个很明显的内部焦点，通过明确陈述组织的愿景、价值、精髓或个性来指导和驱动组织内部成员。品牌决策政治和社区意见平衡是致使目的地品牌化复杂于一般产品/服务品牌化的两个主要缘由（Pike，2005），故而这意味着开发目的地品牌本体这一过程会在内部整合上倾注更多的力量。因此，从严格意义上讲，目的地品牌本体比目的地核心定位理念具有更强的内部导向色彩，而目的地核心定位理念的视角更倾向于外部，比目的地品牌本体向着形成市场上的实际目的地感知更加迈进了一步。图4—4中展示了上述的这一细微差异，其中开发目的地定位战略被内置于开发目的地品牌本体的框架之下。

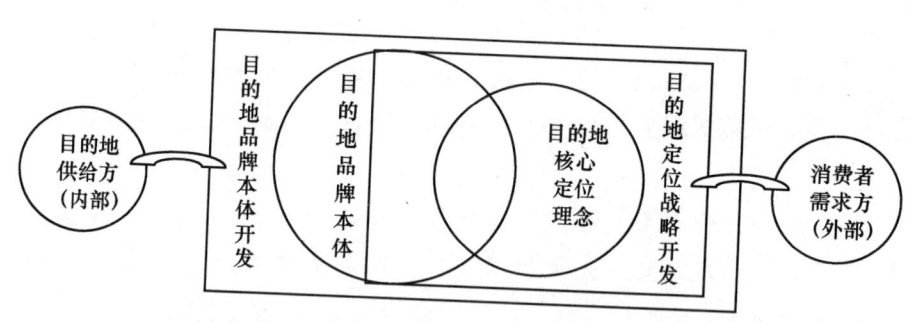

图4—4 目的地定位战略开发和目的地品牌本体开发工作在内外部导向上的细微差异

资料来源：作者整理。

## 第二节 案例1：国内海滨城市目的地的定位突出属性识别

本节提供关于旅游目的地定位调研第一层面工作"识别客源市场区

分自身和竞争目的地的感知着眼点"的一个实际案例。该案例是采用传统的"轮换方格分析技术"这一定性工具辨析消费者心目中对海滨城市各旅游要素的感知排序情况。在现有研究较少、概念内涵不明晰、不一致的情况下，首先通过定性研究进一步明确研究对象是十分必要的。作者旨在通过该节内容实证性地展示该工作层面的重要意义和其实务执行方式。

## 一　引言

随着旅游市场竞争的日趋激烈和目的地产品的同质化，定位对于一个旅游目的地的生存和成功发展具有了前所未有的重要意义，这一点已被学界和业界所广泛认可。然而理念上的认识尚未转化为相应的、充分的学术努力，当前国内关于目的地定位的研究还非常有限（高静、章勇刚，2009），对于目的地定位的实质任务是什么、究竟应怎样给一个目的地定位等关键问题的认识比较模糊（曲颖、李天元，2011）。目的地定位是系统而复杂的工作，然而其核心离不开"击中消费者心灵"这一金科玉律。洞悉旅游者的需求和兴趣、了解旅游者心目中如何区分自身和竞争目的地是成功定位的基础，此后才能通过聚焦于强有力的目的地特质实现差异化。鉴于当前国内目的地定位研究和实践对"把握旅游者需求"这一环节的普遍重视不足或理解、实施不当，本书着眼于这一定位的先在环节，引入"轮换方格分析法（Repertory grid analysis）"，以国内十大知名海滨城市目的地为要素，实际阐释了如何识别出旅游者在制定决策时用以区分各目的地的"目的地突出属性（destination salient attributes）"的技术程序。其目的在于促发更多学者对这一重要问题的关注，以及推介轮换方格分析法这种高效、经济的形象分析技术。

## 二　旅游目的地定位和突出属性之间的关系

"定位"概念最初是由Ries和Trout于20世纪60年代末在广告界提出的，被界定为："建立并维持一个企业或其产品在市场中的独特地位的过程。"① 两位作者指出，寻求这一独特地位的核心就是要认识到"营销之战是在消费者心目中进行的"，定位的根本理念是要理解和满足独特的消费者需要。营销导向的关注点是消费者需要而非产品特征，因此定位主题设计的基础必须是对目标市场有意义的内容（Pike，2003）。进而言之，定位要求聚焦于消费者心目中具有决定性意义的少数属性/利益，持续使用据此形成的一个主题陈述来冲破竞争和替代性产品的杂音。具体到旅游研究领域，享有"目的地博士"之雅号的著名学者普洛格将定位界定为："定位就是确定某一产品或服务的重要品质，从而能够以有意义的方式向消费者展现其有别于竞争产品或服务的特色（内含利益）。"② 此概念有两个关键点：一是以对消费者有意义的方式；二是区别于竞争产品或服务。这实际上分别对应了一般营销研究中了解消费者需求和继而选择、确定定位焦点这两大定位工作环节，其中前者是基础。此外，在 Mayo 和 Jarvis（1981）的"目的地吸引力论"一直被用作理解目的地定位的原理，他们指出："一个目的地的吸引力取决于旅游者所期望的具体利益和目的地在交付这些利益上的能力。"③ 由此观点，了解旅游者在制定决策时究竟期望获得哪些利益，或者说旅游者是使用了哪些目的地属性作为区分各竞争目的地的标准，是定位的一项首要工作。

在先前内容中，作者曾提及旅游研究中通常将目的地属性划分为三种类别：重要属性、突出属性和决定属性。从概念界定中我们可以明晰，"突出属性"是游客对竞争性目的地进行差异化比较的基础。它在范畴上与"重要属性"的交叉范围视具体目的地的资源状况和营销实例而定，但它却构成了任何目的地"决定属性"的基础。突出属性就代表了 Mayo 和 Jarvis 观点中那些旅游者在决策时期望获得的利益，是进行差异化定位

---

① Ries A., Trout J., Positioning: the battle for your mind, New York: McGraw Hill, 1981.

② Plog S. C., Leisure Travel: A Marketing Handbook, Upper Saddle River, NJ: Pearson Prentice Hall, 2004.

③ Mayo E. J., Jarvis L. P., The Psychology of Leisure Travel, Massachusetts: CBI Publishing Company, 1981.

调研的根基，所以应在定位调研工作中首先加以明确。但并非所有那些可以使目的地相区分的属性在旅游者决策过程中都是决定性的（Myers & Alpert, 1968），只有其中少数几个与旅游者偏好和现实购买决策最紧密相关的、强有力的差异化属性才是"决定属性"。只有决定属性才是目的地定位战略设计的落脚点（Crompton, Fakeye & Lue, 1992），它们就是普洛格定义中所要确定的"某一产品或服务的重要品质"，其解决的是如何进一步使目的地出众的问题；而决定属性来源于突出属性（即二者是一种重属关系），后者解决的是先在的、如何击中消费者心灵的问题。本节内容的关注点就是目的地突出属性。目的地定位和其突出属性之间的关系如图4—5所示。

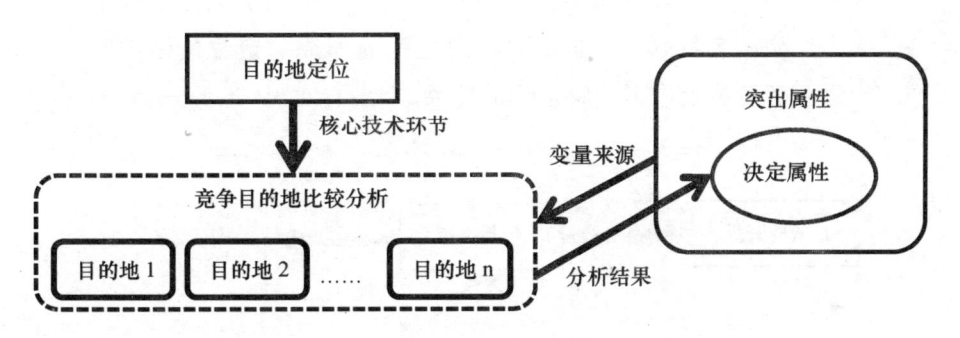

图4—5　目的地定位和其突出属性之间的关系

资料来源：作者整理。

## 三　当前国内旅游目的地定位的误区

国内目的地定位研究和实践起步较晚（20世纪90年代末），至今相关知识积累较为薄弱（曲颖、李天元，2011）。其研究以案例阐释为主，一般针对某个具体目的地探讨当地形象定位的主要原则和依据。尽管具体表述不同，但其定位原理基本上可以归结为三点：以资源为基础，以市场为导向，突出特色。具体的操作途径一般为：资源状况分析被作为目的地定位的起点，也即所谓的"地脉""文脉"分析，主要分析一个目的地的自然地理特征和历史文化特征等，从中找出"优势资源"；目标市场分析以资源分析结果为基础，主要旨在考查旅游者对这些选出的优势资源的各自知晓度和认同度；竞争状况分析仍是基于资源分析结果，考查自身优势资源与竞争对手相比较的类似情况。目的地定位最终要综合考虑上述结果提出一个自身的"独特卖点（USP-Unique selling points）"陈述。有学者将这种目的地定位模式称之为"基于资源特色的目的地定位模式"（高静、章勇刚，2009），如图4—6所示。在该模式下，虽然也考查了旅游消费者的感知情况，但其定位战略设计的基础却只能是那些首先由目的地供给方择定的"优势资源"。其市场调研过程实际上相当于在问：这些是我们目的地认为旅游者在制定决策时会重点考虑的本地的优势资源，你们旅游者是如何看待和评价它们的？这种模式一味强调目的地资源的客观特色，而忽略了目标市场是否会对这些优势资源感兴趣，或者说这些优势资源能否构成旅游者在实际决策时对各个竞争目的地进行比较的参照标准？其结果可能是偏离了旅游者的兴趣范围，抑或是忽略了一些对旅游者特别重要的维度，总之据此形成的定位最终难以达到在旅游者心智阶梯上占据独特地位的结果。

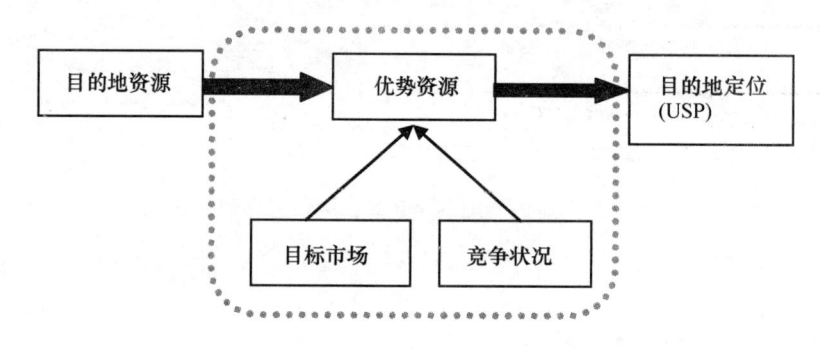

**图4—6　基于资源特色的目的地定位模式**

资料来源：作者整理。

Ries 和 Trout（1979）曾强调指出，定位应该是从"差异"而非"优点"的角度来思考问题。事实上，几乎没有哪个目的地真正堪称独特，尤其是在全球化趋势的影响下，目的地产品之间的可替代性日益增强。对于任何类型的旅游或度假活动，人们通常都面对着可从一大批同类目的地中进行选择的境况。"旅游者所寻求的是辽阔的海滩、宁静的森林、或古老的城市，至于是何处的这种海滩、森林或城市，对旅游者来说已变得相对不重要。"① 因此，如果不洞悉旅游者心目中真正关注什么以及根据什么对各竞争目的地进行挑选的差异化机制，只是一味地宣传根据自身优势资源所形成的USP，既成了"一厢情愿"的定位（因为无法吸引旅游者），又容易被湮没在众多有着类似定位的目的地宣传资料之中（因为很多目的地的资源特色相似）。

## 四 轮换方格分析技术简介及其对目的地定位的优势

轮换方格分析法理论上根植于凯利（Kelly，1955）的"个人构念理论（PCT-Personal construct theory）"。该理论把个人看作是以预测和控制其周围环境为终极目标的科学家，我们通过"构建替换（constructive alternativism）"而具有解释环境的创造性能力，并非仅仅以一种"刺激—反应"的方式作出回应。具体地，"个人构念体系（Individual construct system）"是我们唯一用来指导行为的模型，我们拥有一系列通过生活经历不断检验和修正的"构念"来尝试协助自身的预测和改造活动（Jankowicz，1987）。由此，揭示出洞悉个体"作用构念"的必要性是该理论最重要的应用价值。技术层面上，轮换检验（Repertory test）就是设计用来操作化PCT的一种结构化访谈方法，它通过对话探索个人的"构念体系"（Fransella & Bannister，1977）。

最初源自临床心理学，轮换方格分析法已被应用于很多其他领域，包括工作动机、管理有效性、培训评价、软件质量、信息系统等（Stewart & Stewart，1981）。尽管很多学者都认同轮换方格分析法非常适用于研究环境形象，至今该技术在旅游文献中的应用还比较少，可检索到的共14篇，且全部为英文文献。这些文献涉及到的内容包括游客访问前后的目的地形象差异（Pearce，1982）、通过度假照片提取国家/历史街区的形象（Botterill & Crompton，1987，1996；Botterill，1989）、奥地利的形象（Embacher & Buttle，1989）、商务旅游目的地的形象（Hankinson，2004）、岛屿的形象（Gyte，1988）、博物馆和画廊的形象（Coshall，2000）、国内短途度假目的地的突出属性（Pike，2003，2007，2012；

---

① Cohen E.，"Toward a sociology of international tourism"，Social Research，1972，39：164－182.

Walmsley, 1993; Young, 1995), 其基本研究信息见表 4—1。目前尚无研究在国内海滨城市旅游目的地定位的背景下应用这一技术。

**表 4—1　　应用轮换方格分析法的旅游文献的基本研究信息**

| 作者（年份） | 使用要素 | 主体个数 |
|---|---|---|
| Pearce（1982） | 14 个国家的名字 | 10 |
| Botterill & Crompton（1987） | 8 张墨西哥的照片 | 1 |
| Gyte（1988） | 9 个国家的名字 | 17 |
| Botterill（1989） | 6 张日本宣传册照片以及度假后旅游者自己拍摄的日本照片 | 1 |
| Embacher & Buttle（1989） | 17 个国家的名字 | 25 |
| Walmsley & Jenkins（1993） | 澳大利亚 30 个旅游区域的名字 | 40 |
| Young（1995） | 澳大利亚 30 个主要旅游地的名字 | 50 |
| Botterill & Crompton（1996） | 6 张英国宣传册照片、2 张游客先前访问英国时拍摄的照片、7 张游客最近访问英国时拍摄的照片 | 2 |
| Coshall（2000） | 伦敦的 11 个博物馆和画廊的名字 | / |
| Pike（2003） | 9 个新西兰国内短途度假目的地的名字 | 25 |
| Hankinson（2004） | 15 个英国商务旅游目的地的名字 | 25 |
| Naoi, Airey & Iijima et al（2006） | 44 张德国罗滕堡历史街区的照片 | 20 |
| Pike（2007） | 9 个澳大利亚国内短途度假目的地的名字 | 13/8/5（群组访谈）|
| Pike（2012） | 9 个澳大利亚国内短途度假目的地的名字 | 20 |

资料来源：作者整理。

　　旅游目的地定位的首要前提是要明确消费者的需求。而如前所述，这一理念在国内还尚未得到强调和合理运用，因此亟须科学方法的引导和示范。轮换方格分析法就是具有这一功效的一种优秀技术，其特有的理论宗旨和操作模式决定了它对目的地定位工作的天然适用性。它的两个关键概念："要素（elements）"和"构念（constructs）"，"要素"指一系列可共同研究的有意义对象，恰恰与需要将若干相似目的地作比较这一定位研究的基础相符；"构念"通过人们对给予他们进行分析的要素的选择和区分来得以界定和揭示（Downs，1976），它是主体对对象间相似点和不同点作细致比较背后的思想。这种对个体内心思想的探索理念十分适合被用于对消费者目的地突出属性的挖掘。具体来说，在目的地定位上，轮换方格分析法比传统的定性法及依赖资源属性的定量法具有以下四个方面的优势：第一，它真正从消费者的视角出发，通过揭示消费者的真实心灵感知来确定可行的定位分析基础，比传统方法更利于确保定位结果的市场实效。第二，以往通过专家法识别的目的地属性往往比较宏观、粗略，难以把握消费者真正的差异化机制所在。轮换方格分析法通过非结构化访谈可提供翔实、细致的属性数据，有利于找出相似目的地之间的细微差异，真正抓住了定位"在资源和客源同质的目的地之间比较"这一思想精髓。第三，轮换方格分析法目标明确，操作简单、快速，小样本即可获得大量的信息，极大地节约了调研的人力和时间成本，是一种相当高效的形象探寻技术。而传统方法则需使用大样本，调研范围广、耗时长。第四，以往的消费者调研主要表现为一种简单的目的地资源排序，没有通过精心的设计挖掘出数据背后的支配思想，降低了结果的后续利用率。而轮换方格分析法获得的信息则可被广泛地应用于与目的地营销相关的其他各种研究之中。

## 五　轮换方格分析法的运用

以下部分运用轮换方格分析技术来揭示国内消遣旅游者进行目的地决策时对十大国内知名海滨城市相区分的差异化标准（即目的地突出属性），以实际示范该方法的运用要点。"国内海滨城市游"是一个假设的决策情境，选择这一研究背景主要是考虑：一来国内海滨城市之间资源相似度高、竞争激烈，亟须定位理论的指导；二来这些城市本身也都是有一定地位和知名度的大城市，市场熟悉度高。当前应用的研究设计情况如图4—7所示。

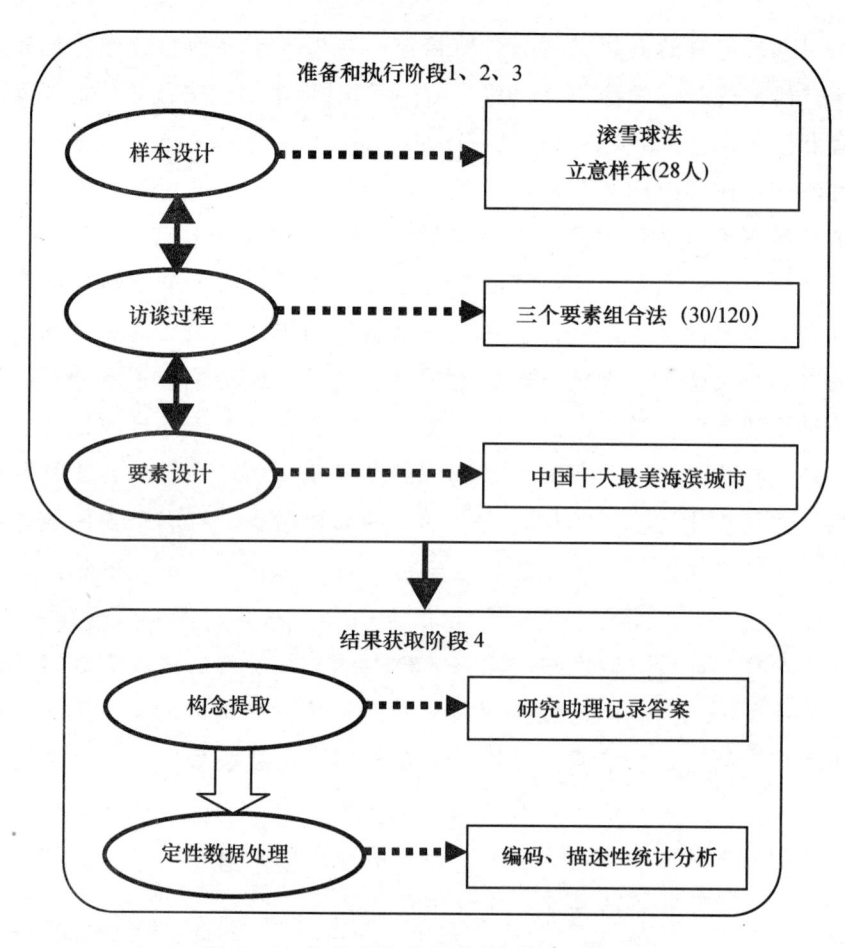

**图 4—7　轮换方格分析法应用的研究设计**

资料来源：作者整理。

## （一）提出适当的比较要素

对比较要素的确定是轮换方格分析技术应用的第一个考虑点。其核心操作原则是要数目适中且具有代表性。数目适宜性主要需参考经验做法：由表 4—1 中先前旅游研究所使用的要素范围（6—44 个，平均 16 个）和效果所知一个 10 左右的要素组合较适合于本研究。在代表性方面，凯利建议使用的要素应是在特定情境下主体可能会关注的（Kelly, 1955）。综上，本研究采用 2009 年由主流网站、杂志社、社区等媒体联合推出、百万网民投票参选诞生的"中国十大最美海滨城市"为要素。

这一评选结果就足以反映出这些目的地与旅游者决策的相关度。这十个城市分别为：三亚、青岛、秦皇岛、珠海、日照、厦门、北海、大连、海口、宁波。

### （二）选择规模和特性适宜的样本

应用轮换方格分析技术的第二个步骤是要进行有效的抽样，即选择与比较要素相符的样本。对于定性研究，抽样的目标是应达到再增添参与者时出现显著的数据冗余现象。以小样本实现这一效果是轮换方格分析法的一个优势（Young，1995），表4—1中的经验做法证明了这一点：这些旅游研究的访谈样本规模都比较小（1—50人），平均为19人。Pike的一项研究甚至发现对前两名参与者的访谈提取了全部数据的一半，而八至十个访谈结束后就不再有任何新信息了（Pike，2003）。因此，本研究通过"滚雪球法（snowballing）"挑选了一个由28人组成的规模适中的"立意样本（purposeful sample）"。所谓立意样本，是指访谈个体符合如下预先设定好的条件：男女比例均等（各14人），年龄跨度为从25岁至60岁，税后月收入均在5000元以上，所有人过去都曾到访过一个以上的国内海滨旅游城市（30%以上的人到访过二个以上），其中一半以上的人还表现出在未来12个月内再次造访此类目的地的意向。设定此样本条件是为了回应分析要素的选择，尽可能反映那些对国内海滨城市游有兴趣、有经验、具备相当知识基础和一定旅游支付能力的目标市场群体的观点，从而确保访谈研究的效度。

### （三）确定提取构念的要素组合方式

对要素组合方式的确定是轮换方格分析技术运用中的第三个关键步骤，也是对构念提取的直接工具准备。首先，在基本模式选择上，有2要素、3要素、4要素等多种组合应用形式，其中"三个要素组合法（triadic method）"被最普遍地采用（Fransella & Bannister，1977）。在该形式下，被访者被展示以三个要素，要求他们说出以什么方式（因为什么原因）其中的两个要素相似而与第三个不同。它的区分度最高，且最符合本研究的要素和样本特点，因此本研究中就采用这种方法：将十个国内海滨城市目的地的名字分别印在卡片上，再用阿拉伯数字为每个卡片编号（1—10），三个编号一组分别进行组合。接下来，要进一步确定具体应用到的3要素组合体的数目。因为先前研究显示，在规定"不许重复同一原因"的情况下,参与者只使用约 8—12 个组合(Reynolds& Gutman,1988)。将得到的全部"3 要素组合体(英文称一个 triad)"都用在访谈中往往费时且意义不大,如本研究中共产生了 120 个 triad——120 = n(n-1)(n-2)/6,n 为要素数目 10。对此,博腾和讷拉吾(Burton & Nerlove,1976)设计了一种"平衡不完全组(balanced incomplete block)"计算法,只需采用全部组合中的一小部分即可获得相同的数据采集效果。按照其公式,本研究中所需展示的 3 要素组合体的数目为 b = λn(n-1)/ = 30 个,其中 n = 10,rn = 3b,λ = 2r/n - 1。作者随机挑出了 30 个由博腾和讷拉吾提供的编号组合以供使用。

### (四)通过实施访谈提取构念

这是对轮换方格分析技术运用的最后一个步骤,此后就进入对应用结果的处理阶段。它需要按照先前的研究设计真正提取出此方法的核心成果,即"构念"。"构念"通过被访者用以概括要素之间"相似原因"的"描述符"而界定的。作者于 2012 年 3 月至 5 月对选择出的 28 名主体进行了深入访谈,平均历时 52 分钟,每个被访者平均使用了 12.5 个目的地组合。安百策和巴投(Embacher & Buttle,1989)的做法,访谈前先通过一组汽车品牌的例子使被访者熟悉相关格式。正式访谈中,择定的 30 个"三个国内海滨城市目的地组合体"被以随机挑选的顺序向被访者逐一展示。在展示每一个组合时,向被访者提问如下问题:"如果您正在考虑一个前往国内海滨城市目的地旅游的计划,卡片上的三个海滨城市(如三亚、青岛和大连)中哪两个让您感知相似而不同于第三个?构成它们之间相似/差异的原因是什么?"被访者被告其答案没有对错之分,因此可以放心地提供尽可能多的、可以想象到的目的地之间相似/差异的理由。当被访者对一个组合想不出其他的相似/差异理由时,就改换下一个组合,但是相同的原因不可重复再提。直至被访者提供的答案不再含有任何关于要素之间相似/差异原因的新信息时,针对他/她的访谈就结束了。此访谈格式下被访者回答的简洁性使得其答案可以被迅速、准确地记录在案(Reynolds & Gutman,1988)。

## 六 数据分析与研究发现

轮换方格访谈中被访者的回答共产生了 496 条陈述,平均每个被访者提供了 17.8 条陈述。借鉴 Pike（2003）的研究，对方格数据的分析采取了三个步骤。首先，根据答案的"相同措辞"采用简单的"剪切—粘贴"方法来形成基本主题类别。如像"美丽的沙滩""松软洁净的沙滩""白色的沙滩"等陈述都被统一归类在"沙滩"这一主题之下。这一首轮归类过程共产生 89 个主题。第二步，对这 89 个主题进行频数分析（frequency analysis）和内容分析（content analysis），以进一步分类、组合，开发属性名称。此步骤的关注点是可形成的"大的属性类别"，而非提取个别独特的构念，因此一些近似含义的措辞都被归属于同一属性。这样便产生了更易于管理的 19 个大的属性类别名称。最后，为确保定性数据分析的效度，作者邀请了一位具有管理学教育背景的学者对上述主观分类结果进行验证，采用 Guba（1978）关于"类别内部同质性外部异质性"的判断标准。该学者基本上同意笔者提取出的 19 个属性（见表4—2中的 A 列，属性按被提及次数多少的排序被标示）。采取同样的方法再对十个目的地业界代表的访谈录音材料进行分析，首先识别出 42 个基本主题：其中有 15 个主题被 16 名代表中 9 名以上所谈及，另 27 个主题被提及的代表数目则均在 8 名以下。最终这些主题又被合并、分类成 21 个大的属性类别（见表4—2中的 B 列，属性按被提及次数多少的排序被标示）。

表 4—2　　　　　需求方和供给方提取的属性及排序比较

| 提取属性名称 | A 轮换方格分析法 | B 业界代表访谈 |
| --- | --- | --- |
| 气候 | 1 | 13 |
| 文化底蕴 | 2 | — |
| 风景/自然吸引物 | 3 | 1 |
| 建筑风格 | 4 | — |
| 服务质量 | 5 | 8 |
| 名胜古迹 | 6 | 3 |
| 放松/休闲的氛围 | 7 | — |
| 旅游产品性价比 | 8 | 11 |
| 购物设施 | 9 | 15 |

续表

| 提取属性名称 | A 轮换方格分析法 | B 业界代表访谈 |
|---|---|---|
| 地方美食/小吃 | 10 | 17 |
| 浪漫的氛围 | 11 | 9 |
| 地方民俗/手工艺品 | 12 | — |
| 居民友好/热情 | 13 | 12 |
| 水上活动 | 14 | 10 |
| 沙滩/海水/阳光 | 15 | 2 |
| 景点拥挤程度 | 16 | — |
| 住宿设施 | 17 | 7 |
| 城市卫生/干净 | 18 | 4 |
| 景点之间的距离 | 19 | 14 |
| 基础设施 | — | 18 |
| 节事活动 | — | 19 |
| 会议展览 | — | 21 |
| 夜生活 | — | 16 |
| 地方治安 | — | 5 |

资料来源：作者整理。

对表4—2中旅游者和目的地业界代表的观点相比较便可发现，需求方和供给方在国内海滨城市目的地定位突出属性的认识上并不十分吻合。首先，轮换方格分析法提取出了五个目的地业界代表未曾谈及的属性类别，分别是"文化底蕴""建筑风格""放松/休闲的氛围""地方民俗/手工艺品"和"景点拥挤程度"（在表中已用阴影标示）。而且其中"文化底蕴""建筑风格"和"放松/休闲的氛围"排序都非常靠前，分列第2、4和7位，说明它们多次被旅游者提及，是旅游者非常重视的属性。然而，目的地供给方却没有意识到这些为旅游者所关注的、能真正影响其决策的突出属性，也就不会将它们纳入自身的定位考虑之中，致使可能忽略有价值的目的地差异化机会。同时，业界代表也提出了七类旅游者所不曾关注的属性（"基础设施""节事活动""会议展览""夜生活""地方治安""交通/可进入性""旅游信息"），进一步反映了供给方对旅游者需求认识上的偏差。其中像"地方治安"(第五位)和"交通/可进入性"(第6位)业界还给予了很高的排序。供给方持这种观点的原因可能是认为这些属性是海滨城市出游情境下的重要属性,缺少它们旅游活动不够完满或无法有效开展,但事实上它们并非旅游者决策时在心目中对各竞争目的地进行比较、挑选的突出属性。如前文所述,属性的重要性和突出性是两个不同的问题,不能混为一谈。当前研究结果就显示出十个城市业界代表对其目的地属性的不同作用没有形成清晰认识,也就不可能对各自采取恰当的管理措施。

再看那些旅游者和目的地业界代表共同提及的属性类别,双方在一些属性的关注程度排序上亦表现出很大不同。如轮换方格访谈中旅游者对"气候"的提及次数最多,但在业界代表中其关注度排序仅为13,差距很大。而对于"沙滩/海水/阳光""城市卫生/干净"和"住宿设施"这三类属性,业界代表认为旅游者会很重视,排序分列第2、4和7位;但在旅游者心目中的实际排序却分别是第15、18和17位。可以理解,随着旅游供给水平的不断提高,像优质的3S资源、整洁的城市环境和舒适的住宿条件,实际上已经是国内一线海滨旅游城市最基本的、最普遍的特征。尽管各城市在这些属性上还是会存在具体差异(如低纬度海滨城市在海洋景观和活动上都与高纬度海滨城市有较大区别),但目的地形象研究一个最基本的准则就是"感知本位",即感知大于事实。虽然此海景不同于彼海景,此游轮也不同于彼游轮,但当前它们给旅游者所带来的体验期望却差异不大,旅游者感知中并不认为这些属性足以塑造其偏好。这也许是长期以来国内海滨城市在宣传内容和方式上存在一定问题。因此,如果未来有城市想继续在定位战略中主打这些属性,就必须以有效的方式告知旅游者其细微差异何在。从总体上看,业界代表认为旅游者会看重其本底资源和各类旅游设施(旅游基础设施和上层设施),而旅游者更倾向于关注目的地所能为其带来的旅游体验的质量、文化品位和情感感受。这应该便是供需双方对国内海滨城市目的地定位突出属性认识的主要分歧点。

## 七 结论和探讨

国内现有目的地定位研究的主要着眼点是提取出供给方视角下的优

势属性，却忽略了一个更具经济意义的工作——挖掘旅游消费者的真正需求。极少有学者关注了这个研究角度，更没有运用科学方法进行过深入、详尽的探究。洞察到轮换方格分析法对目的地定位研究的独特优势，本书首次将这一技术应用到对国内海滨城市目的地出游背景下定位突出属性的识别上，实际阐释了如何解决"击中消费者心灵"这一定位的首要性问题。本节内容严格遵循轮换方格分析技术的应用原则，用消费者自己的思维方式和语言揭示出他们内心的关键决策因素，以简捷的调研途径和少量时间、人力、财力成本获得了丰富、细致的消费者感知数据，对目的地定位等相关研究大有裨益。此外，将运用轮换方格分析法和目的地业界代表访谈的结果相比较发现：旅游者需求方和目的地供给方在提取出的显著属性类别和具体属性关注度排序上都存在较大差异。这进一步说明了在目的地定位研究和实践中通过有效市场调研来把握旅游者真实兴趣和需求的必要性。

除了示范和推介轮换方格分析法在识别旅游者期望利益这类营销调研工作中的有效性外，本研究的结果还具有如下直接应用价值：依靠文中所识别的这组国内海滨城市目的地突出属性清单，后续研究者便可以此为定位指标，通过作比较考查多个竞争目的地之间的最终市场定位情况，或为某一具体目的地设计定位主题的差异化特质选取提供依据。此外，这组属性清单亦可代表"消费者视角"，与其他资料显示的重要属性结合运用在各种目标的、需了解旅游者主观感知的海滨城市目的地形象考查工作之中，如目的地营销绩效评估、目的地品牌知名度调查、目的地资源管理水平分析等。

本研究存在以下几方面的局限，需要未来运用轮换方格分析法的目的地营销学者们注意并加以完善。第一，本研究使用了一个经验的样本规模。虽然先前类似研究普遍采用和验证了小规模样本，而当前样本也较好地实现了构念提取的目标（事实上前3名被访者所提供的陈述数目已占全部被提取陈述的42.8%），但30个左右的小样本还只是一种理论上的合理做法，对该技术的最佳样本规模尚在摸索之中。有学者建议应在未来研究中尝试扩大样本，以帮助确定这一技术更恰当的抽样方法（Maruoka，1998）。同时，较小的样本规模还可能导致提取的构念不够全面，使一些维度被遗漏。对此，未来可通过分析国内海滨城市游客的博客、微博和各种帖子评论（数据容易获取且较客观）进一步提取消费者视角的构念来形成补充。第二，尽管轮换方格分析法采用系统访谈框架的做法被认为相对于其他技术在研究者之间较容易达成一致意见（Hankinson，2004），但它本质上属于一种定性技术，难以消除定性技术的固有缺陷——数据结果阐释的主观性。未来研究可通过邀请更多同行来证实数据分类结果等更严谨的研究设计（本研究中只邀请了一名）来尽可能提高研究信度。第三，虽然在先前旅游研究和本研究中，轮换方格分析技术都仅被用于提取一种构念——目的地认知形象属性（cognitive image attributes），但轮换方格理念的应用范围并不仅限于此类形象。未来研究可拓宽范围，尝试提取表征目的地情感形象属性（affective image attributes）的"双极形容词（bipolar adjectives）"并开发语义差别量表（semantic differential scale），将情感形象也应用于目的地形象分析之中。

## 第三节　案例 2：国内海滨城市旅游目的地"推拉动机"的关系机制研究

　　本节提供关于旅游目的地定位调研第一层面工作"识别客源市场区分自身和竞争目的地的感知着眼点"的第二个案例解析。与第 1 个案例类似，这里同样应用了一个较传统的定性技术（"手段—目的"方法）来帮助探测消费者心目中对目的地各要素的感知分类情况。不同之处是"手段—目的"法无法直接提取出游客在旅游选择时对各目的地属性的排序情况。它是通过挖掘各产品属性与游客个人价值（即终极诉求）的链接关系间接识别不同游客细分市场心目中的"突出属性"构成。换言之，它还需要确定各细分市场的不同"价值述求"来确定其各自所偏向看重的目的地属性。由于该方法是根据游客更深层次的心理感知来推测其产品偏好，故会具有更高的预测效度。

### 一　引言

　　为了更好地推广旅游目的地，目的地营销者必须理解引导旅游者进行旅游决策和消费行为的驱动因素（Gnoth，1997）。其中，"动机"被认为是解释旅游行为的最主要变量之一,得到了诸多旅游学者的关注。通过测量动机,研究者能识别不同类型的旅游者、确定他们相应的旅游行为模式,为目的地官方和旅游营销者的产品开发、品牌形象评估、目的地定位及促销活动提供重要启示(Fodness,1994)。在这方面,西方学者主要遵循"推力动机—拉力动机"这一基本研究框架,但长久以来其研究关注点主要放在对发挥作用的具体推力和拉力因素的识别上,对这两种力量之间关系的考查非常有限,而且应用方法较单一(结构化测量基础上的定量分析)。国内学者对旅游动机的研究早先以概念性探讨为主,近年来才引入推、拉动机框架展开实证研究(包亚芳,2009),且在研究内容和方法上主要依循国外现有成果,对推拉动机关系这一问题还没有涉猎。尽管这些现有研究对了解推、拉动机的构成及其中的重要维度有所贡献,但却没有深入揭示其重要性的根源以及二者如何综合作用以塑造旅游者对某特定目的地偏好的内在关系机制。

营销研究中的一个新理论视角,称之为"手段—目的"方法(means-end approach),提供了一个可将影响消费决策的一系列不同抽象水平的要素整合在一起的框架。它的基础思想为:产品及其所具有的属性(attributes)实际上代表了消费者获得重要结果(consequences)和强化重要个人价值(personal values)这一"目的"的"手段"。链接这三种不同抽象水平要素的"手段—目的链(means-end chains)"对理解消费者和其购买的产品之间的基础关系十分有利。在旅游动机研究背景下,由于相对具体的、有形的目的地产品属性代表了来自目的地一方的拉力动机,而结果和个人价值这些与旅游者自身相关的高阶驱动因素又对应了首先影响出游决定的推力动机,"手段—目的"方法恰好为研究旅游行为的推、拉动机之间关系机制提供了一种有效途径(Klenosky,2002)。这种定性技术对其他被广泛采用的结构化旅游动机测量方法亦形成了有益补充。

旅游者的旅游动机和偏好模式随出游情境(travel context)的不同而不同,然而当前目的地营销研究中却仅有少量文献明确指出了其所关注的特定决策情境(Pike,2002)。本研究选择"国内海滨城市目的地"这一出游情境主要是考虑此类目的地资源同质性强、竞争激烈、旅游业发展条件相似且成熟度普遍较高,是一类具有典型研究价值的旅游吸引力实体。欧等人（Oh et al.，1995）指出，在几个目的地拥有相同吸引属性时，旅游者会偏好那个感知中最可能将其推力动机和拉力因素形成良好匹配的目的地。因此，通过"手段—目的"方法探究旅游者在此出游情境下推、拉动机之间的关系机制，将预期能产生更为直接、鲜明的管理启示。

## 二 推力、拉力动机及其关系

尽管关于旅游动机目前还缺乏一个普遍认同的界定方式，但"推力—拉力"模型已被绝大多数旅游学者所接受和运用（You, O'Leary & Morrison，2000）。根据这一框架，推力动机是指由于心理失衡或紧张所产生的引发人们作出出游决定的内在驱动因素，是激发和创造旅游需求的根源。因而，推力动机往往是一些社会心理方面的因素，与人们自身的需要和欲求相关，如摆脱日常所处环境、休息放松、新奇与冒险、社会交往、地位与声望等。艾索阿赫拉（Iso-Ahola，1982）指出同时影响人类旅游消遣活动的两大基本推力动机因素为：逃避和寻求。相对于推力动机，拉力动机则指引导旅游者在诸多目的地之间进行选择的因素，是对目的地本质、特性和吸引物的概括，反映为目的地营销宣传中的各种具体属性，如沙滩、山岳风光、历史文化资源、体育活动等。学者们对拉力动机的研究一般是以特定目的地为基础的，如特布欧和由瑟（Turnbull & Usyal，1995）针对加勒比海目的地识别出6个拉力动机因子：历史遗迹/文化、城市飞地、舒适悠闲、海滨胜地、户外资源、乡野化且价格低廉。

传统上，推力动机和拉力动机被认为分别影响旅游者在两个不同时点所作的两种不同决策，一个关注是否出行，另一个关注出行去哪里。一旦已经决定出行了，去哪里、看什么、做什么的问题才能得到处理。因此，理论上、逻辑上和时间上，推力动机都先于拉力动机。近来，尽管这两种驱动力仍被看作主要与两类不同决策相关，但学者们的视角发生了一定转变，提出二者并不是彼此独立运作的，而是存在根本的相关关系。如查等人（Cha et al，1995）指出，人们外出旅游是因为他们受内部力量推动的同时也受到了来自目的地属性的外部力量的拉动。类似地，丹（Dann，1981）认为，目的地拉力因素是对推力动机的反映和强化，旅游者在决定去哪里旅行的时候真正考虑的是能够与其推力动机相符合的各种拉力因素。克朗姆顿（Crompton，1979）亦指出，推力因素的作用不仅仅在于解释最初唤醒、激励或推动人们想要外出旅行的原因，而且具有将旅游者指向某一具体目的地的引导潜力。一些考查推、拉动机关系的实证研究也应运而生（Oh, Uysal & Weaver, 1995；Pyo, Mihalik & Uysal, 1989；Uysal & Jurowski, 1994；Baloglu & Uysal, 1996；Kim, Lee & Klenosky, 2003）。这些研究的主要关注点是识别具有相关性的对应推力因素和拉力因素，以作为旅游者市场细分和产品组合设计的直接依据。其结论多是通过对大规模调查研究的二手数据应用多变量统计分析而得，如典型相关分析、因子分析、回归分析等。如欧等人（Oh et al., 1995）根据1030名澳大利亚海外旅行者的访谈数据运用典型相关分析生成四个显著典型变量，涵盖四组分别对应的、彼此联系的推力因素和拉力因素，继而将被访者分配于这四个变量之下，形成了四个细分市场：安全/舒适寻求者、文化/历史寻求者、新奇/冒险寻求者和豪华寻求者。在这样的细分市场下，旅游者外出旅行的内在需求及可用来满足其需求的特定产品组合都一目了然。

这些实证研究是对推、拉动机关系理论探讨的一大推进，帮助建立了推、拉因素之间的具体相关关系，但囿于其所采用的方法，仍然具有以下两个明显缺陷：（1）关于推、拉动机的数据是来自大规模调研项目的二手数据，而这些结构化的调查在推、拉动机测量上主要依靠的是前期研究和业界经验，没有融入消费者观点，因而不能确保其所采用的量表是对旅游者真正重要的维度，影响了其研究效度；（2）对推、拉动机关系的考查仅限于识别出一组目的地拉力因素与一组旅游者推力因素之间是否存在相关以及这种相关性的大小，并没有深入揭示它们之间的内在相互联系机制，换言之，没有回答这两种驱动力之间"为什么相关"和"如何相关"的问题。下文介绍的"手段—目的"方法这种定性技术就是专门设计来推断不同要素之间相关关系的机理和模式的，对于解决以上两方面的局限将特别有帮助。

## 三 "手段—目的"方法及其一般应用程序

### (一)"手段—目的"方法简介

"手段—目的"方法的创立源于将"个人价值视角"应用于消费产品营销,这代表了将个人心理视角纳入营销研究微观方法之中的一大转变,与传统的宏观调研方法相比更能深入理解产品和其在消费者生活中所扮演角色之间的关系(Reynolds & Gutman, 1988)。该理论视角强调行为是由价值驱动的,消费者的个人价值最终影响他们的产品选择。价值被界定为:"一种持久的信念,认为从个人或社会的角度来看一种具体行为模式或终极存在状态优于其他的行为模式或终极存在状态。"[1] 这些受偏好的终极存在状态或行为模式就是人们行为的目标或结果(Lindberg & Johnson, 1997)。价值对人们行为和判断的影响是超越具体对象和情境的,它是一个比态度更具恒定性和包含性的概念(Thyne, 2001)。

因此,简言之,"手段—目的"方法的焦点就是要理解消费者赋予产品的内在个人含义。具体而言,它考查三种不同抽象水平要素之间的链接关系:属性、结果和个人价值。实体的或可观察到的产品"属性"本身被认为对消费者来说并无意义,它们是通过为消费者提供或避免某一较为抽象的"结果"而获得意义和重要性;继而,这一"结果"又是通过满足或强化了消费者最为抽象的"个人价值"而获得其重要性。比如,低脂食品(属性)被购买是因为人们感知到它具有保持身形苗条的功效(结果),而最终是为了维护人们的自尊(个人价值)。将这三种要素整合在一起,其从属性到结果、再从结果到个人价值的关联模式就构成了一类特殊的知识结构,称之为"手段—目的链"(或 A-C-V 层次)。前例中的"手段—目的链"见图4—8所示。

麦金托什和泰纳(McIntosh & Thyne, 2005)指出了将"手段—目的"方法应用于旅游研究的意义和优势,提倡旅游学者们对其展开广泛的学术探讨:"手段—目的"方法可被运用于理解旅游者行为的微妙性和他们思维中的显著维度。这对于识别旅游者带入旅游接触中的独特价值

---

[1] Rokeach M. J., *Beliefs, Attitudes and Values*, San Francisco, CA: Jossey Bass, 1968.

和目标以及这些目标如何影响他们的行为或他们获得的体验和满意度十分重要。与其他方法相比,"手段—目的"方法的最大优点就在于它能通过一个层次性的框架将研究中涉及的各种"概念"相链接,从而可从旅游者表达的具有自我含义的价值结果角度来理解旅游行为(McIntosh & Thyne, 2005)。当前,在旅游、娱乐和接待业相关研究背景下,已有部分学者采用这一方法来探究消费者的偏好和决策行为,其关注点主要涉及目的地选择(Klenosky, 2002; Klenosky & Gengler, 1993; Wu, Xu, & Erdogan, 2009; Watkins & Gnoth, 2011; Pike, 2012)、博物馆和遗产地参观(Jansen-Verbeke&van Rekom, 1996; Crotts, 1998; Jewella & Crotts, 2002)、州立公园解说服务项目的使用(Klenosky, FraumanNorman & Gengler, 1998)、城市周围绿地空间的经济效用评价(López-Mosquera & Sánchez, 2011)、住宿设施选择(Matilla, 1999)、绳索课程挑战项目(Goldenberg, Klenosky & O'Leary, 2000)等。

低脂 → 保持身形苗条 → 自尊

(属性) ┈┈┈▶ (结果) ┈┈┈▶ (个人价值)

图 4—8 一个"手段—目的链"的实例

资料来源:作者整理。

(二)"手段—目的"方法的一般应用程序

韩克(Hinkle, 1965)开发了一种用以操作化"手段—目的"方法的技术程序,称之为"阶梯渐进(laddering)"。该程序涉及到组织一系列一对一、面对面的半结构化深入访谈。最初,给受访者设计一个偏好导向的分类任务,旨在提取出消费者在研究感兴趣的刺激物(产品或品牌)之间进行区分的基本概念/差异点。尽管属于其他更高阶的结果层面的情况也存在,但这些提取出的概念/差异点一般都是处于相对具体的属性层面的。访谈者接下来向主体们提问一系列的探索性问题(probing questions),用以揭示与以上概念/差异点相关的高水平含义和联系。这些问题是开放式的,以激发主体们用他们自己的语言提供符合他们特定思想和情境的答案。具体地,向被访者展示一个从先前分类任务中提取出的概念/差异点，提问：为什么这个概念/差异点对你来说是重要的？他们的答案将成为下一个"为什么重要"问题的焦点。这个提问过程持续进行直到主体无法提供答案，此时每个主体都被引至其最高水平的终端价值层面。这一程序之所以被称作"阶梯渐进"，是因为它推动被访者沿着"抽象水平阶梯（ladder of abstraction）"向上移动，在相对具体的属性层面含义和更抽象的结果和个人价值层面含义之间搭建了桥梁（Reynolds & Gutman，1988）。

对从个人"阶梯渐进"访谈中收集的答案进行分析包括三个步骤：第一步，对数据进行内容分析，开发形成若干个恰当的含义类别，把访谈中提取出的属性、结果和个人价值要素分别分配、组合到各自符合的含义类别之下；第二步，基于内容分析的结果，将访谈获取的个人关于属性、结果、个人价值之间的所有引致关系加总合并，构建出一个涵盖整体样本数据的含义矩阵（implication matrix）；第三步，选取恰当的临界点（cut-off point），将含义矩阵中包含的所有主要的"手段—目的链"关系以网络图的形式综合表现出来，形成一个层次价值图（Hierarchical Value Map—HVM）。

## 四 研究方法

### （一）抽样

数据收集工作于 2012 年 6 月至 7 月在大连市一个著名旅游景点——老虎滩公园进行。由两名受雇的大学生采取便利抽样法（convenience sampling）招募国内旅游者参加访谈。当旅游者经过为本研究专门搭建的一个摊位时，由其中的一名大学生上前进行邀请并简要介绍访谈的目标和程序。招募者阐明自己的助研者身份，表示并不隶属于大连或其他任何一个国内海滨城市目的地的旅游营销机构。只有年龄在 18 周岁以上，除大连外过去还曾造访过其他国内海滨城市目的地的旅游者才会受到邀请。每个参加研究的主体都会收到一本大连市的旅游明信片作为象征性报酬。共计邀请了 200 名旅游者，其中 38 人同意并参加了访谈。

关于定性访谈的样本规模，林考和古博（Lincoln & Guba，1985）曾建议如果选择得当，20 人就足以达到出现数据多余的要求。过去实施

"阶梯渐进"访谈的研究也普遍采用了较小或中等样本的规模（Grunert, Klaus & Beckmann, 2001）。克劳特和万瑞克姆（Crotts & Van Rekom, 1998）的研究显示，当超过40个主体的时候，就几乎提取不出任何新的内容了。因此，本研究选取了38人这一规模适中的样本。样本构成上，女性比例略高（57.9%），年龄在35—50岁之间者占绝大多数（81.6%），本科以上学历者占一半以上（52.6%），税前月收入普遍分布在3000—5000元人民币的范畴内（86.8%），公务员和企事业管理者居多（63.2%），旅行目的主要为观光游览（39.5%）和度假（34.2%）。

### （二）访谈实施

个人访谈时间平均持续45分钟。访谈员首先向受访者展示一张列有15个国内著名海滨城市目的地名字的卡片（包括大连），让他们选择出3个在今后再进行海滨城市游时将会考虑前往的目的地。接下来，为识别拉力因素，访谈员从受访者提供的3个偏好目的地中随机选择一个，询问他们是什么因素使得这个目的地对其产生吸引力。受访者被鼓励尽可能说出多项吸引因素。这个问题的答案通常是关于一个目的地的若干属性。访谈员继而选择其中的一个属性使用"阶梯渐进"程序询问被访者"为什么这个属性对你来说是重要的？"如前所述，其答案继而又被用在下一个"为什么重要"的问题之中。这种提问持续进行直到访谈员认为被访者提供的答案已经到达了其最高水平的终端个人价值层面。如果被访者最初提供的答案是关于结果层面的，访谈员则需要在阶梯上反向移动，提问诸如下面的问题来先提取出其支持属性，再返回到向上探索更高层次概念的阶段：是这个目的地的什么方面使您感觉到这样的"结果"？总之，根据受访者最先提供答案的层次，访谈员探寻构成一个"手段—目的链"的其他含义维度。相同的访谈程序继而被应用在主体选择出的其他两个目的地之上。

## 五　数据分析和研究发现

"阶梯渐进"程序共产生125个"手段—目的链"，平均每个受访者提供了3.3个。这些"手段—目的链"共包含475个要素，平均每个"手段—目的链"包含3.8个要素。由于这些要素都是比较个别、零散的，首先需要对它们进行内容分析（Matilla，1999）。每个要素被首先编码为属性、结果或个人价值。在这个 A-C-V 层次划分之后，要素的内容含义被加以考查来划分形成若干个含义类别。其方法是首先使用"剪切—粘贴"的直观方法将具有类似措辞的答案组合在同一个主题之下，如像"自然环境""美丽的自然风光""未受破坏的环境"等陈述都被统一归类在"自然吸引物"类别之下，再对这些亚类的内容做进一步合并、组合，最终形成大的主题类别。作者邀请了一位具有管理学教育背景的学者一同、分别对以上要素进行编码，两个结果大约有 85% 是一致的，并且双方经过讨论解决了认识不一致的地方。最终形成的关于属性、结果和个人价值三个层次概念的内容编码如表 4—3 所示。

表 4—3　　　　　　"手段—目的链"要素的内容编码结果

| 属性（Attribute） | 结果（Consequence） | 个人价值（Personal Value） |
| --- | --- | --- |
| A1：户外娱乐活动 | C1：新奇的体验 | V1：兴奋 |
| A2：新的/独特的地方 | C2：教育下一代 | V2：自我实现 |
| A3：历史/文化吸引物 | C3：逃避日常工作/生活环境 | V3：自尊 |
| A4：风景/自然吸引物 | C4：亲近自然 | V4：快乐 |
| A5：阳光/沙滩/海水 | C5：炫耀 | V5：保持良好人际关系 |
| A6：好的购物场所 | C6：日光浴疗养 | |
| A7：宜人的天气 | C7：在目的地停留更长时间 | |
| A8：价有所值 | C8：挑战/惊喜 | |
| A9：聚会的氛围 | C9：观察/探索 | |
| | C10：放松 | |
| | C11：社交/与人会面 | |
| | C12：精力充沛 | |
| | C13：健康/健美 | |
| | C14：看的更多/玩的更多 | |
| | C15：获得更多知识 | |
| | C16：工作更有成效 | |
| | C17：更多约会机会 | |
| | C18：享受 | |

资料来源：作者整理。

在访谈中,曾要求被访者选择出三个他们今后再进行国内海滨城市游时将会考虑的目的地以及这些目的地对他们产生吸引力的因素。根据上面内容分析的结果,被访者提及的国内海滨城市目的地及其各自相关的吸引属性类别被汇总在表4—4之中(N代表提及某一目的地的人数,主题属性下的数字代表该类别被提及的次数)。从表中可知,被提及最多的目的地为三亚、大连、青岛和珠海;被提及最多的海滨城市拉力因素为A5(阳光/沙滩/海水)、A4(风景/自然吸引物)、A3(历史/文化吸引物)和A7(宜人的天气)。每个被提及的目的地都具备它们各自的代表性拉力因素,如三亚最受欢迎主要是因为它的3S资源、暖和的天气和新奇/独特性;大连获得游客较高的重游意向源于它的3S资源、高档购物场所和户外娱乐活动;青岛为游客向往得益于它的户外娱乐活动、合理的性价比和历史/文化吸引物。

表4—4　被访者提及的国内海滨城市目的地及其拉力因素

| 目的地 | 吸引属性类别(拉力因素) ||||||||||
|---|---|---|---|---|---|---|---|---|---|---|
|  | N | A1 | A2 | A3 | A4 | A5 | A6 | A7 | A8 | A9 |
| 三亚 | 32 | 2 | 5 | 2 | 4 | 21 | 4 | 10 |  | 3 |
| 大连 | 26 | 4 | 2 | 3 |  | 11 | 9 | 3 |  | 2 |
| 青岛 | 19 | 10 | 3 | 6 | 11 | 4 |  | 4 | 7 |  |
| 珠海 | 16 | 1 | 6 |  | 4 | 2 | 2 |  |  | 2 |
| 厦门 | 11 | 1 | 1 | 3 | 2 | 2 |  | 6 |  | 1 |
| 海口 | 8 | 1 |  | 1 | 2 | 2 |  |  |  | 4 |
| 秦皇岛 | 4 |  |  | 4 | 2 | 1 |  |  | 2 |  |
| 北海 | 4 |  |  | 2 |  | 1 |  |  | 1 |  |
| 宁波 | 2 |  | 2 |  | 1 |  | 1 |  |  |  |

资料来源:作者整理。

内容分析中识别的概念代表了影响旅游者对国内海滨城市目的地选择决策的推、拉动机要素,接下来要探查这两种驱动力之间的内在关系机制。如前所述,结构分析的第一步是要建立一个将所有被访者提供的"手段—目的链"关系汇总在一起的含义矩阵。这是一个方形的非对称矩阵，矩阵的行和列分别由内容分析提取的概念构成（A1—A9，C1—C18，V1—V5），矩阵中的数字代表在获得的被访者所有"手段—目的链"中一个概念类别（行）引致与其相对应的另一个概念类别（列）的次数（包括直接关系和间接关系）。由于完整的含义矩阵所占篇幅过大，这里只以1个"手段—目的链"包含的关系为例展示整个矩阵结构的一部分，见图4—9所示。在含义矩阵中，属性A3（历史/文化吸引物）共引致结果C1（新奇的体验）32次，结果C1继而引致结果C9（观察/探索）16次，结果C9又引致结果C15（获得更多知识）21次，直至最终引致最高抽象水平的个人价值V2（自我实现）30次。

"手段—目的"方法应用的最终结果是形成一个层次价值图，用以综合展示所考查的不同层次概念之间的关系模式。这涉及到要首先选择一个恰当的临界点来确定含义矩阵中的哪些关系应该被描绘在图中，而哪些关系应该被忽略掉。因为绘制层次价值图的总体目标是要展示含义矩阵中所包含的主要关系（忽略掉关系数等于零或接近零的单元），即只有在数目上超过临界点的关系才会被反映在图中，以达到既保留绝大多数信息又使图形简洁、易于阐释的效果（Olson & Reynolds，1983）。经文献回顾，先前应用"手段—目的"方法的研究选择的临界点一般在5%至10%之间，瑞瑙兹和加特曼（Reynolds & Gutman，1988）提出对较大的样本采用5%的建议原则。考虑本研究的实际样本规模，这里选取7%作为临界点，即概念之间关系数达到3以上（$38 \times 7\% = 2.66 \approx 3$）的单元才会被保留在图中。基于这一临界点，创立一个二元矩阵，其赋值原则如下：原含义矩阵中关系数大于或等于临界点的单元赋值1，其他关系数小于临界点的单元都赋值0。这样，所有被赋值1的单元就是在图中将要加以保留的关系。此外，根据绘制层次价值图的惯例，为了防止图形过于拥挤，并非所有符合上述条件的关系都会在图中用独立的线条标示出来，有一些关系被认为是多余的。比如，矩阵显示$X \Rightarrow Y$，$X \Rightarrow Z$，同时，$Y \Rightarrow Z$，则$X \Rightarrow Z$的这一关系就不必单独标示，因为它已经反映在$X \Rightarrow Y$和$Y \Rightarrow Z$的关系之中了。将所有多余的关系排除后，此二元矩阵被用来绘制层次价值图。

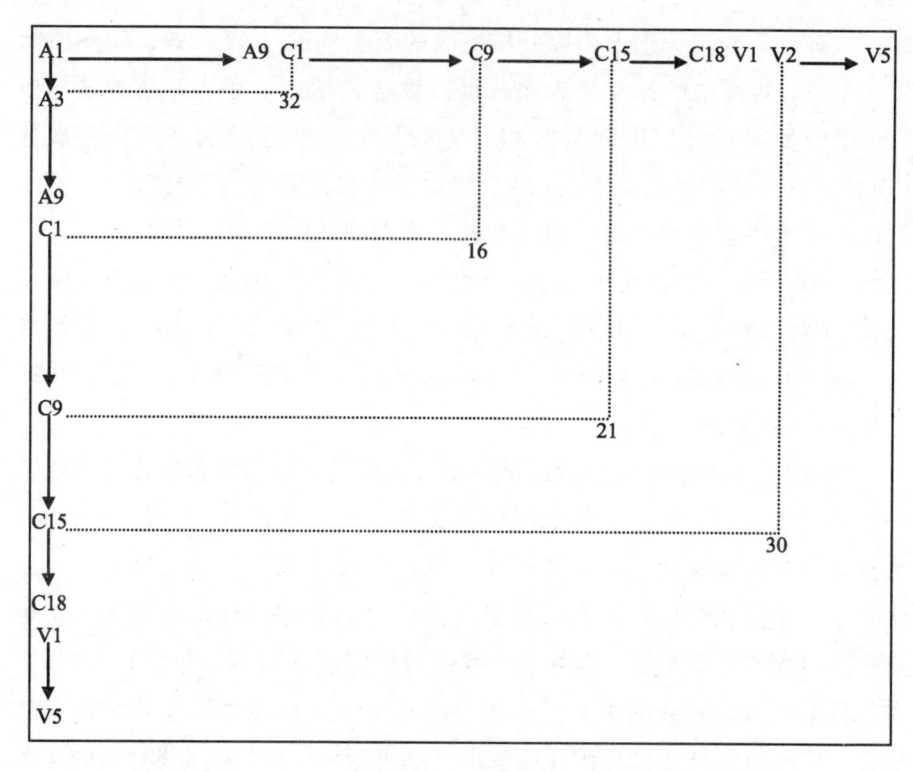

```
A1 ─────────→ A9 C1 ──────────→ C9 ───────→ C15 → C18 V1 V2 ──→ V5
│             ┊32
A3            ┊
│             ┊
A9            ┊
│             ┊
C1            ┊
│             ┊
│                               ┊
│                              16
│
│                                                ┊
C9 ·············································21
│                                                              ┊
│                                                              ┊
C15 ··························································30
│
│
C18
│
V1
│
V5
```

**图 4—9　涵义矩阵中的一个"手段—目的链"关系**

资料来源：作者整理。

根据克莱纳斯凯（Klenosky，2002）和耿勒等人（Gengler et al.，1995）的建议，层次价值图的布局形式应能特别反映出概念的不同抽象层次、提及每个概念类别的人数多寡和两个概念类别之间关系的强弱。本研究中层次价值图的绘制原则见图 4—10 所示。首先，属性、结果和个人价值三个不同层次概念的区分用圆框的不同背景色来标示，9 个"属性"用白色圆框代表，18 个"结果"用浅灰色圆框代表，5 个"个人价值"用深灰色圆框代表。同时，三者的摆放位置反映出它们的不同抽象水平："属性"全部位于图形的最下方，向上由若干个"结果"逐渐过渡到最高抽象层次的"个人价值"。其次，提及每个概念类别的人数多寡通过代表特定概念的圆框边缘的厚薄程度来标示，具体分为三个等级：提及人数小于 15 人、提及人数为 15—24 人和提及人数大于等于 25 人，这三个等级的圆框边缘依次增厚。再次，两个概念类别之间关系的强弱通过连接这两个概念之间箭头的粗细程度来标示，每对关系被提及的次数越多，连接它们之间的箭头就越粗，具体分为 4 个等级：3—9 个关系、10—19 个关系、20—29 个关系和大于等于 30 个关系。图 4—11 中的层次价值图展示了国内海滨城市目的地推、拉动机因素之间若干个重要的"手段—目的链"关系。

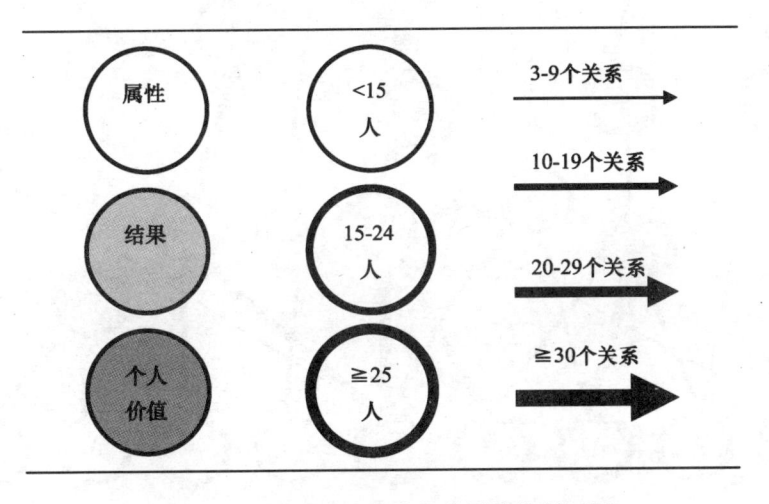

**图 4—10　本研究中层次价值图的绘制原则**
资料来源：作者整理。

从图中可见，绝大多数的关系来自于 A2（新的/独特的地方）、A3（历史/文化吸引物）、A4（风景/自然吸引物）、A5（阳光/沙滩/海水）、A7（宜人的天气）和 A8（价有所值）这六个被提及较多的拉力因素。关于 A2、A3 和 A4 的一条显著的链接关系是旅游者可通过它们获得新奇的体验（指向 C1），进行更多的观察/探索（指向 C9），从而感知到获得更多知识（指向 C15），满足其自我实现的价值动机（指向 V2）。A2、A3、A4 还和 A1（户外娱乐活动）一起可为旅游者带来挑战/惊喜的利益（指向 C8），从而有助于达到兴奋这一终极价值目标（指向 V1）。A3 的另一条促成旅游者自我实现的路径是通过为他们提供教育下一代的机会（C2）。

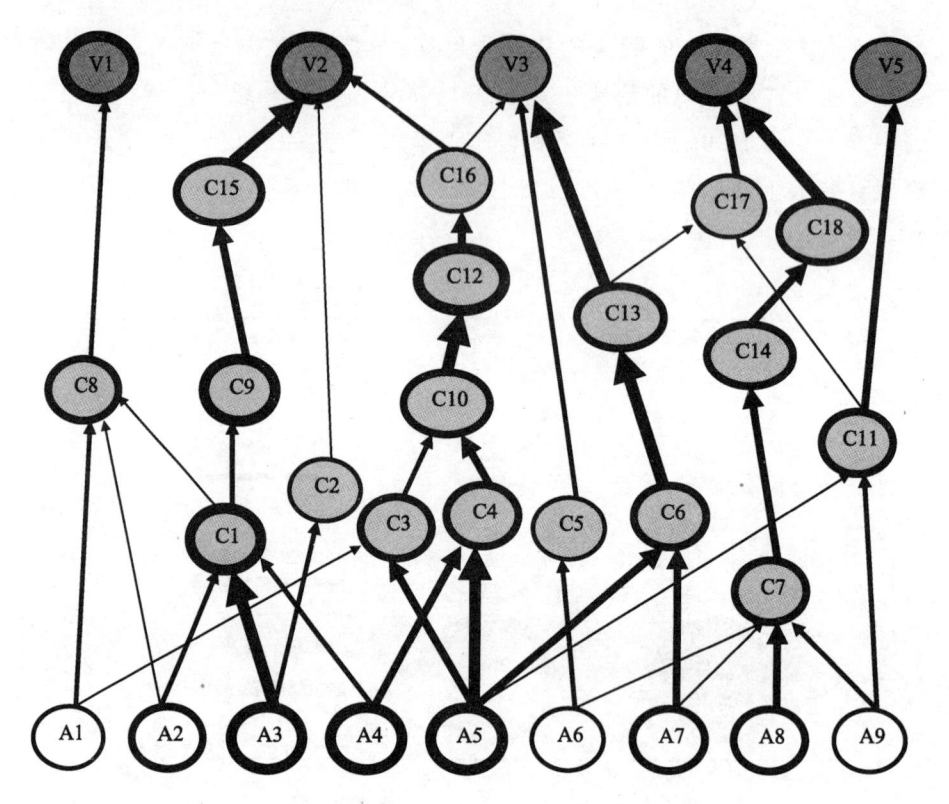

图4—11 国内海滨城市目的地推、拉动机关系的层次价值

资料来源：作者整理。

　　A4 和 A5 的一条显著的链接关系是可使旅游者亲近自然（指向 C4），从而使他们放松身心（指向 C10），保持充沛旺盛的精力（指向 C12），在回到日常环境中后能够更有成效地工作（指向 C16），进而满足其自我实现和自尊这两类价值动机（指向 V2 和 V3）。A5 还和 A1 一起可通过首先为旅游者提供逃避日常工作/生活环境的机会（指向 C3），继而与从 C10、C12、C16 过渡到 V2 和 V3 的关系路径相合并。A5 这一属性类别的重要性还源于另外两条关系路径：一条是同 A7 一起可使旅游者享受到日光浴疗养（指向 C6），为他们提供健康/健美的利益（指向 C13），进而帮助他们提高自尊（指向 V3）；另一条是和 A9（聚会的氛围）一起为旅游者提供更多的社交/与人会面的机会（指向 C11），从而有助于他们保持良好的人际关系（指向 V5）。关于 A7 的另一条显著的链接关系是同

A6（好的购物场所）、A8（价有所值）和 A9 一起为旅游者创造了可在目的地停留更长时间的条件（指向 C7），因此可让他们看得更多/玩得更多（指向 C14），感到一种对生活的享受（指向 C18），进而实现快乐的价值目标（指向 V4）。此外图中还有四条链接关系如下：一条是 A6 可使旅游者获得在社交圈内进行炫耀的资本（指向 C5），进而满足其自尊的价值动机（指向 V3）；另三条是 A5、A7 和 A9 还可分别由各自的先在关系路径于 C17 处汇聚，通过为旅游者提供更多的约会机会来实现他们的快乐动机（指向 V4）。

## 六 结论与探讨

尽管"推力动机—拉力动机"模型已被绝大多数旅游学者所接受和运用，但长久以来人们主要是将这两种驱动因素分别进行研究，对二者之间关系机制的考查十分欠缺。当前少数此类研究所做的工作又局限于仅从统计上判定二者是否相关以及相关性的大小，没能展开深入研究。鉴于理论认识的倾向和实证材料的支持，引入新的视角和方法来深入揭示推、拉动机在影响旅游者决策中相互作用的关系机理和模式将成为十分有意义的一项工作。本研究为首次在国内将"手段—目的"方法引入旅游动机研究，它独特的理论视角和操作程序为挖掘处于不同抽象层次的动机概念之间的内在联系提供了一个完备的框架。具体地，在本研究的国内海滨城市目的地出游情境下，一方面它通过定性访谈提取推、拉动机因素，克服了传统旅游动机测量研究缺乏旅游者个人和情境相关性的局限；另一方面它以"手段—目的"的内涵来建立充当拉力动机的具体的目的地属性和充当推力动机的抽象的结果、个人价值之间的层次链接关系，有利于从旅游消费内在精神含义的角度来阐释推、拉动机之间为何相关、如何相关的深刻原理。

### （一）实际管理启示

本节内容运用"手段—目的"方法得到的研究结果对国内海滨城市目的地的旅游业界具有重要管理启示。第一，本研究挖掘出了国内海滨城市游背后旅游者深刻的价值动机。以往文献识别的推力动机主要是一些常规的、普遍的社会心理需求，与本研究中结果层面的概念有较大重合，而本研究进一步揭示了支撑这些需求背后的终端个人价值，为这些城市的目的地定位和产品促销策略提供了新的思路。传统的依靠目的地属性的定位方法往往难以抉择定位焦点（曲颖、李天元，2011），而且在目的地产品质量普遍提高的今天越发难以奏效（Oh, Fiore & Jeoung, 2010）。从符合旅游者个人价值内涵和生活意义的角度来描述和推介目的地产品不失为一种明智的做法。也就是说，国内海滨城市目的地应该将兴奋、自我实现、自尊、快乐和保持良好人际关系这些高阶的价值概念纳入它们的沟通策略之中，使旅游者了解其产品如何具有个人相关性。具体地，各目的地可根据自身的优势资源属性，审视层次价值图，选择恰当的价值沟通陈述。如表4—4中显示，大连在提供优质购物环境这方面略胜一筹，它便可考虑为其产品策划一种具有身份象征性和炫耀资本的高档形象，突出其能提升旅游者自尊的效应；珠海被旅游者感知具有较高的新奇、独特性，它便可着力强调其产品所能带来的新奇/惊喜感，把创造旅游者的兴奋作为核心诉求点。第二，层次价值图中的每一条"手段—目的链"都代表了旅游者对国内海滨城市目的地产品的一种主要的感知逻辑，清晰地显示了旅游者是如何建构目的地属性与其自身价值追求之间的关系的。国内海滨城市目的地应将这一信息准确地传递给自身的产品开发者和交付者，使他们知晓旅游者对其资源作用的认识和期望，以免因与旅游者的观念相偏离而无法为他们打造满意的旅游体验。可以这样运用层次价值图的信息：明确每条关系链首尾两端的内容，中间的关系路径就提供了如何以"手段"实现"终极目的"的具体方向和途径。例如，海滨城市目的地的风景/自然吸引物如何能满足旅游者自我实现的价值目标？其实现步骤应该是使旅游者能够更多地接触自然、为他们营造休闲放松的氛围、使他们通过旅行真正恢复精神体力，从而增强其自我效能感。这样便可适时地在不同环节为旅游者设计、安排符合他们心理期待的旅游经历，最终实现与其精神世界的情感共鸣。第三，从层次价值图底端的一个属性类别出发往往可引致多条"手段—目的链"关系，这说明一种海滨城市目的地属性所具有的拉力是由旅游者多种不同的利益和价值追求所推动的。比如，阳光/沙滩/海水这一属性为人们所向往共源于四条不同的关系路径：一条是通过提供日光浴疗养使人们变得更加健康/健美，从而使其保持自尊；一条是通过提供一个社交

/与人会面的良好场所使人们获得更多的联系和约会机会，从而体验到快乐；另两条则是分别通过使旅游者亲近自然和逃避日常工作/生活环境合并于放松、精力旺盛、增强工作成效并最终达到自我实现和自尊这两类价值动机的路径。这种详细的关系信息对于更为精细化的市场细分及其后续营销工作十分有价值。尽管满足需求的属性相同，但国内海滨城市旅游者却可因其多样化的推力动机被划分为若干个不同的细分市场。旅游管理者必须根据这些细分市场独特的利益、价值需求及其实现路径来定制化地宣传和提供其产品，以便最大化发挥其产品的吸引效应。

**（二）局限和后续研究建议**

本研究的局限主要表现为以下两点：一是研究设计中的若干元素影响了研究发现的可推广性，如特定的调研地点（大连一个目的地）、特定的调研时间（夏季）、采用的便利抽样法和具体编码程序（主观性无法完全排除）；二是源于"手段—目的"方法的操作技术本身，有学者指出"阶梯渐进"程序反复询问被访者相同的问题可能会使访谈意图过于明显，同时要求被访者以层次性的方式来思考其动机概念之间的关系会在一定程度上增加他们的认知负担（Woodruff & Gardial, 1996）。然而，本研究的主要目标是在国内研究背景下应用和推介"手段—目的"这一前沿方法，阐释其在揭示复杂现象背后若干影响因素关系机制上的独特视角和分析框架，并不是具体产生的数据结果。而且，访谈过程中遵循了瑞瑙兹和加特曼（1988）提出的一系列询问技巧，尽量规避这一操作程序本身所可能产生的负面问题。

未来可考虑从以下三个角度来进一步应用、拓展或深化本研究的成果。第一，可以本研究通过探索性定性程序识别的推、拉动机要素为基础，进一步开发符合国内海滨城市出游情境的旅游动机测量量表，在大连或其他海滨城市目的地通过大规模的概率样本来验证本研究发现的各"概念"之间的重要关系路径。第二，本研究考查的是整体样本的"手段—目的链"知识结构，并没有对一些重要的旅游者变量进行控制。大量研究显示，诸如先前旅行次数和介入水平（level of involvement）等变量对旅游者的信息处理和决策模式产生明显影响（Klenosky & Gengler, 1993）。因此，后续研究可根据以上变量将旅游者划分为不同群体，尝试考查各群体之间"手段—目的链"关系的区别，这一信息将对面向不同细分市场的产品开发和游客忠诚培育计划具有重要启示。第三，本研究仅关注了国内海滨城市目的地的现实旅游者，因此未来一个有意义的工作方向是在该情境下继续开展将"手段—目的"方法运用于潜在旅游者或非旅游者样本的复制性研究。可以将得出的关于这两个群体如何看待海滨城市目的地产品的感知逻辑与现实旅游者的相比较，识别其中影响产生不同知识结构的重要概念及其关联模式，探索将潜在旅游者和非旅游者转化为现实旅游者的途径。

## 第四节 案例3：南京旅游目的地形象的比较性测量与分析

本节提供关于旅游目的地定位调研第二个层面工作"基于游客决策着眼点对自身和竞争目的地进行比较分析"的一个实际案例。如前所述，随着目的地定位研究逐渐采取由学者自行指定"定位指标"的简化研究途径，涉及第一层面工作的研究文献日益减少，"目的地比较分析"工作作为定位的理论和技术内核，其地位更加突出。"差异化"构成了定位理论的思想精髓，也是判断目的地定位方法是否科学、有效的终结标准。当前国内目的地定位研究的最大缺陷就在于比例相当大的文献没有基于比较分析的视角，偏离了"市场本位"的科学定位轨道。本节案例依然采用了"目的地形象"这一最传统的定位指标，因为其研究基础最丰厚，便于读者通过案例示范最大程度地把握该领域的研究逻辑和研究范式。同时其也便于将定位调研的发现直接与目的地产品开发、调整的管理启示相链接。

### 一 引言

旅游目的地产品无形和难以在购买前尝试的特性使得形象成为各目的地之间可资利用的主要竞争工具（Cai，2002）。此外，大量理论和实证依据都支持目的地形象对旅游者决策制定的重要影响作用（Tasci，Gartner & Cavusgil，2007）。因此，在实践中各目的地都将塑造一个积极的、有吸引力的形象作为自身营销的核心目标。然而，任何目的形象的塑造策略都应以对其现有形象的了解作为基础。有效的目的地形象测量和分析可提供关于目的地现有形象在满足游客需要上的优、劣势以及与竞争对手相比较的相对定位等丰富信息，从而可对未来形象管理和策划的方向形成启发。本书就旨在在如上方面作出一定的研究努力，以南京作为案例目的地，综合应用"重要性—表现"分析法和对应分析法对南京现有旅游者的目的地形象感知情况从不同角度进行了考查，以期能对国内在研究相关问题的视角和方法使用上提供一些借鉴。

　　自20世纪70年代以来，目的地形象成为国际旅游研究领域最炙手可热的话题之一，形成了丰硕的研究成果（Pike，2002）。尽管至今人们对这一概念的定义尚未达成一致认识（Gallarza，Saura & Garcia，2002），在具体用法上也多有不同（Jenkins，1999），但绝大多数国外学者都是从旅游者心理活动的角度来对其进行界定的。例如被引述最多的 Crompton（1979）定义："形象是一个人对目的地信念、想法和印象的总和。"[①] 在目的地形象的构成成分上，大多数学者都支持一个"认知—情感"的二维结构，其中认知形象（cognitive image）指关于一个目的地的知识和信念，而情感形象（affective image）代表对一个目的地的感觉或情感反应（Stephenkova & Morrison，2008）。Gartner（1989）在此基础上又补充了表征行为倾向的意动形象（conative image）。在众多界定之中，Echtner 和 Ritchie（2003）为理解和测量目的地形象提供了一种较为独特的视角，他们认为目的地形象应该通过属性—整体链、功能—心理链和共同性—独特性链三个维度来进行描述。在目的地形象的理论建构方面，国外学者还重点阐释了其形成过程。Gunn（1972）最初将目的地形象划分为机制形象（organic image）和诱导形象（induced image）两类，前者指旅游者没有实地访问时对目的地的印象，后者指通过促销材料或实地访问所形成的目的地形象。Fakeye 和 Crompton（1991）应用这一理论又将目的地形象细分为机制、诱导和复合（complex）三类。机制形象的界定前述，

---

[①] Crompton J. L.，"An assessment of the image of Mexico as a vacation destination and the influence of geographical location upon that image"，*Journal of Travel Research*，1979，17（1）：18 – 23.

而诱导和复合形象则分别用来专指旅游者通过促销材料和根据现实访问经历所形成的形象。更为接近些，Gartner（1993）系统总结了目的地形象形成的影响媒介，将其进一步划分为以下八类：公开诱导型 I（overt induced I）、公开诱导型 II（overt induced）、隐蔽诱导型 I（covert induced I）、隐蔽诱导型 II（covert induced）、自治型（autonomous）、无意机制型（unsolicited organic）、有意机制型（solicited organic）和纯机制型（organic）。

国内关于目的地形象的研究始于 20 世纪 90 年代末，在研究内容上涉及目的地形象的概念、形成机理、生命周期以及测量与评价等几个方面（臧德霞、黄洁，2007）。但总体上国内该研究领域在目的地形象的理论建构方面尚未取得较大进展，未能开发出一些被广泛认可和应用的分析框架，对此多数学者主要直接借鉴和引用国外成果。国内研究中最显著和丰硕的部分表现为以对一个具体目的地（主要是城市）的形象策划和设计为目标的目的地形象分析与评价（宋子斌等，2006）。但国内在目的地形象分析的视角和方法上与国外有很大不同，大多数文献都是从供给角度由专家学者通过地脉、文脉的定性分析总结得出一个目的地的形象概况，很少从旅游者感知形象的角度进行调查研究。这在很大程度上是由国内学者对目的地形象概念的理解方式所决定的，如有学者直接将目的地形象界定为："旅游地对本身的各种要素资源进行整合提炼、有选择性地对旅游者进行传播的意念要素，是旅游地进行对外宣传的代表性形象。"[①] 近些年来，随着对这种形象分析方法主观性和不精确性的认识，国内逐渐出现了一些通过市场调查和定量统计分析来考查目的地形象的研究文献。这些文献的一般技术路径为：针对一个目的地让旅游者在预先设定的一系列形象属性上对其进行评分，进而通过处理所获数据确定其具体形象的优、劣势所在。这种方法虽然有所改进，但 Crompton 等（1992）指出它因为具有以下两个主要缺陷而对目的地在促销中究竟应该使用哪些属性的指导意义有限：（1）不清楚哪些属性是对目标市场出游而言的重要属性；（2）不清楚哪些属性是可以形成与竞争对手相区分的

---

① 谢朝武、黄远水：《论旅游地形象策划的参与型组织模式》，《旅游学刊》2002 年第 17 期（2），第 63—67 页。

差异化属性。鉴于此,本研究拟突破这种局限,将关注重心放在旅游者需求和区域内竞争对手这两个当前国内目的地形象研究普遍容易忽视的要素上,将它们纳入研究设计之中,通过对"重要性—表现"分析法和对应分析法的综合应用来提供关于这两个方面的目的地形象测量和分析的信息。

## 二 研究方法

### (一) 案例目的地简介

因本书中涉及的其他四个调研地主要是为从不同视角深入、详细解析南京的目的地形象感知服务的,这里只介绍焦点案例目的地南京的基本情况。南京(简称"宁"),位于长江下游沿岸,是江苏省省会、副省级城市、国家历史文化名城、国家园林城市、国家综合交通枢纽、国家重要创新基地和科技创新中心、现代服务业基地和先进制造业基地、滨江生态宜居城市,也是长三角辐射带动中西部地区发展的重要门户城市、联合国人居署特别荣誉奖获得城市和2014年第二届夏季青年奥林匹克运动会举办城市。南京襟江带河,依山傍水,钟山龙蟠,石头虎踞,山川秀美,古迹众多,旅游资源可谓极大丰富,其"六朝古都"的盛名享誉海内外。基于其丰富的资源禀赋,南京旅游局已开发、形成六朝怀古游、大明胜迹游、郑和遗踪游、民国文化游、宗教文化游、秦淮风情游、科教修学游、滨江风貌游、温泉度假游、乡村美景游等多元化的综合旅游产品体系。

### (二) 调研工具

本研究采用"自填式问卷(self-completed questionnaire)"作为调研工具,问卷共包括四个部分。第一部分是一个独立的问卷填写说明,介绍调研目的和基本程序。第二部分调查旅游者对南京和其他四个华东区域重要旅游城市(无锡、上海、苏州、杭州)在一系列形象属性上表现的比较评价情况。作者在广泛回顾国内外目的地形象研究文献(尤其是有关我国华东旅游城市的文献)和咨询一组旅游营销专家的基础上共开发出33个形象属性以用于此部分。对于其中的每一个属性,旅游者都被要求从包括南京在内的五个城市中选择出他/她认为在其上表现最佳的一个或多个城市。例如在自然风光方面，请勾画出您认为表现最好的一个或多个城市。第三部分考查旅游者对于南京等五个城市作为一个理想出游目的地的总体印象的评价。旅游者被要求对这五个城市分别在一个7分李克特类型量表（Likert-type scale）上进行打分，其中由1="非常差"逐渐过渡到7="非常好"。第四部分测量旅游者的人口统计和旅游相关特点。

**（三）调研实施和问卷回收**

调研于2011年8月至9月进行，采取整群随机抽样的方法，向参加由康泰旅行社、君越旅行社、中达旅行社、南唐旅行社等共十家南京旅行社组织的华东五市游（南京、无锡、苏州、杭州、上海）旅行团的国内游客发放问卷。问卷由导游协助发放、解释和回收。事先对接团导游就调研过程和问卷题目等进行过网上视频培训，以确保他们在向游客解释相关问题时能保持一致性。问卷选择向五市的现实旅游者发放，并且在每个旅行团的全部行程结束之前进行，目的是为了获取关于五市形象准确的、第一手的感知体验，因为先前研究显示现实旅游者比潜在旅游者所持有的目的地形象更为真实和复杂（Botha, Crompton & Kim, 1999）。本次调研总计发放问卷410份，回收385份，其中有效问卷320份，问卷的有效回收率为78%。

**（四）分析方法**

**1. 重要性—表现分析法（IPA）**

重要性—表现分析法（Importance Performance Analysis, IPA）最初由Martillia和James（1977）提出，用于考核汽车经销商的表现，后被广泛应用于服务、医疗营销、会展、教育、餐饮、休闲娱乐等行业，成为提高顾客满意度、优化服务质量的重要工具（王素洁等, 2010）。其基本思想为：以所考查变量重要性和表现均值的中值或总体均值为交叉点，以重要性和表现分别为纵、横轴，构建一个二维、四象限的方格图。根据各变量的实际重要性和表现情况，将它们分布于四个象限之内。第一象限为重要性高，表现也好；第二象限为重要性低，但表现好；第三象限为重要性低，表现也差；第四象限为重要性高，但表现差。相应的应采取的管理对策分别为：继续保持、不宜刻意追求、低优先和重点改进。

在以往应用此分析框架的文献中，研究者通常采用的都是一种被称为"明确重要性（explicit importance）"的方法，即直接要求被访者对某属性的感知重要程度进行打分。本研究则采用由 Usyal（2000）等提出的"隐含重要性（implicit importance）"方法。如调研工具部分所示，该方法并不直接询问被访者哪些属性更重要，而代之以通过考查以下两方面信息来推断出各属性的重要性：（1）让旅游者就每个属性从五个城市中选出一个或多个在其上表现最佳的城市；（2）让旅游者对五个城市作为一个理想出游目的地的各自总体印象进行评价。其背后的思维逻辑为：旅游者评价的这两方面信息之间存在内在关联，即真正对旅游者出游目的地选择具有决定性作用的因素应该是被作为理想目的地总体印象评分均值最高的城市所具备，而不会被总体印象评分均值低的城市所具备。换言之，在那些重要性高的目的地属性上，作为理想出游目的地总体印象评分均值最高的城市被选作表现最好的人数比例应该较高。这样就可以通过一个属性与总体印象评分均值最高城市之间联系的强弱来推断出其对出游决策的实际重要性。Usyal 等（2000）指出该方法较之"明确重要性"方法有以下三个优点：（1）它有效规避了被访者回答"公认观点（conventional wisdom）"答案的倾向，便于揭示出真正影响旅游决策的因素；（2）它模拟了旅游者制定出游决策的情境，因为旅游者需要对属性的表现情况在几个目的地之间作比较。现实决策中极少有旅游者会只考虑一个目的地，这样对目的地属性的考评就得以在一个类似于真实的而非假设的决策情境下进行；（3）它允许同时获取关于几个目的地在一系列属性上的表现情况而不必要求游客做对每个目的地在每个属性上评分的烦琐工作。也正因如此，它可以将较多的属性纳入问卷之中，使得对目的地形象的分析更为详细和透彻。

2. 对应分析法（CA）

对应分析法（Correspondence Analysis，CA），又称最优量表法、交互平均法或同质性分析，是一种日益流行的用于降维和感知绘图（perceptual mapping）的多元相依变量统计分析技术（Hair, et al., 2010）。它的基本模式是对由两个定性或分类变量构成的交互频数表进行分析，将卡方值转变为可度量的距离，通过分值距离来代表变量的各个类别，减少维度并做出分值分布图。在降维方面，它与因子分析相似；在制作分布图方面，它与多维量表法相似（郭志刚，1999）。其优点是可以在一张感知图中以可视化的方式同时揭示同一变量各个类别之间的差异以及不同变量各个类别之间的对应关系。变量划分的类别越多，其优势就越明显。近年来，该统计技术在市场细分、产品定位、品牌形象以及满意度等研究领域正在得到越来越广泛的应用（郭娜等，2008）。

## 三 研究发现

### （一）样本的描述性统计特征

被调查者中，男性占绝大多数（76%），女性仅占24%；25岁至44岁的旅游者比例在一半以上（62.3%）；绝大多数旅游者的当前家庭规模都在三人以下（92.6%）；专科及以上学历者占一半以上（67%），这其中硕士及以上学历者占到34%；公务员（20.2%）、教师（16%）和企事业管理人员（14.7%）为数量最多的三类职业；税前月收入普遍在1001—5000元人民币的范畴内（78.5%），其中3000元以上者占到42%；旅行团队的规模主要在31人至50人（64.3%）；旅行团队的日程则以五日游（43.8%）和六日游（40.2%）居多。此外，在客源构成比例上，长三角游客占到48.2%，广东和北京的游客次之，分别占16.3%和14.8%，再接下来主要为华东其他及其临近省份（如山东、福建、安徽、河南、湖北）的游客，占12.6%，其他占8.1%，这与南京的历年国内客源市场构成比例基本上是相一致的。

### （二）重要性—表现分析法结果

IPA框架图的构建需首先确定各变量的重要性和焦点目的地在其上的表现情况。如前所述，在本书中目的地属性的重要性由它们与作为理想出游目的地总体印象评分均值最高的城市之间的联系强弱来表征（即该城市在每个属性上被评为最佳的比例大小）。类似地，南京在这些属性上的实际表现程度也可根据它在其上各自被评为最佳的比例大小来确定。五个城市中，旅游者对杭州作为一个理想出游目的地的总体印象评分均值最高（6.71，见表4—5），因此它被作为考核目的地属性重要性的参照城市。杭州与南京在各目的地属性上被选作表现最佳城市的人数比例如表4—6所示。初略观之，南京各形象属性的优、劣势分布格局与杭州有较大不同，很多杭州在其上表现较好的属性，南京却有所逊色，反之亦然。以杭州和南京各自在各属性上被选作最佳城市的比例均值（57.5%和30.1%，分别代表重要性和表现均值）为交叉点，以重要性和表现为纵、横轴，构建IPA框架图（如图4—12所示），进一步明确南京在满足旅游者对各形象属性期望上的优、劣势。

表4—5　　各城市作为一个理想出游目的地的总体印象评分均值

| 目的地 | 作为一个理想出游目的地的总体印象评分均值 |
| --- | --- |
| 无锡 | 5.24 |
| 南京 | 5.28 |
| 上海 | 5.89 |
| 苏州 | 6.02 |
| 杭州 | 6.71 |

资料来源：作者整理。

表4—6　　杭州和南京在各目的地属性上被选作表现最佳城市的比例

| 目的地属性 | 作为理想出游目的地总体印象评分均值最高的城市杭州最佳（%）N=320 | 南京最佳（%）N=320 |
| --- | --- | --- |
| 自然风光 | 94.4 | 26.9 |
| 历史遗迹 | 73.8 | 90.3 |
| 逸事传说 | 98.1 | 43.4 |
| 人造景观 | 40.6 | 6.2 |
| 文化设施 | 36.3 | 38.4 |
| 购物 | 73.8 | 14.1 |
| 民俗风情 | 66.3 | 10.0 |
| 住宿 | 65.8 | 3.4 |
| 餐馆 | 28.8 | 5.6 |
| 地方美食 | 23.4 | 42.8 |

续表

| 目的地属性 | 作为理想出游目的地总体印象评分均值最高的城市杭州最佳（%）N=320 | 南京最佳（%）N=320 |
| --- | --- | --- |
| 夜生活/娱乐活动 | 21.6 | 3.8 |
| 生态环境 | 98.1 | 20.9 |
| 户外游憩活动 | 73.8 | 15.3 |
| 旅游信息 | 63.1 | 59.1 |
| 气候 | 93.4 | 1.9 |
| 服务质量 | 70.6 | 17.5 |
| 友善的当地人 | 52.8 | 48.8 |
| 价格物有所值 | 69.7 | 95.0 |
| 社会治安 | 36.3 | 91.3 |
| 会议及展览设施 | 67.2 | 3.8 |
| 节庆活动 | 83.1 | 5.6 |
| 康体疗养项目 | 81.9 | 5.9 |
| 卫生状况 | 73.4 | 10.0 |
| 旅游纪念品 | 40.3 | 11.3 |
| 交通基础设施 | 44.4 | 31.9 |
| 景点交通便利度 | 55.9 | 41.6 |
| 增长见识的机会 | 71.2 | 62.2 |
| 多样的建筑风格 | 7.8 | 96.6 |
| 景区表演 | 80.3 | 0.94 |
| 轻松休闲的氛围 | 80.0 | 28.8 |
| 很多有趣的地方 | 41.3 | 26.9 |
| 城市化水平 | 75.6 | 40.6 |
| 主题公园 | 63.4 | 1.6 |

资料来源：作者整理。

```
重要性高/表现差                    重要性高/表现好

自然风光                          历史遗迹
购物                              轶事传说
民俗风情                          旅游信息
住宿                              价格物有所值
生态环境                          增长见识的机会
户外游憩活动                       城市化水平
气候
服务质量
会议及展览设施
节庆活动
康体疗养项目
卫生状况          IV                         I
景区表演
轻松休闲的氛围
主题公园
─────────────────────────────────────────
人造景观                          文化设施
餐馆                              地方美食
夜生活/娱乐活动                    友善的当地人
旅游纪念品                        社会治安              II
很多有趣的地方      III             交通基础设施
                                  景点交通便利度
                                  多样的建筑风格

重要性低/表现差                    重要性低/表现好
```

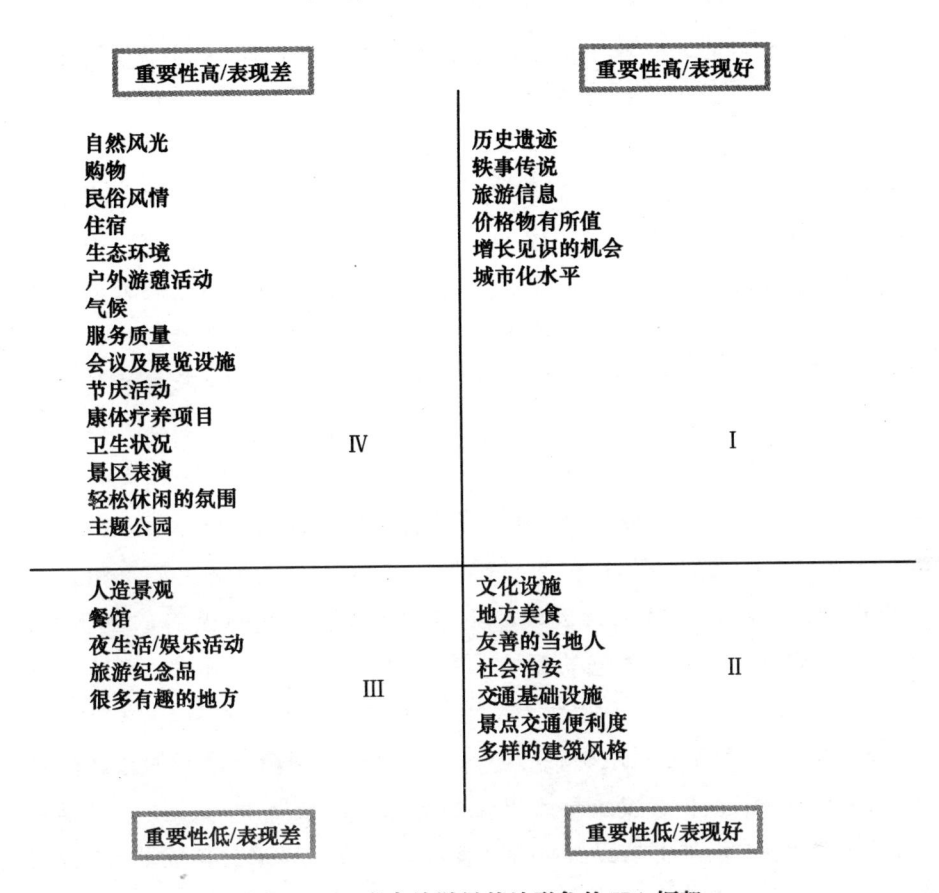

图 4—12　南京旅游目的地形象的 IPA 框架

资料来源：作者整理。

分布在第一象限中的属性有：历史遗迹、轶事传说、旅游信息、价格物有所值、增长见识的机会、城市化水平。说明这些属性对旅游者的出游选择来说重要性较高，而南京在其上也有不凡的表现。因此南京的旅游管理部门应继续关注对这些属性的培育，保持和强化其现有优势，使其成为自身目的地形象中的"蓝筹"指标。分布在第二象限中的属性有：文化设施、地方美食、友善的当地人、社会治安、交通基础设施、景点交通便利度、多样的建筑风格。这是一个重要性低但表现好的区域，意味着这些因素对旅游者的出游选择并不十分重要，但南京在其上的表现很好，超出了旅游者的期望值。从旅游管理的角度来讲，南京无须继续在这些因素上倾注精力，但也不能掉以轻心。因为可以看出这些属性大多属于一个目的地形象中的基础和保健性因素,尽管不足以激励旅游者作出选择,但如果不达标亦会使旅游者不满意。同时,应注意其中一些属性的重要性值已十分接近中线,说明它们在旅游者心目中还是有一定地位的。分布在第三象限的属性有:人造景观、餐馆、夜生活/娱乐活动、旅游纪念品、很多有趣的地方。这是一个"双低"的区域,说明尽管南京在这些因素上的表现平平,但它们目前也不是影响旅游者出游的关键因素,因而在管理上属于次要改进的对象,即为达到投入和目的地形象建设成果比的最优化应在确保需重点改进对象都得以改善的条件下再予以考虑。最后是落在第四象限内的属性:自然风光、购物、民俗风情、住宿、生态环境、户外游憩活动、气候、服务质量、会议及展览设施、节庆活动、康体疗养项目、卫生状况、景区表演、轻松休闲的氛围、主题公园。这一象限内的属性数目较多,且都对旅游者的出游决策具有重要影响,但南京在其上的表现却不尽如人意,低于旅游者的期望值。因此,这是一个应重点改进的领域,南京今后需将旅游规划、管理和资源配置的重心都放到这些属性上,以迅速提升其当前目的地形象中的"软肋"环节,避免使之阻碍旅游者访宁。而且特别值得注意的是这些属性中只有自然风光和气候属于难以改变的先在性禀赋条件,在一定程度上代表了南京在竞争中的固有劣势,其他方面都可以通过扩大旅游供给、促进多样化产品开发、加强行业管理和注重营销宣传来得到较大改善。尤其是像服务质量和卫生状况这样的因素,多加以注意和控制就可有效避免其不良形象;此外节庆活动、景区表演和康体疗养项目等都属短期内就易于开发和填补的内容;而民俗风情和轻松休闲的氛围则主要依靠宣传营造,由此可见南京目的地形象提升的空间还很大且总体上难度不高。

### (三) 对应分析法结果

本研究应用对应分析法来直观地展示南京和其在华东区域内四个主要竞争对手(无锡、上海、苏州、杭州)目的地形象之间的相似点和不同点,即识别南京独特的差异化形象属性和它与其他几个城市之间的主要竞争领域。应用 SPSS 15.0 软件进行对应分析的各项统计指标如表4—7所示:其中第一维度的奇异值为 0.513,惯量为 0.263,解释的惯量比例为 56.9%;第二维度的奇异值为 0.412,惯量为 0.177,解释的惯量比例为 31.6%；两个维度累计解释惯量比例达到 88.5%，可见只有较少的信息丢失，因此只取两个维度即可较好地展示变量之间的关系。

表 4—7　　　　　　　　　对应分析的各项统计指标

| 维度 | 奇异值 | 惯量 | 卡方值 | 显著性概率 | 各维度解释的总惯量 百分比 | 累计百分比 |
|---|---|---|---|---|---|---|
| 1 | 0.513 | 0.263 | | | 0.569 | 0.569 |
| 2 | 0.412 | 0.177 | | | 0.316 | 0.885 |
| 3 | 0.275 | 0.076 | | | 0.085 | 0.970 |
| 4 | 0.212 | 0.045 | | | 0.030 | 1.000 |
| 合计 | | 0.561 | 10534.466 | 0.000[a] | 1.000 | 1.000 |

a：自由度 = 128

资料来源：作者整理。

图 4—13 为五个城市和 33 个形象属性的对应分析图。根据对应分析法的解释原则，感知图中同一变量各类别之间的距离代表它们之间的相似程度，距离越接近表示越相似；不同变量各类别之间的距离代表它们之间的联系程度，距离越接近表示联系越紧密。从图中可见，五个城市总体上分布并不太集中，彼此基本上落在不同的象限，存在一定距离，只有杭州落在了横轴上与苏州、无锡相对较为接近，因此五个城市主要表现出不同的形象倾向点，其中以杭州和苏州之间的竞争最为激烈。具体而言，各个城市都有与自身最接近、联系最紧密的独特优势属性。如无锡与属性 29（景区表演）和 33（主题公园）距离最近，表明旅游者认为该市在这两个属性上表现得最出众，远超其他几个城市；上海与属性 6（购物）、9（餐馆）和 11（夜生活/娱乐活动）最接近，为其被感知最突出的优势属性；杭州被一群距离较近的属性所包围，如属性 12（生态环境）、13（户外游憩活动）、15（气候）、16（服务质量）、24（旅游纪念品），意味着它在这些属性上均有不凡的表现，这与杭州作为理想出游目的地总体印象评分均值最高的城市地位是相符的；苏州除了与属性 3（逸事传说）和 17（友善的当地人）较接近外，在很多方面表现出与杭州相似的形象优势，这也进一步验证了二者之间的紧密竞争关系；在感知图

中与南京距离最近、最能使之与其他城市之间形成差异化的属性为2（历史遗迹）、18（价格物有所值）、19（社会治安）和28（多样的建筑风格），这表明旅游者感知中南京的独特形象优势为：它是一座历史悠久、建筑艺术纷呈，并且旅游价格合理的安全城市。

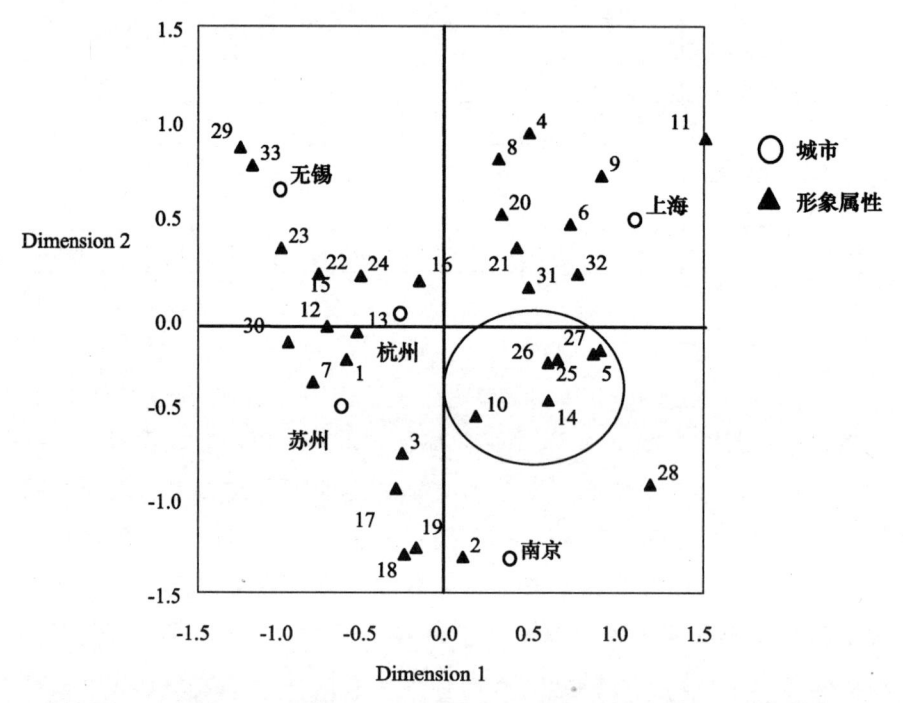

1.自然风光 2.历史遗迹 3.逸事传说 4.人造景观 5.文化设施 6.购物 7.民俗风情 8.住宿 9.餐馆 10.地方美食 11.夜生活/娱乐活动 12.生态环境 13.户外游憩活动 14.旅游信息 15.气候 16.服务质量 17.友善的当地人 18.价格物有所值 19.社会治安 20.会议及展览设施 21.节庆活动 22.康体疗养项目 23.卫生状况 24.旅游纪念品 25.交通基础设施 26.景点交通便利度 27.增长见识的机会 28.多样的建筑风格 29.景区表演 30.轻松休闲的氛围 31.很多有趣的地方 32.城市化水平 33.主题公园

图4—13 五个城市和33个形象属性的对应分析

资料来源：作者整理。

尽管先前IPA分析结果识别了南京在其上表现较好的一系列属性，但由此可知它在华东区域内的真正差异化竞争优势（即独自享有，其他四个城市无法匹及的优势）则主要体现为以上四个方面，这便是同时将几个竞争目的地纳入分析框架的定位研究的特殊价值所在（Pike，2004）。

再联系属性的重要程度,便会发现当前南京的差异化优势属性中对旅游者出游决策最具影响力的为:"历史遗迹"和"价格物有所值"。因此,这两个属性代表了南京最重要的"独特卖点(Unique Selling Points)",应该成为其目的地形象策划和宣传的核心。最后审视一下南京与其他几个城市之间的竞争领域:属性3(逸事传说)和17(友善的当地人)位于南京和苏州之间(略偏向苏州),说明两市在这两个属性的提供上被感知有所相似,存在一定竞争;在南京、杭州和上海之间有一个由六个属性组成的"属性群"(在图中已用椭圆形勾出),它与三个城市之间的距离相当(略偏向杭州),是三市的主要竞争焦点所在,即:属性5(文化设施)、10(地方美食)、14(旅游信息)、25(交通基础设施)、26(景点交通便利度)、27(增长见识的机会);南京与无锡之间因在图上距离较远,总体上资源相似度小,竞争关系不明显。以上这些竞争领域一方面是南京与另几个城市之间建立竞合关系的基础,另一方面也都是与南京距离较近、南京在其上本身有不错表现的属性,因此可依其被旅游者关注的程度作为南京进一步培育的后备差异化优势属性。

## 四 结论与建议

准确的目的地形象的测量与分析是了解目的地形象现状、继而开展科学目的地营销的前提和基础,因此成为旅游学者研究的重点内容之一。我国该领域的研究正在经历着从传统的基于定性总结提炼的模式向开展市场调查和定量统计分析过渡,在这方面已取得较大进展。美中不足是在研究的视角和方法上还略显单一和局限,致使对一些重要问题的探讨被忽略或不够深入,典型的就如关于目的地现有形象如何满足旅游者需求以及与区域内竞争对手相比较的相对形象定位情况,而这两点恰恰对研究产生实际的营销价值至关重要。鉴于此,作者在本研究中将目的地形象测量和分析的重心放在对这两个问题的阐释上,旨在抛砖引玉,引起更多学者对此的关注以及推介解决问题的两种有效技术:"重要性—表现"分析法和对应分析法。前者用于揭示目的地各形象属性在满足旅游者需求上的优、劣势,为目的地形象管理的资源配置指出明确方向。特别值得一提的是,本书为国内首次在IPA分析框架下运用"隐含重要性"

法,该方法较之传统"明确重要性"法的区别和优越之处值得思索和借鉴。而对应分析法的优良品性则在于它可以直观地展示多个竞争目的地在资源上的相似点和不同点,便于识别出目的地的独特差异化属性和主要竞争领域,为目的地形象策划和定位战略的开发提供直接启示。

以南京为案例目的地,本研究应用以上两种技术对南京的目的地形象进行了一次系统的"把脉"。首先辨清了南京在提高旅游者满意度方面形象管理的轻重缓急项,尤其是识别出那些旅游者非常重视而南京却目前表现较差的需重点改进的项目。这些项目数量较多,需管理方投入大量的资源和精力,但好在其中只有极少数属先天固有性劣势,其他领域形象改善的难度均不大,今后主要需通过拓展产品类型、加强行业管理和控制、提高服务质量以及加大营销宣传力度等途径来进一步满足旅游者对南京形象的期望。其次是通过比较分析识别了南京相对于其在华东区域内四个主要竞争对手的差异化优势属性和主要竞争领域。其中,以"历史古迹"和"价格物有所值"为旅游者最看重而形成了南京当前最具吸引力的独特卖点。这两个属性构成了南京旅游目的地品牌的内核,其今后的目的地形象策划和宣传应主要围绕二者来组织开展。总之,通过科学分析方法的运用,本书对南京的各形象属性进行了合理"归位",明确了它们在旨在提高南京整体旅游竞争力的形象规划中各自所应扮演的角色。

本研究存在一些不足之处可在今后的相关研究中被加以改进或拓展。第一,虽然作者通过文献回顾和专家咨询汇总了关于华东区域旅游城市的广泛的33个形象属性,但仍有可能因考虑不周而遗漏了某些重要的属性,未来研究可在借助更多资料的基础上予以补充;第二,本书在应用对应分析法的过程中仅选取了南京在华东区域内最重要的四个竞争对手作为比较对象,未来研究可考虑将该区域内其他一些旅游发展水平较高的中小城市也纳入分析范畴(如常州、扬州等),以提高研究结论的精确性;第三,随着南京自身的调整以及竞争目的地所采取的一系列战略措施,旅游者的形象感知会逐渐发生一些变化(Gartner & Hunt, 1987),本书对南京各形象属性所做的"归位"也必将随之改变,因此一次基于横截面研究设计的发现是远远不够的,后续的关于南京形象诊断和相对定位的历时性跟进研究是保障本研究结果可应用性的必要之举。

# 第五节 案例4：大连旅游目的地非功用性定位研究

本节提供关于旅游目的地定位调研第二个层面工作"基于游客决策着眼点对自身和竞争目的地进行比较分析"的另一个案例解析。"非功用性定位"是随游客消费趋向和目的地竞争形势变化应运而生的一种新定位理念，也是采用抽象化心理定位指标的典型代表。该案例在遵循的目的地定位理念和流程上与上一个案例并无差别，只是视角上更倾向于消费者一方，模糊了与实体产品的关联性。作者同时给出了应用该方法调研所建议采取的大连市新旅游口号，便于读者将其与传统关注实际"资源"的口号表述相比较，作出适应性的评价和选择。这两种不同的表述方式更有优势，分别代表了有学者所称的"市场导向型"和"资源导向型"口号（李蕾蕾，2003）。其效度可能会随目的地类型等调节变量而有所差异。

## 一 引言

近些年来，随着产品同质化和目的地竞争的日趋激烈，树立差异化的品牌本体（brand identity）已成为目的地营销者和学界的共识。理论上，"定位"是赢得差异和竞争优势的关键（Lovelock，1991），因而这一概念格外受到国内外学者的关注，带动了大量相关研究成果的出现。其中，国外研究起步早、方法先进，且已形成"在相似目的地间作比较"的统一范式，一直充当着国内该领域研究的理论和方法根基。但是，这一国际公认范式被发现存在一个突出缺陷，即仍然构筑在对旅游者决策机制的传统功用性假设之上。在经济全球化趋势下，已普遍具备的高旅游供给水平使得目的地越来越难通过"功能属性（functional attributes）"来为自身塑造差异（Oh，Fiore & Jeoung，2007）。基于旅游产品饱含的享乐和象征意义，在营销学界倡导"非功用性（non-utilitarian）"方法的大背景下，不少旅游学者也指出"非功用性定位"对目的地吸引游客、规避价格竞争和提供附加值的重要意义（Ekinci & Hosany，2006）。然而，这些观点还都比较粗浅和零散，有待进一步的深入探讨和实践运用。本书的目的即关注这一当前学术空白领域，构筑并以海滨城市大连为例实际阐述一个目的地非功用性定位的理论模型。

## 二 当前目的地定位研究的功用性范式

国际上的目的地定位研究兴起于 20 世纪 70 年代末，主要是在目的地形象的范畴内开展的，以形象为其核心指标（Pike & Ryan，2004）。具体地，这些研究是通过以下途径来实现其定位目标的：先选出与旅游者决策相关的一系列目的地属性（attributes），然后测量旅游者对若干个竞争目的地在这组属性上的感知情况，进而确定各目的地之间的相对市场定位（或资源优、劣势对比状况）。相应地，这些研究也主要都是采用比较性分析技术（如多维量表）的定量研究，方法上比较前沿、科学。但是，它们纳入分析的目的地属性基本上都是认知属性（cognitive attributes），没有考虑到体验性特质，开发出的定位战略也都是功能导向的。

目的地定位的根本目的是为了促成游客选择。因此，从更深的理论层面上看，因其着眼点固着在认知属性上，可以推断当前国外该领域研究仍然是建立在对旅游者决策制定的片面"选择域模型（choice-setsmodelling）"假设之上。而该模型根植于适合有形制造业产品的"信息处理理论（information processing theory）"。信息处理理论认为消费者是理性思考者，他们为了解决特定问题而搜寻、评估关于产品功能效应和经济利益的信息，并最终在个人限制性因素下做出一个有限理性的决策（Holbrook & Hirschman，1982）。

遵循这一思路，旅游者在对目的地分析、比较时也被认为是功用目标驱动的。而营销者相应地就被鼓励去开展研究识别出自身目的地那些更具差异性、声望更高的功能属性（如 3S 资源、Spa、娱乐设施），以作为宣传的重心。因为他们认为目的地选择源于这些属性更好地解决了旅游者所关心的功效问题。普阮特斯（Prentice）对当前这一盛行的营销思路作了有益批判，他指出该方法实际上是对"独特卖点（Unique Selling Points，USPs）"概念的一种不完全操作化，仅代表了其中的"独特效用卖点（Unique Utility Selling Points，UUSPs）"一个维度，忽略了"独特体验性卖点（Unique Experiential Selling Points，UESPs）"和"独特象征性卖点（Unique Symbolic Selling Points，USSPs）"这两个重要维度（Prentice，2006）。

## 三 目的地非功用性定位模型的构建

### (一) 相关文献综述

1. 非功用性消费需要

国内外学者普遍认为，消费者购买行为本质上是由人类"需要"驱动的，即"对某些缺乏的必要的或理想的事物的渴求"（MacInnis & Jaworski，1989）。对此，他们已开展了大量研究探寻这些需要的性质，提出了各种不同的划分和界定。总的来说，人类消费共源于两类需要："功用性需要（utilitarian needs）"和另一类截然相反的"非功用性需要（non-utilitarian needs）"，它是所有与实体功效不相契合的需要类型（如审美、象征、寻求变化等）的组群。后者即本书对旅游行为的动机假设基础。而"目的地非功用性定位"的内涵也应被理解为：为一个目的地在其目标市场游客心目中建立和维持一个独特的位置，使自身能以比竞争对手更好的方式满足游客的非功用性需要。

当前国际上共存在两个较成熟的"非功用性消费需要"研究脉络："享乐消费（Hedonic consumption）"和"价值表征消费（Value-expressive consumption）"。前者指消费者在使用产品时所产生的多感官形象、幻想和情感激活等"享乐反应（hedonic response）"（Hirschman & Holbrook，1982）。而后者指这样一种现象，即消费者把产品购买看作是一种阐释其核心价值、自我概念、角色位置和群体归属的方式（Park & Jaworski，1986）。以往文献大多在重点研究其中一种现象的同时对两个概念交替使用，模糊了二者之间的关系及其真实关联机制。事实上，享乐与价值表征是两种差别迥异但又密切相关的消费现象。

享乐视角关注的是体验和情感类的利益，其感受过程更具个人性、私密性和潜意识性，能激发起消费者高程度的情感介入和快速的本能反应。被弗洛伊德（Freud）称为"一手过程思考（primary process thinking）"的"右脑现象"，意为就像婴儿一样，不进行任何思考、寻求立即的快乐和满足（Becker，1978）。而价值表征视角则分为"私人"（内部层面）和"社会文化"（外部层面）两个情境（Holt，1995）。在私人情境下，产品购买充当创建和表达消费者"自我"的媒介，由消费者本质个性的契合与自尊信念的介入所引发（McCracken，1986）。这一理念与享乐消费的个人性、无外在目的性切实相关，是两种消费现象存在内部关联的核心层面所在。在这个意义上，二者是相互包含、配对出现和彼此唤起的（Holbrook & Hirschman，1982）。而社会文化情境下的价值表征是目标驱动行为，寻求更加开放和社会化的象征性利益。其心理机能与功用性视角下的"二手过程思考（secondary process thinking）"很接近，遵循自身知识导引下，由分析、逻辑、权重等步骤组成的表象介入，是经深思熟虑后社会化了的"左脑现象"。正是在这个意义上，享乐和价值表征视角形成了分歧。事实上，消费者的非功用性消费就是这两种亚现象不同程度地融合/分歧的产物。

2. 情感选择机制和目的地情感形象

享乐视角对营销学界的最重要启示就是体验性要素在消费选择中所发挥的作用。梅特（Mittal，1988）较早提出与体验情境消费相适应的"情感选择模式（Affective Choice Mode）"。斯楚瓦资和科劳（Schwarz & Clore，1988）进一步以"感觉启发"概念阐释该模式的运作途径，即消费者以各备选产品所激发情感反应的质量替代信息进行判断。旅游目的地产品主要是因享乐目的被消费的（Ekinci & Hosany，2006），比普通商品/服务能唤起更深刻的情感感知和区分（Holbrook & Hirschman，1982），因此更适于运用情感选择机制。据此，古森斯（Goossens，2000）特别在旅游情境下构建了一个"享乐动机模型"来阐述旅游动机的情感内容是如何激发和引致目的地选择的。在该模型中，目的地选择被描述为享乐反应的直接产物，而后者由推力因素（情感需要）和拉力因素（情感利益）融合下交互作用的形象与感情来表征。

"形象"一直被认为是目的地选择的重要解释因素（Prentice，2006）。在目的地形象构成方面，绝大多数学者都支持一种二维结构观点，即"认知形象（cognitive image）"加"情感形象（affective image）"。其中情感形象指一个人对目的地及其周围环境所持有的某种感觉或情感反应（Hosany，Ekinci & Uysal，2006）。而在依池那和瑞其

(Echtner & Ritchie，1991) 的独特三维目的地结构中，其心理/抽象成分的内涵也与上述情感形象概念相吻合。可见，学术界广泛认同的目的地情感成分的含义趋同于前述情感选择机制中的核心行为驱动因素，故可将其作为游客享乐反应的有效操作化指标。此外，很多实证研究切实证明了情感形象成分对游客目的地选择的驱动作用。其中，以它对"目的地访问意向/倾向（destination visit intention/propensity）"构念的影响得到最多的关注和证实，包含潜在旅游者的游前访问意向（如Baloglu，1999；Jeong, et al.，2009）和现实旅游者的重游态度（如Bigne, Andreu & Gnoth，2005；Kaplanidou，2007）。其他一些关键行为变量，如"目的地偏好"（Lin, et al, 2007）"目的地访问可能性"（Sönmez & Sirakaya，2002）和"目的地考虑意愿"（Yuksel & Akgul，2007）等，也都被发现是情感形象作用下的直接产物。基于坚实的理论基础和充分的实证依据，目的地营销者应向其以往对待认知属性的方式一样（甚至超过）大力挖掘情感形象的定位价值。据此塑造的显著情感维度，能赋予游客独一无二的情感体验并使其形成情感依恋，即可充当普阮特斯的 UESPs 概念。

3. 自我一致机制和目的地品牌个性

在文献中，价值表征性消费现象一直是由"自我一致（self-congruity）"理论解释的，其理论核心为"自我概念"这一构念，即"个人对其自身作为对象所持的想法和感觉的总和"[1]。对应此构念的多维性，自我一致决策机制的内涵被阐释为：消费者偏好并更可能购买感知上与其自我概念的（某个或多个）维度相一致的产品/品牌。在此，产品购买被视作消费者自我的延伸，由以下四种动机中的一种或多种所驱动：自我符合、自尊、社会符合、社会认可（Sirgy & Su，2000）。

自我一致机制在旅游研究中的应用可追溯到20世纪90年代。早先，此类研究都是在目的地形象范畴内开展的，专注于阐述和验证一种"旅游者自我概念—目的地形象相一致"效应（tourist self-concept—destination image congruence effect）（如 Hung & Petrick，2010）。随着品牌化这一有

---

[1] Rosenberg M., *Conceiving the Self*, Basic Books：New York, 1979, 9.

利武器在目的地营销中的日益盛行,学术界对游客决策机制的探讨从传统形象视角逐渐转移到依靠"目的地品牌个性(destination brand personality)"这一新的概念平台,被界定为"与一个旅游目的地相关的一组人类特点"[①]。相应地,另一种"自我一致效应"——"自我概念—品牌个性相一致(self-concept—brand personality congruence)"才得到旅游学界的广泛探讨和应用,即将自我一致阐释为目的地品牌个性与旅游者个性之间的匹配。事实上,"个性一致"被认为是自我一致效应的核心(Aaker,1999),因为个性仅是一个象征性概念,要比还囊括了功能性内涵的"形象"概念与消费者自我概念之间更加契合(Usakli & Baloglu,2011)。近些年来,个性一致效应在旅游情境下被证实对许多关键的决策制定构念具有直接驱动作用,如"目的地偏好"(Li,2009)"目的地信念"(Yuksel & Bilim,2009)"重返目的地意向"(Usakli & Baloglu,2011)和"旅游者—目的地关系"(Chen & Phou,2013)。综上可见,目的地品牌个性在激发价值表征性消费的心理动因(即自我一致效应)中发挥关键作用,故可将其作为对旅游者此类消费感知的测量指标。品牌个性,作为定位基础,已被普通产品领域所广泛采用(Aaker & Fournier,1995),亦可成为目的地投射象征性品牌本体以规避当今激烈竞争形式的有效工具。据此识别并精心描绘的独特品牌个性维度即符合普阮特斯所述的USSPs概念。

(二)模型提出

基于上述理论探讨,一个目的地非功用性定位模型得以提出,见图4—14。

其中的"竞1—竞n"代表竞争目的地1—n。该模型与许多常见的旨在被检验的理论框架不同,其中的箭头并不代表变量之间的某种假设关系,而是展示了一种非功用性定位所应遵循的逻辑思路,包含目的地营销者在此任务下所应牢记的缘由、工具、过程和预期结果等要素。此模型较作者在2012年《旅游学刊》文章中提出的原模型(曲颖、李天元,2012)增添了目的地情感形象构念及其前置(游客的享乐反应寻求)和结

---

[①] Ekinci Y., Hosany S., "Destination personality: an application of brand personality to tourism destinations", *Journal of Travel Research*, 2006, 45(2): 126-139.

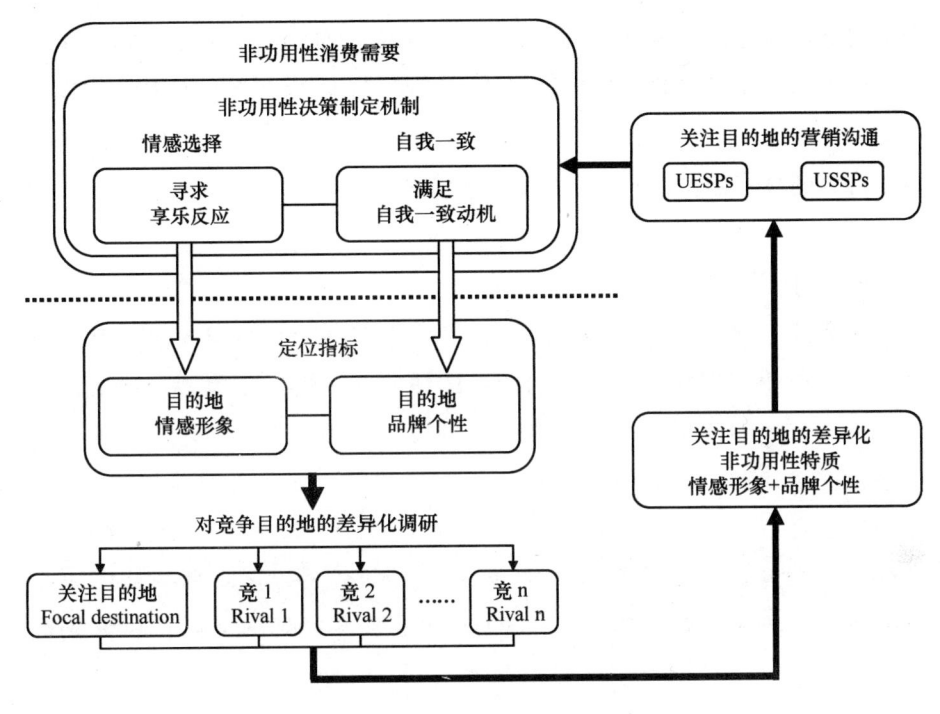

**图 4—14 目的地非功用性定位模型**

资料来源：作者整理。

果变量（目的地差异化感知），厘清了其与品牌个性构念之间的分异性及二者的联合作用路径，同时着重于解释模型中各相关要素的关联原理和联动模式，力求提升模型的阐释力和指导性。

具体地，首先，假设旅游行为是由非功用性消费需要所驱动的，旅游者遵循情感选择和自我一致两种机制进行决策制定。此时，他们的主要消费任务是寻求享乐反应和满足其自我一致动机。这一部分内容是模型的开端，通过一条横线与其他部分相分开，代表对旅游者度假出行心理机制的前提界定。接下来，模型剩下部分则代表此假设下目的地营销者所应采取的步骤及其目标结果。如前所述，因目的地情感形象和目的地品牌个性与非功用性消费的驱动内核含义相符，应将二者作为目的地非功用性定位的测量指标。这里采用两种机制、两个指标是为了从体验和象征的综合角度更全面揭示目的地的非功用性需要满足能力。相应地，营销者就要开展将"所关注目的地（focal destination, FD）"与其一系列竞争对手相区分的比较性调研，识别出 FD 独特的情感形象和品牌个性维度。继而，这些差异化非功用性特质就应作为 FD 的 UESPs 和 USSPs 资源在其宣传活动中被大力推广。最终，这种针对性的营销活动预期会因满足了游客的真实需求而对其选择行为产生积极影响。

### 四 模型应用阐释

本节以下部分通过大连作为一个海滨城市目的地面向国内消遣旅游市场的重定位案例来阐释所提出的目的地非功用性定位模型。被纳入比较分析的大连的四个紧密竞争对手为青岛、威海、烟台和天津，其确定主要依据了地理位置毗邻、吸引物相似和主体客源市场重合三个原则。遵照定位程序，两个具体研究问题被提出：（1）访问上述五个海滨城市的国内消遣游客对其所持情感形象和品牌个性的维度有哪些？（2）对大连建立差异化定位最有用的目的地情感形象和品牌个性特质分别是什么？

#### （一）研究方法

1. 抽样

本研究的目标受众是 2014 年 3 月 2 日至 4 月 30 日访问前述五个海滨城市之一的国内消遣旅游者。受雇大学生或旅行社员工被要求在五市各自的三个知名度最高、访问最集中的景区以"便利抽样法"向游客分发自填式问卷。为确保问卷管理的一致性，之前对受雇人员在数据收集程序和访谈技术等方面进行了详细培训。主要对正在休息或看起来时间较充裕的游客进行招募，告知其研究的目的、过程及保密性和自愿性。游客总体上表现出较高的兴趣和参与度，拒绝率很低。共计发放问卷 1800 份，回收可用问卷 1184 份（有效回收率为 65.8%）。具体地，在大连、青岛、威海、烟台和天津获取的有效问卷份数分别为 240 份、240 份、238 份、236 份和 230 份。

2. 问卷

包含同样四部分内容的五个版本的问卷被分别应用于五个调研目的地。第一部分是一个简要介绍当前研究内容的说明信；第二部分和第三部分分别用来测量目的地情感形象和目的地品牌个性这两个核心构念，题项数目各为32和38。数据收集格式均为7点李克特量表，其中1＝一点也不符合/相联系；7＝非常符合/相联系。被调查者需圈出70个数字，用以代表他们对各题项描述与大连或其四个竞争对手实际情况符合/相联系程度的感知。第四部分用以获取人口统计信息。

3. 构念测量

出于两方面考虑，本研究开发新量表来测量目的地情感形象和目的地品牌构念，而非依靠既有量表。第一，一个先前很少涉猎过的特殊研究情境——中国海滨城市目的地。第二，现有量表不够成熟。当前目的地情感形象最常用的测量工具是儒叟（Russel，1980）的四维度或简易二维度情感空间，但该量表最初的适用范畴不涵盖大尺度的旅游地，故其对不同目的地的表征性还有待进一步证实。而目的地品牌个性方面，学者们引用最多的阿克"品牌个性量表（Brand personality scale，BPS）"（根据西方人格理论"大五"模型开发而成）也被多数研究发现难以在目的地情境下复制其结构（Xie & Lee，2013）。

为同时实现定量和定性范式的优点，本书在测量设计上遵循詹肯斯（Jenkins，1999）的框架，将二者有机结合，首先以定性技术帮助确定对旅游者真正重要的变量，再通过结构化测量获得可进行复杂统计分析和比较研究的定量数据，见图4—15。具体地，首先，通过广泛文献回顾和对五地旅游宣传册、报纸杂志、官方网站等材料进行文本内容分析，提出两构念的初始题库，分别含68个和83个题项。接下来，对35名先前国内海滨城市游客进行深入访谈，一方面考察其对各初始题项情境相关度的评价，另一方面提取其他备选变量。此样本由"滚雪球抽样法（snowball sampling）"获取，即先对作者熟识的符合条件者访谈，由他们推荐其他适合对象，再通过接触这群人进一步扩大受访人群规模的滚动抽样过程。根据车驰欧（Churchill，1979）的标准，70%以上被访者同意的题项被保留。最后，是旨在进一步检验效度（仅针对上一轮中新提取条目）、识别被忽视题项，并对量表措辞进行修改的第二轮定性访谈，在一个由十名成员组成的专家小组（六名目的地业界代表、四名旅游营销专家）中开展，其程序与第一轮访谈相同。

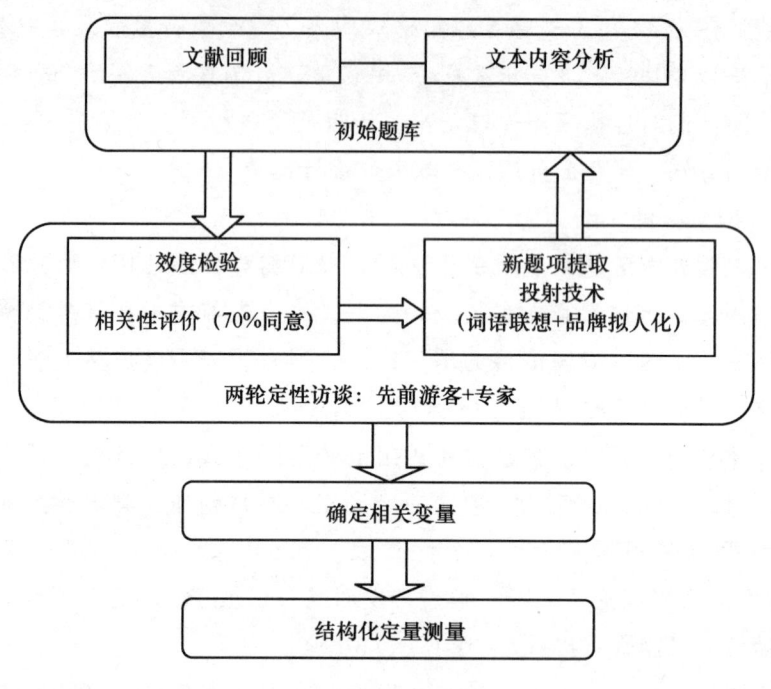

144　旅游目的地定位：理论与实践层面的探索

```
                    ┌──────────┐   ┌────────────┐
                    │ 文献回顾 │←→│ 文本内容分析 │
                    └──────────┘   └────────────┘
                            初始题库
                            ↓          ↑
              ┌──────────────────┐ ┌──────────────────┐
              │     效度检验     │ │   新题项提取     │
              │                  │→│    投射技术      │
              │相关性评价(70%同意)│ │(词语联想+品牌拟人化)│
              └──────────────────┘ └──────────────────┘
                     两轮定性访谈：先前游客+专家
                               ↓
                      ┌──────────────┐
                      │ 确定相关变量 │
                      └──────────────┘
                               ↓
                      ┌──────────────┐
                      │ 结构化定量测量 │
                      └──────────────┘
```

图 4—15　构建测量设计

资料来源：作者整理。

在提取其他潜在题项的过程中，采取了"投射技术（projective techniques）"，因为该方法被认为能在不被知晓的情况下揭露被访者潜在的动机、感觉和态度（Prayag，2007）。具体地，对于情感形象，采用便于捕捉瞬时感知的"词语联想（word association）"法，以开放式问题询问被访者："基于您的旅游经历/专长，您还能直接想到什么其他词汇来描述访问一个海滨城市所能感受到的氛围/情绪？"而品牌个性则运用营销学中流行的"品牌拟人化（brand personification）"法，创造情境，让被访者设想目的地成为现实生活中的人，并赋予其人的个性。问卷初稿以2013 年 11 月到访大连的 100 名国内消遣游客进行预测试，剔除部分回答率低的变量，最终为两构念分别确立了 32 个和 38 个题项。

4. 数据分析

数据分析包含两个阶段。第一阶段以因子分析回答问题 1，即明确国内消遣游客对五个调研地情感形象和品牌个性的感知维度。具体包括探索性因子分析（EFA）和验证性因子分析（CFA）两步。第二阶段则通过方差分析（MANOVA，one-way ANOVA）和事后考验（post hoc test）的连续过程来回答问题2，即识别出对大连非功用性定位最有用的情感形象和品牌个性维度。

**（二）研究发现**

1. 样本概况

一系列 chi-square tests 被用来检验五城市所获数据在社会人口统计变量上是否有显著差异，无统计上的显著结果被发现。因本书无意辨识出这五组人群间的细微特点差异，故对其加总概况汇报如下：男性比例（59.3%）略高于女性（40.7%），大多数游客为已婚者（76.5%），且年龄在35—64岁（72.3%）。三类主要职业群体是公务员（28.6%）、事业单位职工（20.3%）和企业管理人员（15.5%）。拥有本科以上学历者占70.2%，其中硕士及以上学历者占到近25%。绝大多数人（80.1%）的税前月收入在4000—9000元人民币范畴内，其中有近30%超过了6000元。可见，尽管采用了便利抽样法，但五地游客的人口统计特征基本上符合公众对海滨城市访问者特点的常识性认知及国内外部分同类研究的发现（如 Pike & Ryan，2004；康玉玮、陈扬乐，2012）：年龄、受教育水平和收入均较高、以稳定职业为主。

2. 因子分析结果

斜交旋转的主成分提取 EFA 方法被实施于随机分半的亚样本（592人），以识别目的地情感形象和品牌个性的潜在维度。两构念的 KMO 值为0.988和0.936，Bartlett's Test 在 $P = 0.000$ 上均显著，说明适合进行因子分析。以特征值大于1作为因子提取标准，以低载荷（<0.40/0.50）、高交叉载荷（>0.35）和/或低 item-to-total 相关度（<0.40/0.50）的题项为删除备选项。重复此过程，最终对两构念分别删除了四个题项和五个题项（见表4—8和表4—9底部），各自确立了一个6因子的结构（分别含28个和32个题项），解释了70.54%和77.93%的总方差。因子名称主要通过包含的重要题项确立，对于品牌个性维度，还参考了其与 BPS 的相似性（详见表4—8和表4—9）。Cronbach's Alpha 值为从0.703到0.847和从0.819到0.903，代表可接受的信度。

接下来，对剩下一半亚样本（592人）进行 CFA 分析，以检验建构的模型与实际数据的契合性。初始分析发现两模型的总体拟合情况不佳，各指标普遍低于可接受的阈值。删除残差较大和 item-to-total 相关度低的题项（分别为四个和三个，即表4—8 和表4—9 中用灰色表示者），对新模型重新进行估计，发现拟合度较好，各常用指标值均符合建议的接受标准（$\chi^2$ 不显著，GFI、CFI、IFI、NNFI 值均大于 0.90，RMR 和 RMSEA 值均低于 0.08）。最终的 24 个和 29 个题项简约地表征了所测构念，各题项代表且仅代表其所测变量的一个具体维度，标准化因子载荷分别为从 0.524 至 0.902 和从 0.623 至 0.947，t 值为从 5.325 至 9.264 和从 6.226 至 12.026，均在 $P<0.001$ 水平上显著。item-to-total 相关度均大于 0.54，所有的平均方差抽取量（AVE）均高于 50%。以上结果支持了测量的"单维性（uni-dimensionality）"和"收敛效度（convergent validity）"。变量间的相关系数低于各变量 AVE 的平方根，展示理想的"区别效度（discrimination validity）"。"组合信度（composite reliability）"分别为大于 0.76 和大于 0.85，显示好的信度。

表4—8　　目的地情感形象的探索性和验证性因子分析结果

| 因子和题项 | 探索性因子分析 EFA（n=592） ||| 验证性因子分析 CFA（n=592） |||
|---|---|---|---|---|---|---|
| | 因子载荷 Factor loadings | 解释方差 Variance explained | 信度 Coefficient alpha | 因子载荷 Factor loadings | 平均方差抽取量 AVE | 组合信度 Composite reliability |
| 因子1：高质量旅游吸引物和服务的感觉 | | 38.06% | 0.847 | | 50.3% | 0.855 |
| 这里的景点布局和旅游线路安排很合理 | 0.822 | | | 0.813 | | |
| 这里的旅游景点和产品价格物有所值 | 0.798 | | | 0.806 | | |
| 总体来看，这里提供了高质量的服务 | 0.763 | | | 0.785 | | |
| 这里完善的服务使我得到了很好的照顾和款待 | 0.684 | | | 0.703 | | |

第四章 科学的旅游目的地定位调研路径及其案例　　147

续表

<table>
<tr><th rowspan="3">因子和题项</th><th colspan="3">探索性因子分析<br>EFA（n = 592）</th><th colspan="3">验证性因子分析<br>CFA（n = 592）</th></tr>
<tr><td>因子载荷<br>Factor loadings</td><td>解释方差<br>Variance explained</td><td>信度<br>Coefficient alpha</td><td>因子载荷<br>Factor loadings</td><td>平均方差抽取量<br>AVE</td><td>组合信度<br>Composite reliability</td></tr>
</table>

| 因子和题项 | 因子载荷 | 解释方差 | 信度 | 因子载荷 | 平均方差抽取量 | 组合信度 |
|---|---|---|---|---|---|---|
| 这里的服务人员热情、素质高 | 0.502 | | | 0.568 | | |
| 当地的居民友善、好客 | 0.586 | | | 0.524 | | |
| 这里的旅游服务设施很齐全 | 0.463 | | | | | |
| 因子2：放松、舒适和浪漫的感觉 | | 14.32% | 0.837 | | 61.5% | 0.862 |
| 这里的气氛让人感到非常休闲和放松 | 0.885 | | | 0.902 | | |
| 这里让人感觉很舒服，适合居住和生活 | 0.802 | | | 0.835 | | |
| 这是一座浪漫的城市 | 0.746 | | | 0.764 | | |
| 这里社会治安良好，让人感觉很安全 | 0.593 | | | 0.603 | | |
| 当地人的生活节奏舒缓，没有压力感 | 0.482 | | | | | |
| 因子3：有趣、兴奋和愉快的感觉 | | 7.85% | 0.826 | | 60.6% | 0.858 |
| 这里有许多有趣的名人逸事和传说 | 0.892 | | | 0.887 | | |
| 在这里可以体验很多有趣的东西，多姿多彩 | 0.836 | | | 0.845 | | |
| 这里的娱乐项目使人感到兴奋刺激 | 0.640 | | | 0.733 | | |

续表

| 因子和题项 | 探索性因子分析 EFA（n=592） ||| 验证性因子分析 CFA（n=592） |||
|---|---|---|---|---|---|---|
| | 因子载荷 Factor loadings | 解释方差 Variance explained | 信度 Coefficient alpha | 因子载荷 Factor loadings | 平均方差抽取量 AVE | 组合信度 Composite reliability |
| 这里使人始终感到心情愉快、欢乐 | 0.592 | | | 0.620 | | |
| 这里经常举办特色节庆活动，热闹、喜气 | 0.476 | | | | | |
| 因子4：发达、富裕和现代化的感觉 | | 5.28% | 0.835 | | 58.9% | 0.848 |
| 这是一个发达和富裕的地方，居民的生活水平很高 | 0.913 | | | 0.902 | | |
| 当地的商业兴旺、发达 | 0.826 | | | 0.835 | | |
| 这里有许多现代化的设施和娱乐项目 | 0.688 | | | 0.702 | | |
| 这是一个吸取了很多时尚元素的地方 | 0.552 | | | 0.593 | | |
| 因子5：卓越和美丽的感觉 | | 3.17% | 0.788 | | 56.2% | 0.793 |
| 当地政府重视旅游业的发展，投资大、规模宏伟 | 0.804 | | | 0.816 | | |
| 这里的旅游体验令人难忘 | 0.635 | | | 0.704 | | |
| 这里自然景观很多，景色优美 | 0.784 | | | 0.725 | | |
| 这是一个同家人和朋友欢聚的好地方 | 0.492 | | | | | |

续表

| 因子和题项 | 探索性因子分析 EFA（n=592） ||| 验证性因子分析 CFA（n=592） |||
|---|---|---|---|---|---|---|
| | 因子载荷 Factor loadings | 解释方差 Variance explained | 信度 Coefficient alpha | 因子载荷 Factor loadings | 平均方差抽取量 AVE | 组合信度 Composite reliability |
| 因子6：自然和未受破坏的感觉 | | 1.86% | 0.703 | | 51.9% | 0.764 |
| 这里给人一种纯洁的、自然的感觉 | 0.738 | | | 0.749 | | |
| 这里生态环境保护得很好，没有遭到破坏 | 0.648 | | | 0.718 | | |
| 这是一个干净、整洁的地方 | 0.602 | | | 0.694 | | |
| 探索性因子分析删除题项 | 这里的气候温暖宜人 这里宽敞开阔、有一种海阔天空的自由感 这里有浓郁的文化氛围，能陶冶情操 这里的个别事物有点儿异国风情 ||||||

资料来源：作者整理。

表4—9　目的地品牌个性的探索性和验证性因子分析结果

| 因子和题项 Factors and items | 探索性因子分析 EFA（n=592） ||| 验证性因子分析 CFA（n=592） |||
|---|---|---|---|---|---|---|
| | 因子载荷 Factor loadings | 解释方差 Variance explained | 信度 Coefficient alpha | 因子载荷 Factor loadings | 平均方差抽取量 AVE | 组合信度 Composite reliability |
| 因子1：诚挚 | | 38.84% | 0.898 | | 58.2% | 0.905 |
| 可信赖的 | 0.846 | | | 0.895 | | |
| 真诚的 | 0.812 | | | 0.842 | | |
| 务实的 | 0.785 | | | 0.805 | | |
| 有责任心的 | 0.764 | | | 0.793 | | |

续表

| 因子和题项<br>Factors and items | 探索性因子分析 EFA（n=592） ||| 验证性因子分析 CFA（n=592） |||
|---|---|---|---|---|---|---|
| | 因子载荷<br>Factor loadings | 解释方差<br>Variance explained | 信度<br>Coefficient alpha | 因子载荷<br>Factor loadings | 平均方差抽取量<br>AVE | 组合信度<br>Composite reliability |
| 友好的 | 0.596 | | | 0.623 | | |
| 热情的 | 0.652 | | | 0.692 | | |
| 健康的 | 0.603 | | | 0.646 | | |
| 慷慨的 | 0.542 | | | | | |
| 因子2：女性化 | | 19.37% | 0.889 | | 63.9% | 0.913 |
| 女性化的 | 0.916 | | | 0.947 | | |
| 温柔的 | 0.847 | | | 0.893 | | |
| 细腻的 | 0.690 | | | 0.741 | | |
| 宽容的 | 0.794 | | | 0.828 | | |
| 浪漫的 | 0.642 | | | 0.705 | | |
| 家庭导向的 | 0.599 | | | 0.639 | | |
| 因子3：能力 | | 8.95% | 0.903 | | 69.8% | 0.920 |
| 领导者 | 0.908 | | | 0.896 | | |
| 成功的 | 0.885 | | | 0.925 | | |
| 聪明的 | 0.809 | | | 0.836 | | |
| 自信的 | 0.747 | | | 0.799 | | |
| 富有的 | 0.695 | | | 0.702 | | |
| 多才多艺的 | 0.533 | | | | | |
| 因子4：兴奋 | | 5.44% | 0.863 | | 70.4% | 0.904 |
| 兴奋的 | 0.882 | | | 0.933 | | |
| 精力充沛的 | 0.801 | | | 0.875 | | |
| 热忱的 | 0.784 | | | 0.804 | | |
| 欢乐的 | 0.692 | | | 0.729 | | |
| 活泼的 | 0.541 | | | | | |
| 因子5：上层 | | 3.26% | 0.833 | | 59.4% | 0.853 |
| 上层社会的 | 0.864 | | | 0.887 | | |

续表

| 因子和题项<br>Factors and items | 探索性因子分析<br>EFA（n=592） ||| 验证性因子分析<br>CFA（n=592） |||
|---|---|---|---|---|---|---|
| | 因子载荷<br>Factor loadings | 解释方差<br>Variance explained | 信度<br>Coefficient alpha | 因子载荷<br>Factor loadings | 平均方差抽取量<br>AVE | 组合信度<br>Composite reliability |
| 受过良好教育的 | 0.785 | | | 0.803 | | |
| 有魅力的 | 0.698 | | | 0.725 | | |
| 漂亮的 | 0.617 | | | 0.648 | | |
| 因子6：时尚 | | 2.07% | 0.819 | | 66.5% | 0.856 |
| 时尚的 | 0.833 | | | 0.896 | | |
| 新颖的 | 0.768 | | | 0.805 | | |
| 独特的 | 0.690 | | | 0.738 | | |
| 探索性因子分析删除题项 | 随和的、开明的、勇敢的、性感的、训练有素的 ||||||

资料来源：作者整理。

### 3. 方差分析和事后考验结果

遵循许多学者的建议（如 Bray & Maxwell, 1985；Meyers, Gamst & Guarino, 2006），对包含多维度的两组因变量首先实施 MANOVA 技术，以识别五地国内消遣游客的目的地情感形象和品牌个性感知是否存在整体差异？所提取维度的大均值得分被计算出进行比较（对各维度中的题项均值得分取平均数）。对数据分布的方差同质性和正态性检验显示不违反 MANOVA 的统计假设，且 Bartlett's Test 在 P=0.000 上显著，说明适合运用 MANOVA。总体 Wilks's lambda 检验对情感形象（0.336，F [29, 2836] = 29.62，p < 0.001）和品牌个性（0.285，F [19, 2907] = 38.45，p < 0.001）均显著。继而，通过一系列 one-way ANOVAs 来明确是哪些具体维度促成了此多变量效应。结果显示，对两个构念，其所有的6个维度都构成了差异化指标（p < 0.005）。最终，为辨识这些差异化区分效应有哪些是发生在大连与其竞争对手之间的，一个 Scheffé post hoc pairwise comparisons 程序被实施。相关统计分析结果见表4—10。

对于情感形象构念，大连的平均因子均值得分为 5.84，说明国内消遣游客对其的总体评价很高。在因子 3（有趣、兴奋和愉快的感觉）和因子 4（发达、富裕和现代化的感觉）上，大连所获评价在 0.05 水平上显著高于其所有竞争对手。此外，大连还在因子 1、5、6 上与青岛外的其他三个竞争者形成了显著区分。青岛的评分情况与大连非常接近，甚至有更突出的趋势。其平均大均值得分高达 5.93，在除因子 2 外的其他各因子上差异化效果均较佳。其中在因子 1 上，其得分甚至显著高于含大连在内的所有竞争对手。此外，还值得关注的是，它在因子 5、6 上的大均值得分（5.99，6.12）也都超过了大连（5.54，5.82），尽管这些差别并不显著。很明显，在情感形象方面，青岛构成了大连最强有力的竞争对手，

表 4—10　　目的地情感形象和品牌个性在五地之间的差异

| 目的地情感形象因子 | 海滨城市目的地 Marine city destinations ||||| 单变量显著性 Univariate significance |
|---|---|---|---|---|---|---|
| | 大连 (n=240) | 青岛 (n=240) | 威海 (n=238) | 烟台 (n=236) | 天津 (n=230) | |
| 因子1：高质量旅游吸引物和服务的感觉 | 5.66[a] | 6.34[b] | 5.25[c] | 4.96[cd] | 4.82[d] | 0.000* |
| 因子2：放松、舒适和浪漫的感觉 | 6.09[a] | 6.02[a] | 5.94[a] | 5.64[ab] | 5.86[a] | 0.001* |
| 因子3：有趣、兴奋和愉快的感觉 | 5.96[a] | 5.54[b] | 5.42[b] | 4.94[c] | 5.00[c] | 0.000* |
| 因子4：发达、富裕和现代化的感觉 | 5.98[a] | 5.59[b] | 5.09[c] | 4.68[d] | 5.07[c] | 0.000* |
| 因子5：卓越和美丽的感觉 | 5.54[a] | 5.99[a] | 5.15[b] | 4.78[c] | 5.03[bc] | 0.000* |
| 因子6：自然和未受破坏的感觉 | 5.82[a] | 6.12[a] | 5.44[b] | 4.95[c] | 5.02[c] | 0.000* |
| 多变量显著性 Multivariate significance | MANOVA：Wilk's lambda = 0.336, F [29, 2836] = 29.62, p < 0.001 ||||||
| 目的地品牌个性因子 | | | | | | |
| 因子1：诚挚 | 5.36[a] | 5.18[ab] | 4.88[b] | 4.36[c] | 4.58[bc] | 0.000* |
| 因子2：女性化 | 5.56[a] | 5.32[ab] | 4.86[b] | 5.02[b] | 4.28[c] | 0.000* |
| 因子3：能力 | 5.97[a] | 5.52[b] | 5.13[c] | 4.58[d] | 5.28[bc] | 0.000* |

续表

| 目的地品牌个性因子 | 海滨城市目的地 Marine city destinations ||||| 单变量显著性 Univariate significance |
|---|---|---|---|---|---|---|
| | 大连 (n=240) | 青岛 (n=240) | 威海 (n=238) | 烟台 (n=236) | 天津 (n=230) | |
| 因子4：兴奋 | 5.64$^a$ | 5.45$^a$ | 5.08$^b$ | 4.98$^{bc}$ | 4.69$^c$ | 0.000* |
| 因子5：上层 | 5.88$^a$ | 5.78$^{ad}$ | 5.02$^b$ | 4.86$^c$ | 5.48$^d$ | 0.000* |
| 因子6：时尚 | 6.08$^a$ | 5.72$^{ac}$ | 5.26$^{bc}$ | 4.96$^b$ | 5.45$^c$ | 0.000* |
| 多变量显著性 Multivariate significance | MANOVA：Wilk's lambda = 0.285，F [19, 2907] = 38.45，p < 0.001 ||||||

注：因子大均值得分后标有不同的字母（a，b，c，d）代表在0.05水平上有显著差异。单变量显著性p值后标有星号表示在0.005水平上显著。

资料来源：作者整理。

二者争夺焦灼，并各有所长。而因子3和因子4也因其最佳区分功能成为对大连重定位最有用的情感形象维度。

而对于品牌个性构念，大连得分在六个维度上形成了高于其所有竞争对手的一致模式（平均大均值得分为5.75）。这说明在国内消遣游客心目中，能更容易将各个性维度赋予到大连的资源上。具体地，除了在因子3（能力）上大连与其所有竞争对手都形成了显著区分（p<0.05）外，还在其他五个因子上与青岛之外的三个目的地均构成了积极差异。虽然在此构念上，青岛仍然充当了大连的首要竞争对手（平均大均值得分为5.50），但它带给大连的竞争压力似乎没有情感形象情境下那样强烈。其略差表现反映在：（1）青岛在此没有高于大连的大均值得分；（2）在青岛与另三个城市的评分差距上，未显著的情况较情感形象有所增加。在品牌个性的非功用性定位维度选择上，一方面因子3自动入选，另一方面因子6（时尚）出于三方面考虑也被纳入：（1）其大均值得分在六个维度中排名第一；（2）除与三个目的地形成了积极区分外，它与核心竞争对手青岛的评分差距是五个非显著因子中最大的（0.36）；（3）它代表了大连近年来新增加的1个营销主题元素。

## 五 结论与探讨

### （一）管理启示

本书的研究发现对大连旅游官方的目的地品牌化管理具有深刻启示。从 1999 年起，大连就以"浪漫"为主题词积极宣传其城市形象，并精心设计、培育配套的"六大浪漫"产品系列。多年来，尽管对具体口号进行过一些情境化调整，但"浪漫"的总体基调得以维持。然而，在本研究中，反映这一促销主题的情感形象因子 2（放松、舒适和浪漫的感觉）对大连的差异化效应却是最差的。每个目的地在该因子上的得分均较高，说明它已不再能构成大连的垄断优势。这一方面可能是因为国内海滨城市在环境氛围上已普遍提升，另一方面则可能是存在一些被大连忽略的因素（如竞争者的营销推广、大型节事、媒体公关等）在 15 年的较长期限内悄然更改了五地间的形象位置。这启发大连旅游官方在未来工作中必须定期开展科学的定位有效性监测活动，以明确其目的地的实时竞争力，并及时采取一些可行的应对举措。

另外，很显然，大连投射的品牌本体与国内消遣游客的实际感知之间存在了契合缺口（其近年增添的"时尚"元素总体符合度较佳，但传统成分"浪漫"则没有获得预期的感知）。因此，对大连营销沟通策略的调整势在必行。大连或通过更具吸引力的营销设计和资源改造来弥合其感知缺口，或将营销重心转移到新识别的优势特质上。对于后者，本书的数据显示，"兴奋""现代化"和"能力""时尚"两组维度是大连差异化非功用性特质的最佳展示符。审视其具体题项，今后大连的定位重点可以放在"其作为一个年轻现代都市的时尚、潮流和新奇感；其丰富现代化设施和娱乐项目给人们带来的兴奋体验和欢愉情绪；其较高的城市化水平和在经贸、文体、环境、全球化等多领域所取得的显著成就"之上。因此，一个建议的宣传主题为："成功、时尚和兴奋之都。"

### （二）理论启示

本研究对当前文献主要有以下两方面的理论贡献。第一，文章构建了目的地情感形象和目的地品牌个性两构念的测量框架。两模型各自含有六个维度，展现出坚固的心理测量特性。对于情感形象，本书的因子

2、3 与传统儒叟量表中的三个维度（愉快—不愉快、兴奋—沮丧、放松—苦恼）相对应，解释了较大比例的方差（14.32% 和 7.85%）。此外，文章还识别出与当前情境、资源品性吻合的四个特有情感感知成分。其中很多题项在先前海滨目的地研究中（主要是定性发现）也被提及（如 Echtner & Ritchie，1993；Agarwal，2002），支持了量表的内容效度。因此，本书确立的多层面、长量表情感结构证实了儒叟的最初论断：大规模不可直接感知环境（如目的地）与一般环境的情感成分可能存在差异，前者预期能激发起更丰富、多元化的情感体验。总之，本书的发现可启发后续学者在目的地情感形象测量上突破直接使用儒叟量表的传统范式，开发更具情境适应性的多元化工具。

对于品牌个性，本书的测量模型进一步证实了先前学者关于阿克量表在目的地情境下不完整、不适用的观点（如 Ekinci & Hosany，2006；Usakli & Baloglu，2011）。具体地，（1）原阿克量表中的"坚毅（ruggedness）"维度没有出现；（2）本书识别了两个阿克量表甚至先前任何研究都未发现的重要品牌个性维度："女性化"和"时尚"。前者解释了高达 19.37% 的方差，反映出海滨城市温柔、浪漫的环境氛围及其提供的家庭般的舒适、细腻和包容感。而"时尚"也映照了五地不断追求现代化和创新的城市品格。二者共同代表了海滨城市目的地情境下游客独有的个性体会；（3）借鉴阿克原标题命名的维度中涵盖了许多新增添的题项，并且其原题项也发生了一定程度的维度转移（如原"兴奋"维度下的"友好的"落入了"诚挚"维度）。虽然本框架中的一些维度/题项先前研究也有所涉猎，但模型总体上呈现出较大的独特性。此变化主要是因特定的文化背景和目的地类型所致，因为研究发现这两个因素是品牌象征性含义的重要变异量（Caprara，Barbaranelli & Guido，2001）。因此，这里得出一个与情感形象相似的结论——不建议品牌个性框架在目的地之间的推广。

第二，文章首次将目的地情感形象和目的地品牌个性联合作为定位分析指标。非功用性特质历来被目的地营销学界所忽视，先前只有极少学者在定位框架下尝试单独运用过两构念中的一个（如 Pike & Ryan，2004；Murphy，Moscardo & Benckendorff，2007）。因此，这里更全面的多视角分析较以往的独立表征模式是一定的推进和创新。文章证实了二者的品牌差异化功效,并体现出其联合使用的可行性和优越性。个中原理也被先前研究所支持,如派坡德梅特等（Papadimitriot, et al., 2013）发现情感形象和个性的结合可阐释最大比例的游客总体形象方差；依凯池和郝瑟尼（Ekinci & Hosany, 2006）明确了品牌个性在目的地形象对游客推荐意向驱动作用中的中介效果。同时,本书还积极促进了对两构念关系的理解。由于界定不一致和缺乏实证研究,学术界对品牌形象和个性关系的认识一直比较混乱（Hosany, Ekinci & Uysal, 2006）。一种错误观点很盛行,认为形象是一个可完全替代个性的更具包容性的概念,个性仅是其众多构成维度中的"软成分"（Heylen, Dawson & Sampson, 1995）。而本研究通过回溯到非功用性消费两大脉络的深度为二者关系的辨识提供了坚固的理论根基。文章证实了形象和个性确属两个无法替换的差异性概念,因为其所反应现象的主体属性是相斥的（享乐性相对于价值表征性）。但二者又有小部分的重合,即情感形象成分与现实、理想维度的自我概念之间所存在的交融、渗透。本研究中二者出现的交叉维度（如"兴奋"）即为这一现象提供了直观的实证证明。

（三）研究局限与展望

第一,本书的便利抽样法和横截面研究设计可能使研究结果偏斜,影响到其应用性和可推广性。因此,为确保其现实指导意义,必须在后续研究中使用更大规模、更具代表性的样本和多阶段纵贯设计对相关发现实现验证。第二,出于简洁考虑,文中概念框架仅勾勒出了非功用性决策机制中最主要的变量及其简单作用关系。未来研究可根据具体需要融入更多的作用变量来提升模型的预测力和精细化程度。比如先前研究识别出许多变量对非功用性元素的选择驱动效果具有调节性和限制性作用（如知识、先前体验、介入、时间压力等）,均可纳入分析。第三,为防止游客对过长问卷产生厌倦,本书采取了对具体目的地分别测量的方法（即不是由被访者同时对五地情况进行作答）。但有研究曾指出"对比评价"比"单一评价"因提高了情境仿真性而更利于获取目的地之间的真实差异（Murphy, Moscardo & Benckendorff, 2007）。故未来研究可考虑调整研究设计来进一步提高结果的准确性。

## 参考文献

[1] 斯坦利·普洛格:《旅游市场营销实论》,李天元等译,南开大学出版社 2007 年版。

[2] Aaker D. A. Building Strong Brands [M]. New York: Free Press, 1996.

[3] Aaker D. A. Managing Brand Equity [M]. New York: Free Press, 1991.

[4] Aaker J. L. The malleable self: the role of self-expression in persuasion [J]. *Journal of Marketing Research*, 1999, 36 (1): 45 – 57.

[5] Aaker J., Fournier S. A brand as a character, a partner and a person: three perspectives on the question of brand personality [J]. *Advances in Consumer Research*, 1995, 22: 391 – 395.

[6] Aaker, D. A., J. G. Shansby. Positioning your product [J]. *Business Horizons*, 1982, (5/6): 56 – 62.

[7] Agarwal S. Restructuring seaside tourism: the resort lifecycle [J]. *Annals of Tourism Research*, 2002, 29 (1): 25 – 55.

[8] Anderson J. The architecture of cognition [M]. Cambridge MA: Harvard University Press, 1983.

[9] Baloglu S., McCleary K. W. A model of destination image formation [J]. Annals of Tourism Research, 1999, 26 (4): 868 – 897.

[10] Baloglu S., Uysal M. Market segments of push and pull motivations: A canonical correlation approach [J]. *International Journal of Contemporary Hospitality Management*, 1996, 8 (3): 32 – 38.

[11] Baloglu S. A path analytic model of visitation intention involving information sources, socio-psychological motivations, and destination image [J]. *Journal of Travel & Tourism Marketing*, 1999, 8 (3): 81 – 90.

[12] Becker, H. S. Arts and crafts [J]. *American Journal of Sociology*, 1978, 83 (4): 862 – 889.

[13] Berthon, Pierre, James M. H., Leyland F. P. Brand management prognostications [J]. Slogan Management Review, 1999, 40 (2): 53 – 65.

[14] Bigne E. J., Andreu L., Gnoth J. The theme park experience: an analysis of pleasure, arousal and satisfaction [J]. *Tourism Management*, 2005, 26 (6): 833 - 844.

[15] Blain C., Levy S. E., Ritchie R. B. Destination branding: insights and practices from destination management organizations [J]. Journal of Travel Research, 2005, 43 (4): 328 - 338.

[16] Botha C., Crompton J. L., Kim S. S. Developing a revised competitive position for Sun/Lost city, South Africa [J]. Journal of Travel Research, 1999, 37 (4): 341 - 352.

[17] Botterill T D, Crompton J L. Personal constructions of holiday snapshots [J]. Annals of Tourism Research, 1987, 14 (1): 152 - 156.

[18] Botterill T. D., Crompton J. L. Two case studies exploring the nature of the tourist's experience [J]. Journal of Leisure Research, 1996, 28 (1): 57 - 82.

[19] Botterill T. D. Humanistic tourism? Personal constructions of a tourist: Sam visits Japan [J]. Leisure Studies, 1989, 8 (3): 281 - 293.

[20] Bray J. H., Maxwell S. E. *Multivariate Analysis of Variance* [M]. Sage: Beverly Hills, CA, 1985.

[21] Burton M. L., Nerlove S. B. (1976). Balanced designs for triads tests: two examples from English [J]. *Social Science Research*, 1976, 5 (3): 247 - 267.

[22] Cai L. P. Cooperative branding for rural destinations [J]. Annals of Tourism Research, 2002, 29 (3): 720 - 742.

[23] Caprara G. V. C., Barbaranelli, Guido G. Brand personality: how to make the metaphor fit? [J]. *Journal of Economic Psychology*, 2001, 22: 377 - 395.

[24] Cha S., McCleary K. W., and Uysal M. (1995). Travel motivations of Japanese overseas travelers: A factor-cluster segmentation approach [J] *Journal of Travel Research*, 1995, 34 (2): 33 - 39.

[25] Chen C-F., Phou S. A closer look at destination: image, personality, relationship and loyalty [J]. *Tourism Management*, 2013, 36: 269 -

278.

[26] Churchill G. A. A paradigm for developing better measures of marketing constructs [J]. *Journal of Marketing Research*, 1979, 16 (1): 538 – 562.

[27] Cohen E. Toward a sociology of international tourism [J]. Social Research, 1972, 39: 164 – 182.

[28] Coshall J. T. Measurement of tourists' images: the repertory grid approach [J]. Journal of Travel Research, 2000, 39 (2): 85 – 89.

[29] Grande Valley in the winter long stay destination market [J]. Journal of Travel Research, 1992, 31 (fall): 20 – 26.

[30] Crompton J. L., Fakeye P. C., Lue C-C. Positioning: The example of the Lower Rio Grande Valley in the winter long stay destination market [J]. Journal of Travel Research, 1992, 31 (fall): 20 – 26.

[31] Crompton J. L. An assessment of the image of Mexico as a vacation destination and the influence of geographical location upon that image [J]. Journal of Travel Research, 1979, 17 (1): 18 – 23.

[32] Crompton J. L. Motivations for pleasure vacation [J]. *Annals of Tourism Research*, 1979, 6 (4): 409 – 424.

[33] Crotts J. C., Van Rekom J. Exploring and enhancing the psychological value of a fine art museum [J]. *Tourism Recreation Research*, 1998, 23 (1): 31 – 38.

[34] Dann G M. S. Tourist motivation: An appraisal [J] Annals of Tourism Research, 1981, 8 (2): 187 – 219.

[35] Downs R. M. Personal constructions of personal construct theory [A]. //: Moore G T, Golledge R G. *Environmental Knowing* [C]. Stroundsburg, PA: Dowden, Hutchinson and Ross, 1976: 72 – 87.

[36] Echtner C. M., Ritchie B. The measurement of destination image: an empirical assessment [J]. Journal of Travel Research, 1993, 31: 3 – 13.

[37] Echtner C. M., J. R. Brent Ritchie. The meaning and measurement of destination image [J]. *The Journal of Tourism Studies*, 2003, 14

(1): 37-48.

[38] Ekinci Y., Hosany S. Destination personality: an application of brand personality to tourism destinations [J]. *Journal of Travel Research*, 2006, 45 (2): 126-139.

[39] Ekinci Y. From Destination Image to Destination Branding: An Emerging Area of Research. E-review of Tourism Research, 2003, (1): 1-4.

[40] Embacher J., Buttle F. A repertory grid analysis of Austria's image as a summer vacation destination [J]. Journal of Travel Research, 1989, 31 (4): 3-13.

[41] Fakeye P. C., Crompton J. L. Image differences between prospective, first-time, and repeat visitors to the Lower Rio Grande Valley. Journal of Travel Research, 1991, 30 (2): 10-16.

[42] Fodness D. Measuring tourism motivation [J]. *Annals of Tourism Research*, 1994, 21 (3): 555-581.

[43] Fransella F., Bannister D. A Manual for Repertory Grid Technique [M]. London: Academic Press, 1977.

[44] Gallarza M. G., Saura I. G., Garcia H. C. Destination image towards a conceptual framework [J]. Annals of Tourism Research, 2002, 29 (1): 56-78.

[45] Gartner W. C., Hunt J. An analysis of state image change over a twelve-year period (1971-1983) [J]. Journal of Travel Research, 1987, 26 (2): 15-19.

[46] Gartner W. C. Image formation process [J]. Journal of Travel and Tourism Marketing, 1993, 2 (2/3): 191-215.

[47] Gartner W. C. Tourism image: Attribute measurement of state tourism products using multidimensional scaling techniques [J]. Journal of Travel Research, 1989, 28 (4): 16-20.

[48] Gengler C. E., Klenosky D. B., Mulvey M. The graphical representation of means-end results [J]. *International Journal of Research in Marketing*, 1995, 12 (3): 245-256.

[49] Gnoth G. Branding tourism destinations [J]. Annals of Tourism Re-

search, 1998, 25 (3): 758 - 760.

[50] Gnoth J. Motivation and expectation formation [J]. *Annals of Tourism Research*, 1997, 24 (2): 283 - 304.

[51] Goldenberg M. A., Klenosky D. B., O'Leary J T, Templin T J. A means-end investigation of ropes course experiences [J]. *Journal of Leisure Research*, 2000, 32 (2): 208 - 224.

[52] Goossens C. Tourist information and pleasure motivation [J]. *Annals of Tourism Research*, 2000, 27 (2): 301 - 321.

[53] Grunert, Klaus G. S. C., Beckmann Sørensen E. Means-end chains and laddering: An inventory of problems and an agenda for research [A]. In Reynolds T C, Olson J C (Eds.). *Understanding Consumer Decision-making: The Means-End Approach to Marketing and Advertising Strategy* [C]. Mahwah, NJ: Lawrence Erlbaum, 2001: 63 - 90.

[54] Guba E. G. Toward A Methodology of Naturalistic Enquiry in Education Evaluation [M]. Los Angeles: UCLA Center for Education, 1978.

[55] Gunn C. Vacationscape [M]. Austin, TX: Bureau of Business Research, University of Texas. 1972.

[56] Gyte D. M. *Repertory Grid Analysis of Image of Destinations: British Tourists in Mallorca* [M]. Nottingham, UK: Nottingham Trent Polytechnic, Department of Geography, 1988.

[57] Hair J. F., Black W. C., Babin B. J., Anderson R. E. Multivariate data analysis [M]. Upper Saddle River, NJ: Prentice Hall, the seventh edition, 2010.

[58] Hankinson G. Repertory grid analysis: An application to the measurement of destination images [J]. *International Journal of Non-profit and Voluntary Sector Marketing*, 2004, 9 (2): 145 - 153.

[59] Heylen J. P., Dawson B., Sampson P. An implicit model of consumer behavior [J]. *Journal of Market Research Society*, 1995, 37 (1): 51 - 67.

[60] Hinkle D. *The Change of Personal Construct from the Viewpoint of the Theory of Construct Implications* [D]. Columbus, OH: Ohio State Univer-

sity, 1965.

[61] Hirschman E. C., Holbrook M B. Hedonic consumption: emerging concepts, methods and propositions [J]. *The Journal of Marketing*, 1982, 46 (3): 92 – 101.

[62] Holbrook M. B., Hirschman E. C. The experiential aspects of consumption: consumer fantasies, feelings and fun [J]. *The Journal of Consumer Research*, 1982, 9 (2): 132 – 140.

[63] Holt D. B. How consumers consume: a taxonomy of consumption practices [J]. *Journal of Consumer Research*, 1995, 22 (1): 1 – 16.

[64] Hosany S., Ekinci Y., Uysal M. Destination image and destination personality: an application of branding theories to tourism places [J]. *Journal of Business Research*, 2006, 59 (5): 638 – 642.

[65] Hsu C., Cai L P. Brand knowledge, trust and loyalty—a conceptual model of destination branding. International CHRIE Conference-Refereed Track, 2009.

[66] Hung K., Petrick J. F. The role of self-and functional congruity in cruising intentions [J]. *Journal of Travel Research*, 2010, 50 (1): 1 – 13.

[67] Iso-Ahola S. E. Toward a social psychological theory of tourism motivation: A rejoinder [J]. *Annals of Tourism Research*, 1982, 9 (2): 256 – 262.

[68] Jankowicz A. D. Whatever became of George Kelly? —applications and implications [J]. American Psychologist, 1987, 42 (5): 481 – 487.

[69] Jansen-Verbeke M., van Rekom J (1996). Scanning museum visitors: Urban tourism marketing [J]. *Annals of Tourism Research*, 1996, 23 (2): 364 – 375.

[70] Jenkins O. H. Understanding and measuring tourist destination images [J]. International Journal of Tourism Research, 1999, 1 (1): 1 – 15.

[71] Jeong C., Kim K. Y., Ko Y. J., et al. Horse racing image: re-examination of relations between image and intention to visit [J]. *Journal of*

*Quality Assurance in Hospitality & Tourism*, 2009, 10 (3): 194 – 217.

[72] Jewella B., Crotts J. C. Adding psychological value to heritage tourism experiences [J]. *Journal of Travel and Tourism Marketing*, 2002, 11 (4): 13 – 18.

[73] Kaplanidou K. Affective event and destination image: their influence on Olympic travelers' behavioral intentions [J]. *Event Management*, 2007, 10 (2): 159 – 173.

[74] Kavaratzis M. From city marketing to city branding: Towards a theoretical framework for developing city brands [J]. *Place Branding*, 2004, 1 (1): 58 – 73.

[75] Keller K. L. Strategic brand management: Building, measuring, and managing brand equity [M]. New Jersey: Prentice Hall, 1998.

[76] Kelly G. A. The Psychology of Personal Constructs [M]. New York: Norton, 1955.

Kim S. S., Lee C-K., Klenosky D. B. The influence of push and pull factors at Korean national parks [J]. *Tourism Management*, 2003, 24 (2): 169 – 180.

[77] Klenosky D. B., Frauman E., Norman W. C., Gengler C. E. Nature-based tourists' use of interpretive services: A means-end investigation [J]. *Journal of Tourism Studies*, 1998, 9 (2): 26 – 36.

[78] Klenosky D. B., Gengler C., Mulvey M. Understanding the factors influencing ski destination choice: A means-end analytic approach [J]. *Journal of Leisure Research*, 1993, 25 (4): 362 – 379.

[79] Klenosky D. B. The "pull" of tourism destinations: A means-end investigation [J]. *Journal of Travel Research*, 2002, 40 (4): 385 – 395.

[80] Kolter P., Barich H. A framework for marketing image management [J]. Slogan Management Review, 1991, 32 (4): 94 – 104.

[81] Li X. P. *An Examination of Effects of Self-concept, Destination Personality and SC-DP Congruence on Tourist Behavior* [D]. Blacksburg, VA:

Virginia Polytechnic institute and state university, 2009.

[82] Lin C. H., Morais D. B., Kerstetter D. L., et al. Examining the role of cognitive and affective image in predicting choice across natural, developed, and theme-park destinations [J]. *Journal of Travel Research*, 2007, 46 (2): 183 – 194.

[83] Lincoln, Yvonna S., Guba E. G. (1985). *Naturalistic Inquiry* [M]. Beverly Hills, CA: Sage, 1985.

[84] Lindberg K., Johnson R. L. Modeling residents attitudes toward tourism [J]. *Annals of Tourism Research*, 1997, 24 (2): 402 – 424.

[85] López-Mosquera N., Sánchez M. The influence of personal values in the economic-use valuation of peri-urban green spaces: An application of the means-end chain theory [J] *Tourism Management*, 2011, 32 (4): 875 – 889.

[86] Lovelock C. Service Marketing [M]. Englewood Cliffs, NJ: Prentice-Hall. 1991.

[87] MacInnis D. J., Jaworski B. J. Information processing from advertisements: toward an integrative framework [J]. *The Journal of Marketing*, 1989, 53 (4): 1 – 23.

[88] Martilla J. A., James J. C. Importance-performance analysis [J]. Journal of Marketing, 1977, 41 (1): 77 – 79.

[89] Maruoka Y. The currently employed Laddering Analysis: research methods, analyses, applications of the results, and issues for future studies [J]. Marketing Science, 1998, 7 (1.2): 40 – 61.

[90] Matilla A. S. An analysis of means-end hierarchies in cross-cultural context: What motivates Asian and Western business travelers to stay at luxury hotels? [J] *Journal of Hospitality and Leisure Marketing*, 1999, 6 (2):19 – 28.

[91] Mayo E. J., Jarvis L. P. The Psychology of Leisure Travel [M]. Massachusetts: CBI Publishing Company, 1981.

[92] McCracken G. Culture and consumption: a theoretical account of the structure and movement of the cultural meaning of consumer goods [J].

*Journal of Consumer Research*, 1986, 13 (1): 71-84.

[93] McIntosh A. J., Thyne M. A. Understanding tourist behavior using means-end chain theory [J]. *Annals of Tourism Research*, 2005, 32 (1): 259-262.

[94] Meyers L., Gamst G., Guarino A. *Applied Multivariate Research: Design and Interpretation* [M]. Sage: Thousand Oaks, CA, 2006.

[95] Mittal B. The role of affective choice mode in the consumer purchase of expressive products [J]. Journal of Economic Psychology, 1988, 9 (4): 499-524.

[96] Murphy L. E., Moscardo G., Benckendorff P. Using brand personality to differentiate regional tourism destinations [J]. *Journal of Travel Research*, 2007, 46 (1): 5-14.

[97] Myers J. H., Alpert M. I. Determinant buying attitudes: meaning and measurement [J]. Journal of Marketing, 1968, 32 (10): 13-20.

[98] Oh H. C., Uysal M., Weaver P. A. Product bundles and market segments based on travel motivations: A canonical correlation approach [J]. International Journal of Hospitality Management, 1995, 14 (2): 123-137.

[99] Oh H., Fiore A. M., Jeoung M. 2007. Measuring experience economy concepts: tourism applications [J]. Journal of Travel Research, 2007, 46 (2): 119-132.

[100] Olson J. C., Reynolds T. J. Understanding consumers' cognitive structures: Implications for advertising strategy [A]. In Percy, Woodside A (Eds.). Advertising and Consumer Psychology [C]. Lexington, MA: Lexington Books, 1983: 77-90.

[101] Papadimitriou D., Apostolopoulou A., Kaplanidou K. Destination personality, affective image, and behavioral intentions in domestic urban tourism [J]. Journal of Travel Research, 2013, 3: 1-14.

[102] Park C. W., Jaworski P. J., MacInnis D. J. Strategic brand concept-image management [J]. Journal of Marketing, 1986, 50 (4): 135-145.

[103] Park S. Y. , Petrick J. F. Destinations' perspectives of branding [J]. Annals of Tourism Research, 2006, 33 (1): 262-265.

[104] Pearce P. L. Perceived change in holiday destinations [J]. Annals of Tourism Research, 1982, 9 (2): 145-164.

[105] Pike S. Tourism destination branding complexity [J]. Journal of Product& Brand Management, 2005, 14 (4): 259.

[106] Pike S. , Ryan C. Destination positioning analysis through a comparison of cognitive, affective and conative perceptions [J]. Journal of Travel Research, 2004, 42 (4): 333-342.

[107] Pike S. Destination brand positions of a competitive set of near-home destinations [J]. Tourism Management, 2009, 30 (6): 857-866.

[108] Pike S. Destination image analysis: a review of 142 papers from 1973-2000 [J]. *Tourism Management*, 2002, 23 (5): 541-549.

[109] Pike S. Destination Marketing Organizations [M]. Oxford: Elsevier, 2004.

[110] Pike S. Destination positioning opportunities using personal values: Elicited through the Repertory Test with Laddering Analysis [J]. Tourism Management, 2012, 33 (1): 100-107.

[111] Pike S. Repertory Grid Analysis in group settings to elicit salient destination image attributes [J]. Current Issues in Tourism, 2007, 10 (4): 378-392.

[112] Pike S. The use of Repertory Grid Analysis to elicit salient short-break holiday destination attributes in New.

[113] Pike, S. Destination decision sets: A longitudinal comparison of stated preferences with actual behaviour [J]. *Journal of Vacation Marketing*, 2006, 12 (4): 319-328.

[114] Plog S. C. Leisure Travel: A Marketing Handbook [M]. Upper Saddle River, NJ: Pearson Prentice Hall, 2004.

[115] Porter, M. E. *Competitive Strategy* [M]. New York: Free Press, 1980.

[116] Prayag G. Exploring the relationship between destination image and

brand personality of a tourist destination—an application of projective techniques [J] . *Journal of Travel and Tourism Research*, 2007, (fall): 111 – 130.

[117] Prayag G. Positioning the city product as an international tourist destination: Evidence from South Africa [J] . Tourism, 2007, 55 (2): 139 – 155.

[118] Prentice R. Evocation and experiential seduction: updating choice-sets modelling [J] . *Tourism Management*, 2006, 27 (6): 1153 – 1170.

[119] Pyo S., Mihalik B. J., Uysal M. Attraction attributes and motivations: A canonical correlation analysis [J] . *Annals of Tourism Research*, 1989, 16 (2): 277 – 82.

[120] Reynolds T. J., Gutman J. Laddering theory, method, analysis, and interpretation [J] . Journal of Advertising Research, 1988, 28 (1): 11 – 31.

[121] Reynolds W. H. The role of the consumer in image building [J]. California Management Review, 1965 (Spring): 69.

[122] Rokeach M. J. *Beliefs, Attitudes and Values* [M] . San Francisco, CA: Jossey Bass, 1968.

[123] Rosenberg M. *Conceiving the Self* [M] . Basic Books: New York, 1979. 9.

[124] Russel J. A. A circumplex model of affect [J] . *Journal of Personality and Social Psychology*, 1980, 39 (6): 1161 – 1178.

[125] Schwarz N., Clore GL. How do I feel about it? The informative function of affective states [A] .//: Fiedler K, Forgas J. *Affect, Cognition and Social Behavior* [C] . Hogrefe: Toronto, 1988: 44 – 62.

[126] Sirgy M. J., Su C-T. Destination image, self-congruity, and travel behavior: toward an integrative model [J] . *Journal of Travel Research*, 2000, 38 (4): 340 – 352.

[127] Sönmez S., Sirakaya E. A distorted destination image? The case of Turkey [J] . *Journal of Travel Research*, 2002, 41 (2): 185 – 196.

[128] Stephenkova M., Morrison A. M. Russia's destination image among American pleasure travelers: revisiting Echtner and Ritchie [J]. Tourism Management, 2008, 29 (3): 548 - 560.

[129] Stewart V., Stewart A. Business Applications of Repertory Grid [M]. Berkshire, UK: McGraw-Hill, 1981.

[130] Taketo N., David A., Shoji I, et al. Visitors' evaluation of an historical district: Repertory Grid Analysis and Laddering Analysis with photographs [J]. Tourism Management, 2006, 27 (3): 420 - 436.

[131] Tasci A. A., Gartner W. C., Cavusgil S. T. Conceptualization and operationalization of destination image [J]. Journal of Hospitality and Tourism Research, 2007, 31 (2): 194 - 223.

[132] Tasci A., Kozak M. Destination brands vs. destination images: do we know what we mean? [J]. Journal of Vacation Marketing, 2006, 12 (4): 299 - 317.

[133] Thyne M. The importance of values research for nonprofit organizations: The motivation-based values of museum visitors [J]. *International Journal of Nonprofit and Voluntary Sector Marketing*, 2001, 6 (2): 116 - 130.

[134] Trout J., Ries A. Positioning: Ten years later. Industrial Marketing, 1979, 64 (7): 32 - 42.

[135] Trout, J. & Ries, A. *Positioning: The battle for your mind* [M]. New York: McGraw Hill, 1981: 193.

[136] Turnbull D. R., Uysal M. An exploratory study of German visitors to the Caribbean: Push and pull motivations [J]. *Journal of Travel and Tourism Marketing*, 1995, 4 (2): 85 - 92.

[137] Usakli A., Baloglu S. Brand personality of tourist destinations: an application of self-congruity theory [J]. *Tourism Management*, 2011, 32 (1): 114 - 127.

[138] Uysal M., Chen J. S., Williams D. R. Increasing state market share through a regional positioning [J]. Tourism Management, 2000, 21 (1): 89 - 96.

[139] Uysal M., Jurowski C. Testing the push and pull factors [J]. *Annals of Tourism Research*, 1994, 21 (4): 844-846.

[140] Walmsley D. J., Jenkins J. M. Appraisive images of tourist areas: application of personal constructs [J]. Australian Geographer, 1993, 24 (2): 1-13.

[141] Watkins L. J., Gnoth J. Japanese tourism values: A means-end investigation [J]. *Journal of Travel Research*, 2011, 50 (6): 654-668.

[142] Woodruff R. B., Gardial S. F. *Know Your Customers: New Approaches to Understanding Customer Value and Satisfaction* [M]. Cambridge, MA: Blackwell, 1996.

[143] Wu J. J., Xu J., Erdogan E. H. Investigating the push and pull motivation of visiting domestic destinations in China: A means-end approach [J]. *Journal of China Tourism Research*, 2009, 5 (3): 287-315.

[144] Xie K. L., Lee J-S. Toward the perspective of cognitive destination image and destination personality: the case of Beijing [J]. *Journal of Travel & Tourism Marketing*, 2013, 30 (6): 538-556.

[145] You X., O'Leary J., Morrison A., Hong G. S. A cross-cultural comparison of travel push and pull factors: United Kingdom vs. Japan [J]. *International Journal of Hospitality & Tourism Administration*, 2000, 1 (2): 1-26.

[146] Young M. Evaluative constructions of domestic tourist places [J]. Australian Geographical Studies, 1995, 33 (2): 272-286.

[147] Yuksel A., Akgul O. Postcards as affective image maker: an idle agent in destination marketing [J]. *Tourism Management*, 2007, 28 (3): 714-725.

[148] Yuksel Y., Bilim Y. Interactions between visual appeals, holiday motivations, destination personality and self-image: implications for destination advertising [J]. *Journal of Travel & Tourism Research*, 2009, (fall): 76-103.

[149] 包亚芳：《基于"推—拉"理论的杭州老年人出游动机研究》，《旅游学刊》2009年第24期（11），第47—52页。

[150] 高静、章勇刚：《基于目标市场的旅游目的地定位模式研究》，《旅游论坛》2009年第2期（3），第433—438页。

[151] 高静：《旅游目的地形象、定位及品牌化：概念辨析与关系模型》，《旅游学刊》2009年第24期（2），第26—29页。

[152] 郭娜、刘新平、刘宏盈：《影响旅华主要客源国来西安旅游因素的对应分析模型》，《江西农业学报》2008年第20期（3），第155—156页。

[153] 郭志刚：《社会统计分析方法》，中国人民大学出版社1999年版，第459页。

[154] 金琳：《定位的理论框架及与传统营销理论的比较分析》，《江苏商论》2009年第8期，第109—111页。

[155] 康玉玮、陈扬乐：《基于游客感知的滨海旅游目的地综合评价研究》，《旅游论坛》2012年第5期（5），第25—29页。

[156] 李天元：《旅游目的地定位研究中的几个理论问题》，《旅游科学》2007年第21期（4），第1—7页。

[157] 曲颖、李天元：《国内外旅游目的地定位研究比较分析及国内研究国际化刍议》，《北京第二外国语学院学报》2011年第11期，第6—13页。

[158] 曲颖、李天元：《旅游目的地定位战略开发工作几个重要相关问题的探讨》，《旅游论坛》2011年第4期（3），第41—44页。

[159] 曲颖、李天元：《旅游目的地非功用性定位研究——以目的地品牌个性为分析指标》，《旅游学刊》2012年第27期（9），第17—25页。

[160] 曲颖、李天元：《国外旅游目的地定位研究文献综述》，《旅游学刊》2011年第26期（2），第41—48页。

[161] 宋子斌、安应民、郑佩：《旅游目的地形象之IPA分析——以西安居民对海南旅游目的地形象感知为例》，《旅游学刊》2006年第21期（10），第26—32页。

[162] 王素洁、胡瑞娟、李想：《美国休闲游客对中国作为国际旅游目的

地的评价：基于 IPA 方法》，《旅游学刊》2010 年第 25 期（5），第 44—50 页。

[163] 谢朝武、黄远水：《论旅游地形象策划的参与型组织模式》，《旅游学刊》2002 年第 17 期（2），第 63—67 页。

[164] 臧德霞、黄洁：《国外旅游目的地形象研究综述——基于 Tourism Management 和 Annals of Tourism Research 近 10 年文献》，《旅游科学》2007 年第 21 期（6），第 12—19 页。

[165] 李蕾蕾：《城市旅游形象设计探讨》，《旅游学刊》1998 年第 1 期。

[166] 李蕾蕾：《旅游目的地形象口号的公共征集：误区与思考》，《桂林旅游高等专科学校学报》2003 年第 14 期（4）。

[167] 戴维德·阿克（David Aaker）：《管理品牌资产》，奚卫华、董春海译，机械工业出版社 2006 年版。

[168] 凯文·雷恩·凯勒（Kevin Lane Keller）：《战略品牌管理》，李乃和、吴瑾、邹勤等译，人民大学出版社 2006 年版。

[169] 李长秋：《论旅游地形象的定位更新》，《北方交通大学学报》（社会科学版）2003 年第 2 期（2）。

[170] 李宏：《对旅游目的地形象概念的两种理解》，《旅游学刊》2006 年第 6 期。

[171] 尼格·摩根（Nigel Morgan）、安耐特·普瑞查（Annette Pritchard）、尧格·普瑞德（Roger Pride）主编：《旅游目的地品牌管理》，杨桂华、田世政、姚娟译，南开大学出版社 2006 年版。

[172] 塞姆·赫尔（Sam Hill）、克瑞思·莱德瑞（Chris Lederer）：《品牌资产》，白长虹等译，机械工业出版社 2004 年版。

[173] 何修猛：《现代广告学》，复旦大学出版社 2007 年版，第 86 页。

# 第 五 章

## 基于口号的旅游目的地定位
## 战略物化展示策略

本章内容谈论关于旅游目的地定位第二个研究重心——物化展示目的地定位战略的相关问题。物化展示是实体化诠释目的地定位理念的关键环节，也是将定位前期工作成果应用于市场投射的必要性工作。它充当了将供给方与需求方对接的主要技术性链条。该领域的研究长期以来未受到国内外学术界的重视，这与其在定位工作框架中的桥梁性地位不相匹配。近年来学界对该领域研究的重视度有所提升，尤其是关于"口号"这一首要定位符号的研究文献数目迅速增加，这在国内研究中尤为明显。这主要是由于目的地的营销研究整体上进入了一个"品牌化"时代，而口号、标识等品牌要素是目的地实施品牌化营销战略的基点。按照美国市场营销协会的定义，"品牌就是一种名称、专有名词、标识、符号或设计，或是它们的组合运用，其目的是借以辨认某个销售者或某群销售者的产品或服务，并使之与竞争对手的产品或服务区别开来"[①]。这意味着拥有醒目、高效的品牌承载物是任何产品实施品牌化发展的核心标志，而口号作为此过程中最为普及和受用的定位符号自然格外受到关注。20世纪80年代曾有过几次成功的目的地品牌化实践，其成功都是以深入人心的口号传播为基础的，如纽约的"I Love NY"、英国格拉斯哥（Glassgow）的"格拉斯哥微笑更美"。优秀口号在集中传达目的地精神

---

① 凯文·雷恩·凯勒（Kevin Lane Keller）：《战略品牌管理》，李乃和、吴瑾、邹勤等译，人民大学出版社2006年版。

和灵魂方面的突出能力是无法替代的。

　　为应对旅游市场上的激烈竞争和游客需求特点的变化，目的地品牌化作为一种成效显著、相对成本低廉且目标统一、操作步骤清晰有序的新型营销方式应运而生。打造积极、独特的品牌形象，建立强大的品牌资产，是现今目的地成功制胜的法宝。国外许多知名目的地如新西兰、瑞士、威尔士、新加坡、西澳大利亚等都在这方面进行了积极探索，取得了不少宝贵的实践经验。近年来，对于目的地品牌化的研究也逐渐升温（Goeldner & Ritchie，2006）。从1997年在迈阿密召开的美国营销科学（AMS）年会上，"目的地品牌化"被首次纳入学界关注的视线后，相关文献数目呈几何级数增长。经过约20年的努力，学界对该概念的认识从早先的模糊、混乱到逐渐深化和扩展。其共识性研究框架逐渐确立，若干相关领域的研究被有效整合并相互促进。品牌设计（从定位研究层面看即定位理论的物化展示）工作在目的地品牌化战略实施中的地位越发鲜明和突出。普洛格（2004）对目的地品牌化和目的地定位关系的理解就是侧重于品牌设计的角度，他指出所谓品牌化，"就是运用某一标签或（名称）短语去反映定位，以快速而简明地传达定位内容的基本要义，从而使所提供的利益能够易于（为旅游消费者所）了解和记忆"[①]。品牌化与定位分别是"制造平衡的两端"，两者互为补充。好的品牌化有助于形成产品或服务识别，从而有助于唤醒消费者心目中对产品或服务基本品质及市场地位的印象。没有好的品牌化工作，即使再好的定位战略也会失败（Pike，2004）。另一个常被引用的目的地品牌化界定同样尤其强调了品牌要素的作用："品牌化即通过选择和持续使用某种品牌要素组合，积极塑造目的地形象以使自身品牌能够被识别和区分的过程。"[②]

　　目前，我国在目的地口号这个关键要素的设计上还不具备较成熟的水平。如张立建、甘巧林（2006）曾根据实际调查的结果总结出我国旅

---

[①] 斯坦利·普洛格：《旅游市场营销实论》，李天元等译，南开大学出版社2007年版，第192页。

[②] Cai L. P., "Cooperative branding for rural destinations," *Annals of Tourism Research*, 2002, 29 (3): 720–742.

游形象定位词的五大误区：语言夸张，名符不实；定位雷同，没有特色；面面俱到，重心难找；庸俗平淡，令人厌烦；语言晦涩，表达不清。国内学界对旅游口号的研究虽然日益繁荣，但绝大多数研究主要是冠以品牌化之名，而非真正从品牌设计要素的角度来看到这一问题，没能遵循营销学研究的范式和方法来开展研究。大多探讨都是基于文学语言评论的角度分析设计中的技术特色。而作为我们目的地品牌化研究指路人的国外研究，虽然在研究理念和方法上较为科学前沿，但整体上关注不足。正如派克（Pike, 2005）的描述，"几乎每一个目的地都使用口号，表明它们很重要，却鲜有发表的文章论及这一问题"[1]。总之，目的地品牌化实践的开展迫切需要一套有完善理论依据的口号设计和评价标准体系作指导，以确保实现预期的市场效果。

本章内容将口号置身于旅游目的地品牌化的实施过程之中，从品牌要素的角度探讨其设计目标、作用机制、设计流程、设计原则、评价体系等关键问题。在这些理论内容分析的基础上，作者还提供了应用这些设计原则和评价体系对我国271个优秀旅游城市定位主题口号进行测评分析的第一手案例。这旨在实际阐释这些品牌化设计理念在具体情境应用中的方式和特点。虽然各国在设计口号时对该评价体系中各要点的满足和表现方式会有差异，但其囊括范畴和实施流程应该是具有广泛推广意义的。本章涉及内容及其内在逻辑关系如图5—1所示。

## 第一节　旅游目的地定位主题口号设计的若干基本理论问题

本节内容从旅游目的地定位主题口号作为品牌化中品牌要素的角度，结合部分国外目的地品牌化研究文献、品牌理论和相关营销学理论，对在品牌化这一新研究框架下定位主题口号设计的若干基本理论问题进行了探讨。本书旨在通过详细阐明理想目的地口号的作用目标和设计原则，厘清传统营销中对该相关问题的一些模糊认识，并拓宽思路，为国内的

---

[1] Pike S., "Tourism destination branding complexity", *Journal of Product & Brand Management*, 2005, 14 (4): 259.

目的地口号设计实践注入一些新的观点。

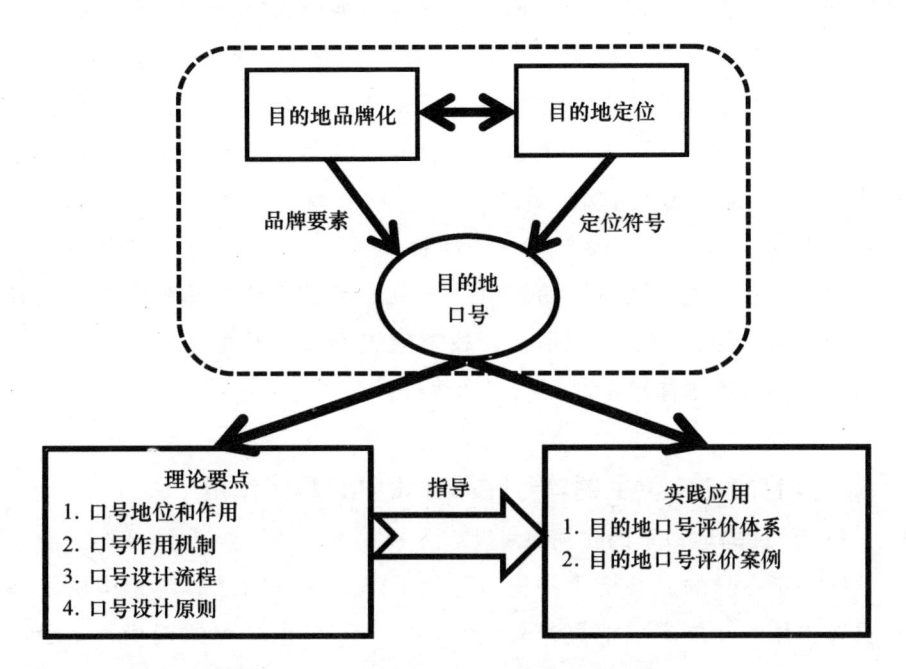

**图 5—1 本章涉及内容及其内在逻辑关系**
资料来源：作者整理。

## 一 作为品牌要素的目的地定位主题口号的概念理解

综观作者检索到的国内关于目的地口号的研究文献，其对此概念的解释和应用一般都暗示口号是对目的地向市场所推出的自我形象的一种浓缩和展示手段，即强调了口号与国际旅游研究中通称的"投射形象（projected image）"之间的关系。但在另一方面，口号对"接收形象（received image）"（指旅游者心目中所持有的目的地形象）的实际影响则没有得到有效关注，而这恰恰是品牌化理论所强调的内容。

品牌最终是在消费者心中落户生根的东西，是消费者对各品牌的不同心理认知决定了他们相应的差异化偏好和购买行为。品牌化理论中有一个核心概念——"品牌本体（brand identity）"[1]，阿克（Aaker，1996）

---

[1] 此概念的译法作者借鉴了国内著名旅游学者李天元的观点，见李天元《旅游目的地定位研究中的几个理论问题》，《旅游科学》2007年第21期（4），第4页。

将其界定为："品牌战略者希望创建或维持的一组独特品牌联想"[①]，即供给方期望品牌在消费者心中所形成的理想形象。这一理想形象的选定源于品牌化的战略基石——定位。在目的地品牌化中，首先要对目标市场、目的地资源和主要竞争对手进行综合分析来确定定位思想，继而选择一系列品牌要素来传达该定位主题和相应的品牌本体形象。品牌要素形式多样，如名称、标识、包装、代言人等，口号就是其中最为重要的要素之一。凯勒（Keller，1998）将作为品牌要素的口号界定为："传递有关品牌的描述性或说服性信息的短语。"[②] 在品牌传播中，品牌要素因其较高的使用频率始终肩负着向消费者投射理想形象以及弥合消费者心目中接收形象同品牌本体形象之间缺口的重任。

## 二 目的地定位主题口号在品牌化中的具体作用

### （一）目的地口号的作用

明确了口号的品牌要素身份，还须了解其在目的地品牌化中所发挥的具体作用，才能有效把握口号设计的方向。根据品牌化理论，一个成功的目的地定位主题口号应能发挥对内外部的双向沟通作用：对外沟通（即对外部目标游客的市场沟通）和内部沟通（即对目的地品牌化内部利益相关者的整合沟通）。内外部沟通联系密切，皆意义重大。此双向作用可通过图5—2的描绘来理解。

1. 外部市场沟通作用

口号作为品牌要素在其市场传播过程中应该能够成为帮助构建品牌资产的一种便捷的、高效的手段。目的地定位主题口号尤其如此，口号的选择成功与否就表现在它是否具备尽可能多地创建品牌资产的能力。具体地，目的地定位主题口号的外部市场沟通作用表现在它可从两个角度帮助创建品牌资产：建立品牌认知和投射品牌形象。

---

[①] Aaker D. A.,"Building Strong Brands", New York: Free Press, 1996: 63.
[②] 凯文·莱恩·凯勒:《战略品牌管理》，李乃和、吴瑾、邹琦等译，中国人民大学出版社2003年版，第13、56、180页。

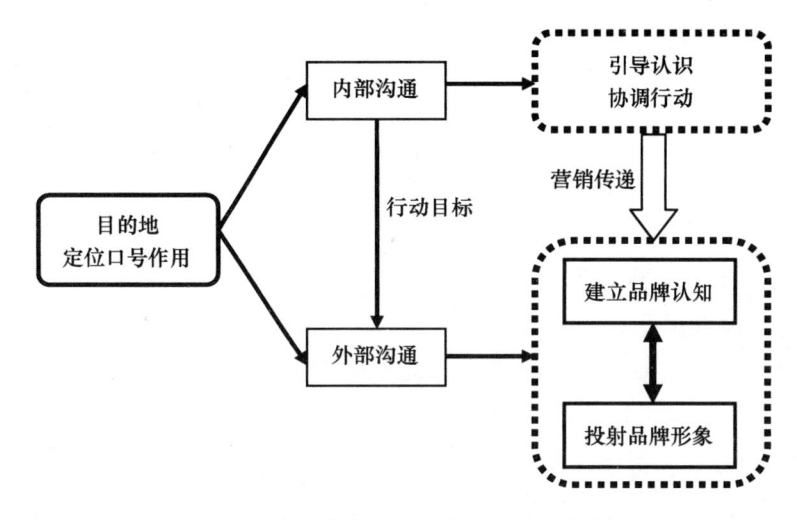

图 5—2　目的地定位口号所发挥的双向沟通作用

资料来源：作者整理。

(1) 建立品牌认知

根据凯勒（2006）的解释，口号可以起到"挂钩"或"把手"的作用，能帮助消费者抓住品牌的含义，了解该品牌是什么，有哪些特别之处。可见，口号对于一个品牌来说最直接的功能就是建立品牌认知，使目标游客知晓关于该品牌的一些特定信息。在目的地品牌传播中，一般的营销活动都会围绕着对目的地定位主题口号的主打宣传来予以开展。这样，与普通的品牌要素相比，目的地方面会致力于使定位主题口号最大程度地接触到目标游客，频繁和突出的展示客观上使它更加便利于发挥建立品牌认知的作用。这一格外重要的使命事实上源于目的地定位主题口号作为核心品牌要素的地位。不过，定位主题口号能否有效地完成这项使命还取决于它在多大程度上得到了科学合理的设计。对于建立品牌认知的内在原理以及如何通过具体的设计手段来提升口号在这方面的能力，第三部分中将予以详细解析。

(2) 投射品牌形象

除了要创立基本的品牌认知外，定位主题口号还要尽可能为自身目的地投射一种积极的品牌形象。这一功能事实上是对口号设计有含义性的要求，其实现的过程与建立认知相辅相成、相互促进。如上一节中所述，目的地品牌传播可被看作从目的地品牌本体特征到消费者心目中形象投射的具体实现中介。目的地定位主题口号作为核心沟通要素，要有效地协助这一过程，就应将其有限的词句表达集中于对理想市场形象中几个最为重要的关键品牌联想的构建。同时，目的地形象投射的目标是明确的，即：要使目标游客的感知利于对自身目的地的评价和选择。一般而言，形象投射的结果可以消费者感知到的内容实质、形象的好恶、强弱或独特程度来反映（Keller, 1993）。因此，定位主题口号要实现预期的形象投射效果，还应在其核心品牌联想的强度和差异性展示能力等方面下功夫。这些内容第三部分中同样还会展开详细探讨。

2. 内部整合沟通作用

与一般的产品和服务相比，旅游目的地的品牌化实践要应对更为复杂的局面。虽然从长远来看，塑造品牌资产的做法最终将使整个目的地受益，但是在短期和具体的发展目标上，目的地不同的利益相关者之间还会存在一定的矛盾冲突。而且，目的地旅游主管机构对于各公私部门的现实运作和整体质量管理通常很难有实际的操控能力。这样，目的地品牌化必须就注重对其内部利益相关者的整合沟通。内部利益相关者包括与目的地接待工作相关的各旅游企业、政府部门，此外直接或间接支持旅游业发展的任何个人或组织以及更广泛的当地社区居民。目的地品牌的愿景和实施计划必须为各内部利益相关者所知晓、认同、支持，任何自上而下的品牌化实践都极易失败。

只要设计得当，定位主题口号应该能够成为协助实现这一目标的有利手段。以定位主题口号为依据，营销工作者可以清楚地知道他们在向旅游者推荐什么，推荐的产品特质如何能够赢得旅游者的青睐。定位主题口号还是一种平台，有了对它的深刻理解，目的地管理组织在其持续的品牌管理过程中就能够适时地推出系列产品品牌，衍生出针对不同细分市场、不同时节的各种旅游宣传口号。这就是李山和王铮（2006）对旅游形象口号作为"理念口号"和"营销口号"之分的内在含义。这些都是其发挥内部整合沟通作用的体现。

（二）目的地的外部沟通作用机制

口号对外沟通作用的实现需理解品牌资产的形成原理。根据凯勒（Keller, 1998）的界定，基于顾客的品牌资产就是品牌知识对于顾客对品牌营销的反应所产生的影响作用。因此,"品牌知识"是创建品牌资产的关键,营销人员必须找到一种能使理想品牌知识留在顾客记忆中的方法。心理学的关联网状记忆模型认为,记忆由节点和相关的链环组成,节点代表储存的信息和概念,链环代表这些信息要领之间连接的强度(Anderson,1983)。这样,品牌知识便可理解为由记忆中的品牌节点和与其相关的链环组成。品牌信息节点或在接收外部信息或在处理内部信息时被激活,当激活超过一定阈值时,该节点的内容就被回想起来。激活的传递依赖于与该节点相连的链环的数目和强度,与之相连的具有最强链环的概念,可以得到最有力的激活。通过扩展该模型,品牌知识的建构就取决于两个部分:"品牌认知"和"品牌形象"。品牌认知与记忆中品牌节点的强度有关,它反映了顾客在不同情况下确认该品牌的能力。品牌认知一般从两个方面来测量:"品牌识别(brand recognition)"和"品牌回想(brand recall)"。品牌识别指在提供一系列品牌名称的情况下,消费者从中辨别出他们以前知道的品牌的能力。品牌回想指在不出现品牌名称的情况下,通过适当的产品目录或其他相关购买或消费提示,消费者能在记忆中找出某品牌的能力。一般地,品牌回想要难于品牌识别,代表更高的品牌认知层次。品牌形象可被定义为顾客对品牌的感觉,它反映为顾客记忆中关于该品牌的联想(Newman,1957)。品牌联想就是记忆中与品牌节点相关联的其他信息节点,它构成了顾客心目中的品牌含义。积极品牌形象的塑造就是要将强有力的、偏好的、独特的联想与顾客记忆中的品牌联系起来。虽然在不同决策情境下品牌认知和品牌形象对品牌资产效应的发挥起着不同的决定作用,但从总体上讲,它们共同建构了品牌知识,成为品牌资产的来源。因而,在对外部市场的沟通上,口号等所有品牌要素的作用都旨在通过一致、频繁的展示来提升顾客的品牌认知和品牌形象。

但是,品牌化过程中各品牌要素客观上承担的功能还有一定区别。根据一般品牌理论,品牌名称是一个品牌本体的最基本表现形式,是品牌联想的基点,可以蕴含丰富的品牌内涵。但对目的地而言,品牌名称就是当地的实际地名,通常无法与品牌定位之间建立清晰的联系。尽管有个别城市出于营销目的对其地名进行了更改,如安徽省徽州市1987年改名为黄山市,但绝大多数目的地受历史、政治等因素影响都难以更换。事实上，在目的地营销中，口号和标识才是两个最主要的本体要素。标识通过视觉语言的优势，可帮助品牌在不同地域市场中被迅速、广泛地识别，但也有其内在缺点。目的地标识设计的来源一般为当地某个有特点的建筑物、流传已久的实物图标、地名的艺术书写体或其他抽象性标志。这些图标经过长期的品牌传播虽然也可赋有相当的品牌联想，但它们主要还是作为目的地整体的、稳定的标志符号，无法对产品信息作出较多描述，因而在塑造品牌形象的能力上有所局限。"目的地口号恰恰可以填补这一空白，它能够且一定阐述了与产品形象有关的内容，使品牌含义的传递成为可能。在这个意义上，口号可对一个品牌本体发挥独特的重要作用。"[1] 这也正是凯勒（2006）口号可充当抓住品牌含义继而了解品牌独特之处的"挂钩"或"把手"这句话的含义所指。目的地定位主题口号在品牌化中发挥的外部沟通作用机制可如图5—3所示。

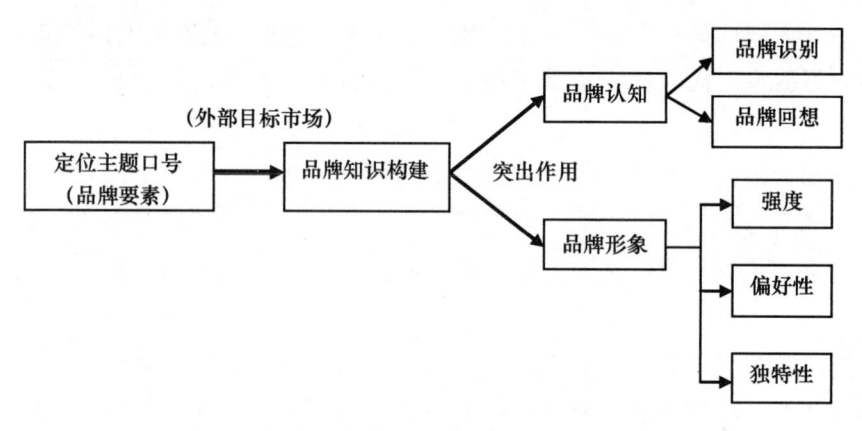

图5—3 目的地口号的外部沟通作用机制

资料来源：作者整理。

## 三 目的地定位主题口号的设计方法和流程

在国内外关于目的地口号数量有限的文献中，涉及口号设计方法和

---

[1] Kohli C., Leuthesser L., Suri R., "Get slogan? Guidelines for creating effective slogans", *Business Horizons*, 2007, (50): 416; 418, 419.

流程的更是稀缺。沙派伦和奈岗斯维克（Supphellen & Nygaardsvik, 2002）提出了一个用以检测国家旅游促销口号的"三阶段"模型：（1）测量由口号所引发的联想；（2）测量口号便于回想和识别的能力；（3）测量口号在商业传播环境下的作用效果。他们认为，通过这三阶段，可帮助一国在昂贵的营销活动开展之前预先评估口号的品牌资产塑造潜力。另外，海姆和艾沃森（Hem & Iverson, 2004）针对标识这一相似要素设计了一个包含标识拥有者、标识设计者和标识接收者三方涉入力量在内的检测模型，通过对挪威大峡湾旅游区域2001—2002年标识设计案例的实际阐释最终总结出一个目的地标识设计的一般流程，具有较强的借鉴意义。我国学者李蕾蕾（2003）分析了国内很多城市和地区普遍开展的通过公众征集方式获得旅游形象口号的误区和问题，提出科学旅游形象口号的形成必须建立在形象调查基础之上。

借鉴此三项研究中的重要思想，并结合贯穿本书的对品牌要素的一些基本认识，本书认为一个发挥适当功效的目的地口号可通过由品牌化多方相关力量各司其职、密切合作的三个阶段设计得出：（1）确定设计思想；（2）统筹实施设计过程；（3）评测各设计方案的作用潜力并口号甄选。其中的多方相关力量可依据海姆和艾沃森的归纳方法划分为口号拥有者、口号设计者和口号接收者三个群体。口号拥有者从理论上理解就是以该口号为品牌要素的那个目的地品牌，实指"品牌大伞（brand umbrella）"下涵盖的社区各内部利益相关者，在品牌化实践中往往由负责组织、统合品牌整体营销的目的地管理组织（DMO）来集中代表，国内为国家或各地方旅游局（旅游委员会）。口号设计者指具体承接目的地口号设计工作的广告/设计商或高校、科研单位。口号接收者根据品牌要素的双向沟通作用一方面主要指目的地外部目标市场，另一方面也包括需统一认识的内部沟通对象（尤指在品牌传播和交付中发挥积极作用的接待业服务人员、营销团队、渠道成员等）。口号接收者与口号拥有者之间因口号的功能要求而存在部分交叉。这三个群体在旅游管理机构的统一组织下以不同的交互作用方式参与到口号设计的各个阶段之中，其关系如图5—4所示。

```
┌─────────────────────────────────┐
│口  ┌──────────────────┐         │
│号  │目的地管理组织(DMO)│         │        ┌───┐  ┌──────────┐
│拥  └──────────────────┘         │        │口 │  │          │
│有     集中代表 ↓                │ ←──→   │号 │  │广告/设计商│
│者  ┌──────────────────┐         │        │设 │  │高校、科研单位│
│    │社区各内部利益相关者│         │        │计 │  │          │
│    └──────────────────┘         │        │者 │  └──────────┘
│                                 │        └───┘
│    ┌──────────────────┐         │
│    │    外部目标市场   │         │
│    │    口号接收者    │ ←───→  │
│    └──────────────────┘         │
└─────────────────────────────────┘
```

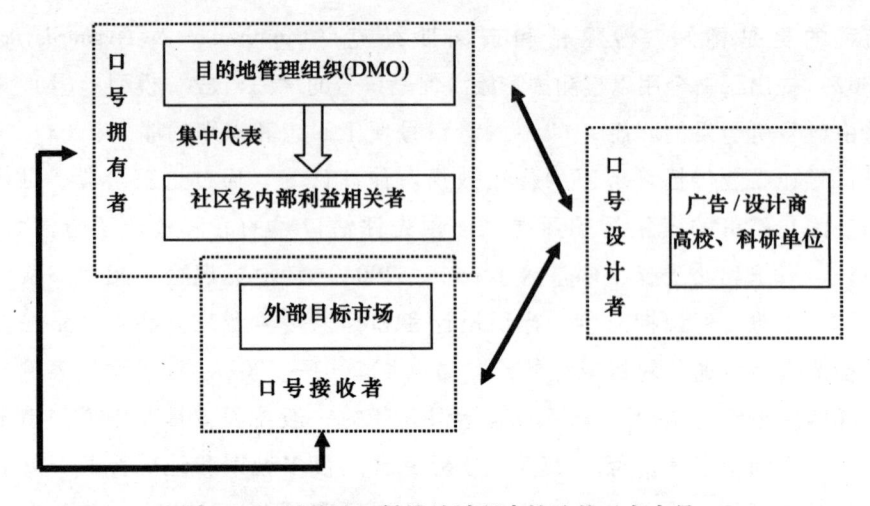

**图 5—4　目的地口号设计过程中涉及的三方力量**

资料来源：作者整理。

第一阶段，确定设计思想指要使口号拥有者能为口号设计者勾勒出一个口号应被设计成什么样子的大体思路。基本任务是阐明目的地希望通过口号传播如何被感知的愿景和额外设计要点。包括两项具体工作，首先是一项关键的前奏性工作：定位（或重定位）。如前文所述，以当地旅游管理机构为代表的口号拥有者（可在口号设计者的协助下）需对自身资源、竞争对手特色和口号接收者的需求及实际感知进行调查，得出一个可资采用且内部认同的核心品牌本体形象。第二项工作是评价目的地当前所使用的口号（若目的地尚无口号，此步可跳过），找出现有口号的优势和劣势，总结需注意的设计要点。开展针对口号拥有者、口号设计者和口号接收者三个群体的态度调查工作。政府官员、旅游企业管理者、东道居民、设计人员等可依当地情况按一定比例选取代表进行深入访谈，调查他们对当前口号是否满意、优缺点何在和改进意见。外部市场范围较大，可在几个主要地区或细分类型的潜在游客中选取小规模随机发放问卷来探询他们的口号认知效果、口号总体评价以及他们对口号与目的地匹配程度、口号如何修改等的看法。调查结果可帮助我们认识现有口号在品牌资产塑造上的能力，既得优势（如高口号回想率）要在新一轮设计中尽可能利用和延续，失当之处要予以弥补或更正。

当口号拥有者将确定的基本设计想法告知口号设计者时，就进入了第二阶段，此阶段要求得出一系列可供测评、选择的口号设计方案。具体负责口号设计的广告/设计人员或科研工作者从中发挥核心作用，但口号拥有者和目标游客的代表要以顾问身份参与其中，促进其对设计思想的正确理解和执行，并辅之以设计献策和方案的初步筛选。

第三阶段要对那些初步具有可行性的设计方案作潜力预测和进一步筛选。口号接收者是最终发言人，因此需调查各方案在主要目标市场上的品牌资产塑造潜力和内部沟通对象偏好情况。在市场潜力预测上，可参考沙派伦和奈岗斯维克提出的"三阶段"模型，对口号所引发的品牌联想、口号对品牌认知各维度（识别、回想）的贡献、口号与广告等商业传播途径的相关作用进行全面、有序的测评。潜力表现较差的方案被排除，具有最高潜力且与目的地品牌本体形象相符的几个方案留待最后甄选。内部利益相关者对各剩余方案的偏好情况可通过对接待业服务人员、营销人员、旅行社员工等关键沟通对象的访谈来获取。[例如根据沙派伦对不同品牌联想提取技术的回顾和讨论，"排序技术（ranking technique）"在揭示被调查者最偏好的选项方面十分有效（Supphellen, 2000）] 为确保偏好结果有说服力，要求访谈样本的容量足够大并在统计上具有代表性。最后，由旅游管理机构和口号设计者对各方案的内部偏好和市场潜力进行综合权衡，再结合以上设计过程中所有调查的结果予以斟酌、修改，得出目的地品牌将要使用的新口号。多方有机合作的目的地口号设计流程可如图5—5所示。

## 四 目的地定位主题口号设计须注意的几条原则

### （一）使口号与目的地名称紧密联系在一起

口号必须与正确的品牌名称相连，才能通过其传播帮助提升品牌认知和品牌形象。错误口号回想是营销领域始终存在的一个问题，至今已被强调有40年之久（Kohli, Leuthesser & Suri, 2007）。基于消费产品的研究显示，这一现象非常严重，尤其是在那些普遍做广告但产品差异化较小的类别中（Katz & Rose, 1969），而在某种程度上，目的地品牌也可被认为符合以上性质。在促进口号的品牌认知效果上，人们一般都提及

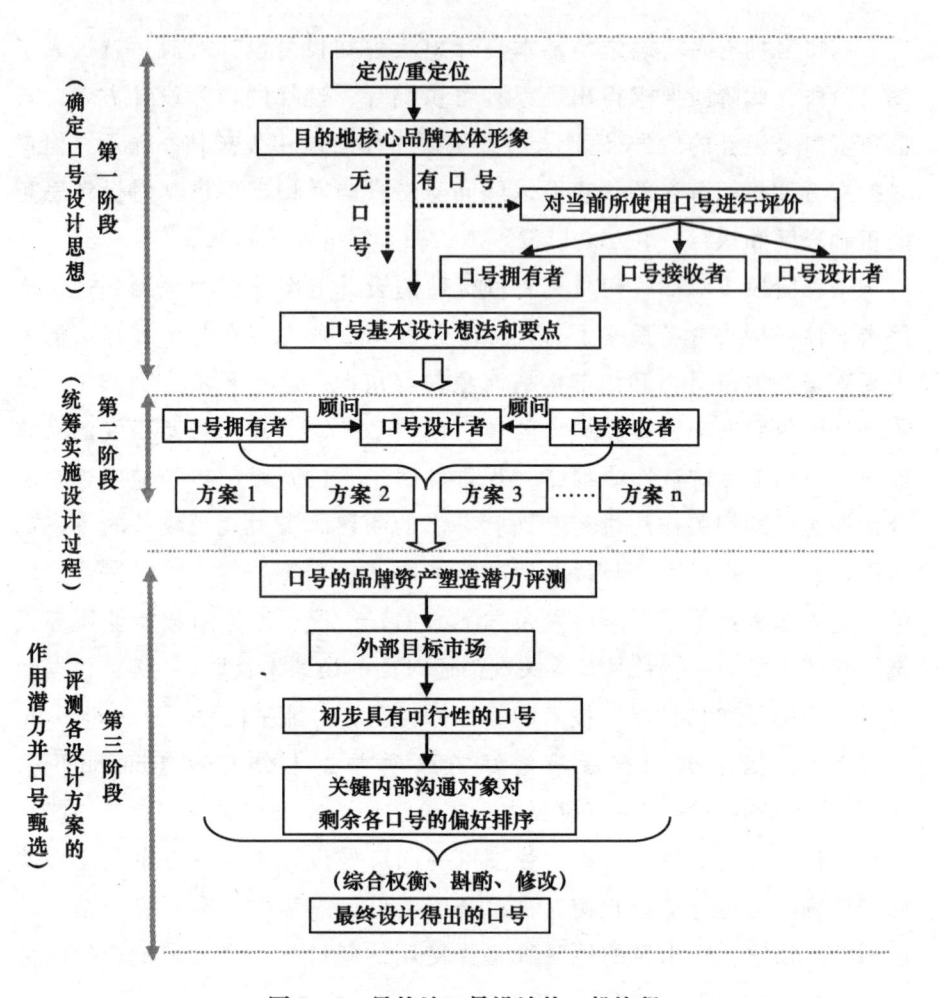

184　旅游目的地定位：理论与实践层面的探索

```
第一阶段（确定口号设计思想）

        定位/重定位
            ↓
        目的地核心品牌本体形象
       无口号 ↓    ↓ 有口号
              对当前所使用口号进行评价
              ↓      ↓      ↓
          口号拥有者 口号接收者 口号设计者
            ↓
        口号基本设计想法和要点
```

```
第二阶段（统筹实施设计过程）

   口号拥有者 →顾问→ 口号设计者 ←顾问← 口号接收者
                    ↓
        方案1  方案2  方案3 …… 方案n
```

```
第三阶段（评测各设计方案的作用潜力并口号甄选）

        口号的品牌资产塑造潜力评测
                ↓
            外部目标市场
                ↓
          初步具有可行性的口号
                ↓
        关键内部沟通对象对
        剩余各口号的偏好排序
                ↓
        （综合权衡、斟酌、修改）
                ↓
           最终设计得出的口号
```

**图 5—5　目的地口号设计的一般流程**

资料来源：作者整理。

口号的可记忆性。相应地，简短、押韵、配以广告曲等设计特点便被诸多学者和广告业界者所重视。不过，营销领域的一些晚近研究对这些特点有了新的认识。如雅池（Yalch，1991）研究了在什么条件下"广告曲"形式可以成为将口号与其品牌名称相连的促记器。结果显示，当口号重复播放或有其他提示信息时，韵律对品牌认知的增效并不明显。布莱德雷和密斯（Bradley & Meeds，2002）在一项实验中在保留口号原意的基础上对口号文法复杂性做了修改。结果发现，结构简单的口号识别效果更佳，但在正确的品牌回想率上并未体现出优势。他们将这种结果归因于结构复杂可能会引发更为深刻的信息处理,加深了对口号内容的记忆。在品牌化中,消费者通过频繁接触对品牌要素所产生的熟悉或记忆对品牌识别这一认知维度的贡献较大,而品牌回想的提高还要求加强人们的记忆与适当产品类别或其他购买、消费暗示的联系,因为它需要在适当的时候人们能自己从记忆中找出某一品牌。根据前文提到过的关联网状记忆模型,链环的强度和组织是被回忆起的品牌信息的重要决定因素。而心理学研究发现,链环的强度取决于消费者解码过程中涉及的信息数量和质量。当消费者对信息的意义关注较多,积极思考、阐释某一产品或服务信息时,记忆中与该信息节点相连的链环就会增强。另外,如果是新建立联想,记忆中已经存在广泛的、关联的知识结构时,信息就容易因为自我相关性而被接受。因此,简短、易于重复并不总是口号设计的"金科玉律",在文法和语义难度上处于中等水平、通过创意激发消费者加深信息处理且陈述的是他们所关心信息的口号,往往更利于正确的品牌回想。来自现场环境的广告研究也证实了这一点:高重复率的非参与性、非说服性广告无法取得与低重复率的参与性、说服性广告相同的功效(Keller,2003)。拜特曼(Bettman,1979)指出,品牌识别和品牌回想这两个品牌认知维度的重要性取决于消费者作出产品决策的环境。例如,对于主要在商场中作出决策的消费产品,品牌识别可发挥关键作用,因为消费者此时是在一些自动出现的品牌名称之间进行选择;而对于需要自己找出品牌名称的服务和在线品牌,品牌回想能力则必不可少。由此,通过可被理解的口号含义来促进正确品牌回想对于目的地品牌的重要性不言而喻。

另外,激发正确的品牌名称还要求口号信息内容一定要与其宣传的目的地切实相符,这便于自然而然地将口号与目的地品牌联系起来。据张立建、甘巧林(2006)对我国各地旅游形象定位词的调查,"生态""神奇""神秘""浪漫"等修饰词的使用相当普遍,这些词汇真的与如此之多的目的地特征相符,还是其中有雷同的痕迹?即便相符,高使用频率的正确品牌回想问题也是一个疑问。如果口号激活的是竞争对手的名字,则宣传越久负面影响越大。目的地口号使用必须避免出现这种情况,并能通过实际市场测试来证明。国外一些学者在研究中使用去掉目的地名称让游客猜测该口号属于哪一目的地的测试法(以国内口号举例,如山水_____，生态家园、浪漫之都，时尚之都_____）。另外，考虑此方法的调查结果会倾向于那些知名度或广告曝光率高的目的地，再配以量表让游客评估口号与一组资源类似的竞争目的地之间的各自匹配程度（该口号所属的目的地在其中），以综合判断口号是否适用，十分值得借鉴。

### （二）口号要利于目的地品牌战略的长期执行

加特纳（Gartner，1993）指出，目的地实体越大，形象的改变越慢，诱导性形象（induced image）塑造必须集中于特定的目的地形象并为长期宣传做预算。普洛格（Plog，2007）更是将需更改负面感知的情形下这一工作的长期性和艰巨性总结为"十比一法则"[①]。另外，品牌传播研究显示，消费者首先接触到的宣称品牌特定属性的信息对其品牌延伸的评价具有重要影响。与灌输的特定属性有共同点的品牌延伸明显要比那些没有共同点的品牌延伸受偏好，证明早期形象塑造的优势和深刻性。总之，品牌化最有效的方式就应该是在长期内保持传播主题的一致，不要因轻易更换主题而造成营销支出浪费、业已建立的品牌资产受损、早期形象投射的优势中断以及消费者对不同形象的认知混乱。当然，目的地在坚持使用同一主题上始终有着不小的挑战，内部利益相关者市场兴趣不同、决策达成的复杂性、旅游主管任期较短等都是客观困难。不过，考虑到长期一致的巨大潜在收益，目的地应该以坚定信心和非凡毅力来努力做到这一点。

对此，目的地口号设计力所能及的就是要尽量反映品牌的长远战略目光，不要因口号中的限制因素将品牌界定得过于狭窄，而使主题的频繁更换不得不为之。品牌战略不仅要了解你现在所处的位置，更重要的是未来将走向哪里、如何走。今天设计的口号应该能兼顾品牌运行较长一段时期内的各项任务。目的地开发、建设是循序渐进的，新吸引物的推出、竞争范畴的调整、市场动向的跟随等，最好都能大体上被早先设计的信息主题所覆盖。这里不是说定位主题要始终不变，不再具备市场

---

[①] 指如果人们根据最初接受的信息对某一目的地已然形成负面感知，该目的地若想使人们改变这一感知，所需投入的信息量会相当于前者的十倍。该法则是普洛格在为大量目的地开展咨询工作的丰富案例实践中总结、证实而得。

吸引力的主题当然要果断废止或调整。作者所强调的是：要利用较宽泛的、可延展的主题使目的地尽可能以最小品牌资产受损成本在动态的发展环境中稳步前进。考利等（Kohli et al.，2007）指出，从战略上看，口号的目标应是既不使品牌显得"过度定位（over-positioned）"（定位得太狭窄），也不使品牌"定位不充分（under-positioned）"（定位得太模糊）。这是符合品牌化原理的做法，世界上那些最成功的目的地品牌大都如此。如西班牙、爱尔兰、澳大利亚等，无一不是在坚持其涵括性较强的原始主题内涵持久不变的基础上，稳定地适时吸纳、融入一些新的特色元素和个性维度来丰富其品牌价值。相反，如果目的地频繁更换沟通主题，总是依靠一些应时应景的促销工作，也可能会带来游客和经济收入的短期增长，但是这些"收获"有一个前提：该目的地很难将自己做成一个强大的品牌。因为它从来都没界定清楚自己的一贯个性和品质。

（三）口号信息内容要构成对游客的"卖点"

广告界资深人士安亭（Antin，1993）指出，一条广告要想实现预期目的，必须按顺序回答三个基本问题，其中信息是否切合目标市场利益是首要的问题。因此，作为核心品牌联想"挂钩"或"把手"的目的地口号必须在其信息内容中描述或暗示出目的地品牌所能满足的需求利益，即它对目标市场的"卖点"何在。在品牌化文献中，共强调了消费者所重视的三类品牌利益：功能性利益、享乐性/体验性利益和象征性利益。功能性利益指一个品牌解决问题的能力。在消费产品中，电子产品的耐久性、食品的营养成分等都是这一利益的例子。享乐性/体验性利益指与一个品牌相关联的感官愉悦和认知刺激，如温暖气候带来的舒适感、大都市夜生活的娱乐、兴奋。在目的地口号中，享乐性/体验性利益经常可见，如泰国的"令人惊奇的泰国！"英国的"凉爽的（酷）大不列颠！"象征性利益指使用某一品牌的符号效果。在消费产品中，人们通常更喜欢那些与其"自我概念（self-concept）"相一致的品牌。品牌是消费者与他人，甚至是他们自己交流信息的一种手段——他们是什么类型的人或他们想成为哪种类型的人。象征性利益也与目的地品牌密切相关，一些目的地似乎就是比其他目的地更有地位，更符合人们的自我概念。如自诩为时尚、设计方面专家的消费者会更重视去巴黎的旅行。加勒比海的"任君所想"、威尔士的"高尔夫本该是这样的"、印度的"到印度一游会改变你的一切"都是在口号中巧妙诉求象征性利益的典型例子。

　　对目的地品牌来说，在其主题口号中诉求后两种利益更利于建立优势，原因如下：首先，功能性利益是指向特定的产品类别的。目的地产品是在满足旅游需求的整体目标下将行、游、住、食、购、娱各类具体产品统一起来，因此对这一产品集作特定的功能性利益界定非常困难。不同产品的功能要求相异，以此来看，如果目的地将主题诉诸于某种较为抽象的利益，则容易将更多的属性、特征包含进来，解决目的地定位无从取舍这一难题。其次，强大品牌的塑造需要消费者对品牌内涵的理解能上升到一定高度。根据马斯洛需求层次理论，消费者需求有着不同的优先级别和水平，一旦低层次需求得到满足，高层次需求就变得更加相关。在品牌运行期间，当消费者已基本了解几个竞争品牌间的特色关系时，品牌关联含义的深刻性在决定品牌的发展潜力上就具有关键意义。能揭示出其定位与更高层次需求间内在联系的品牌将更受偏好、地位更凸显、更能加深其与消费者的关系以及赢得更长远的发展空间。对于品牌资产构筑和维护都格外艰巨的目的地品牌来说，一个有长久竞争力的定位无疑为其增添了功效和保障。而在上述的三类品牌利益中，享乐性/体验性利益和象征性利益一般与高层次消费需求联系得更紧密一些，目的地主题口号倾向于对这两类"卖点"的诉求也就从品牌的长期发展要求中找到了依据。不过，目的地的各功能属性和特征一定要在可兼容的、突出总体利益的主题口号之下被其他品牌要素和多种传播途径展示出来，因为毕竟消费者对这些信息的了解是基础性的，尤其是对于那些刚开始建设品牌的目的地。最后，许多营销战略家都强调过的一个教训就是对竞争范畴的认识不能太狭窄。一些不同产品类别间的潜在竞争会发生在抽象利益层面，而绝不是属性层面。度假活动经常也在与首饰、汽车、豪华家具等高档消费品一同争夺消费者的可自由支配收入，因此如果目的地能在抽象利益层面找到值得推荐的"卖点"，则对于这种潜在竞争因素客观上也可起到一定削弱作用。

### （四）口号信息内容要使目的地被有效区分

　　每个品牌成功的要素都是：消费者开始相信同类产品并不完全相同，而是存在重大差别的（Keller, 2003）。而目的地营销中雷同现象普遍，很难看到真正有创意的思想，哥德和瓦德（Gold & Ward, 1994）指出大多数这些活动所取得的都只是"短暂的无差异"。如今,目的地品牌的差异化似乎比以往更加重要了:随着出游经验的增多,现代旅游者已变得愈加挑剔。而绝大多数目的地都是存在可替代性的,对于任何类型的旅游或度假活动,人们都可从一大批同类目的地中进行选择。这意味着目的地必须通过有效定位来使自身从众多目的地中凸显出来,使旅游者觉得自己应该选择去该目的地,而不是选择去其他地方。对此,在定位主题及其表现口号中宣称目的地不同于竞争对手的独特卖点(USP)为众多学者所推崇。

独特卖点概念由利夫斯(Reeves,1961)在广告学中提出。其原本含义是指广告应向消费者提出一个有说服力的、竞争者无法媲美的购买理由,而这一理由是通过对产品自身属性挖掘来得到的。因此,这最初是一个以产品为中心的广告和营销理念。而现今旅游学者在目的地定位及品牌化研究中应用的 USP 概念已超出其原有内涵,将其与营销发展中的多种理念融合在一起,事实上强调的是可使目的地被有效区分的所有独特品质。这种品质可以为产品自身所有,也可以借由一些与产品无关的因素而被创造出来,其根本作用就是要实现定位理论的宗旨:在消费者心目中创建独特的位置。如摩根和普瑞特查德(Morgan & Pritchard, 2002)在描述新西兰品牌时指出所谓 USP 应该是他人可能有或可以模仿但是无法超越的东西。他们举例认为,尽管世界上很多城市都可宣传宗教主题,但只有罗马,更确切地说是梵蒂冈,才称得上是"不朽之城";同样,在与浪漫的紧密联系上,任何一个以恋人为目标游客的目的地都难以与巴黎相匹敌。瑞查德森和科恩(Richardson & Cohen, 1993)提出可用以下四条标准衡量目的地口号是否传递了 USP:(1)必须有其价值命题;(2)价值命题应限于一个或少数一两个;(3)价值命题应能反映所给予市场的利益;(4)利益必须具有独特性。综合以上认识、考虑目的地品牌的特殊性,作者认为目的地在为其主题口号挑选独特品质时,应着重注意的是以下两点。一是目的地宣称的特性必须为目标市场所看重。实际上,并非所有有别于竞争对手的特性都会被目标市场看重,而一般来讲,只有它们看重的特性才能激发正面感知,才具备成长为强有力的、偏好的、独特的品牌联想的潜力。这是上述的"卖点"原则在目的地差异化定位中的实际体现。二是目的地所作的特性承诺应该能被社区兑现。口号设计的创意必须源于现实,在这方面格尔莫(Gilmore, 2002)建议可以夸张(amplification)却不能捏造(fabrication)。只为攀比造势而凭空想象的独特品质,不但无法取信于越来越精明的现代旅游者,而且也得不到负责实际交付产品的各内部利益相关者的理解和支持。他们会忽略甚至拒绝这一无法兑现的承诺,在各自感兴趣的市场上做切合自身的营销宣传,而各行其是的结果将是打乱目的地品牌化的全盘计划和失去统一、一致的巨大好处。

### 五 结束语

定位主题口号是目的地品牌化中的核心沟通要素,其设计情况关乎品牌化的成败。然而尽管当前目的地品牌化理论已被国内学术界所关注,基于这一研究框架对目的地品牌要素和其他一些品牌化具体问题的探讨还比较匮乏。故而,本节从品牌要素的角度来界定目的地定位主题口号,针对有助于提升其设计水平的几个基本问题的理解提出自己的看法。个中观点、推断以国外部分目的地品牌化文献、品牌理论和相关的营销学理论为依据,有待于今后的进一步探讨和论证。

## 第二节 基于目的地品牌管理过程的我国旅游城市口号评价

在本节中,本书将根据前述相关理论知识构建目的地定位主题口号的评价标准体系,并应用该指标对我国 271 个优秀旅游城市的口号进行"诊断"。该案例作为对品牌化视野下目的地口号设计原则的一个实际应用性阐释。

需特别说明的一点是:这些口号是处于目的地品牌发展不同阶段的各城市在其相异的具体背景下推出的,虽然同为当地旅游发展的定位主题口号,却必然还会承担着各城市的某些特定的管理目标和市场使命。如若结合考虑各种具体的相关因素,从一次营销推广活动中最终成效的角度来审视各口号的"优劣",其评价可能无法明显突出对口号设计水平本身的反映,亦在一定程度上失去了对这些口号进行共同分析和评比的意义。这样，本研究仅应用在理论推导上规范、可行的一般口号设计模式来检验各城市的口号中是否存在着最基本的、必须得到解决的疏漏之处，旨在总结当前我国旅游口号设计中的"通病"而非针对某个城市口号创意的"特殊问题"予以深入"点评"。

## 一 引言

随着市场竞争的日趋激烈，旅游目的地必须打造和维持具有独特性的品牌形象已成为一种共识。通过品牌管理，一个目的地可同其目标市场建立一种难以取代的情感联系，从而形成竞争优势。定位主题口号作为品牌设计的重点内容，是对目的地核心定位战略的反映，也是后续品牌营销工作策划和开展的依据。因而，将其放置在旅游目的地品牌管理的整个工作流程中，能更方便、清楚地理解定位主题口号到底是一个什么概念、应发挥什么作用、可采取怎样的创意模式。

## 二 旅游目的地品牌管理全过程中的定位主题口号

在旅游者心目中树立一种独特的、无法替代的品牌地位绝非一朝一夕之功，需要有持续的品牌管理过程来实现这个目标。目的地定位是这个过程的基础和灵魂，品牌能否成功首先取决于其定位战略在多大程度上击中了消费者的心灵。如前述的斯坦利·普洛格（Stanley Plog，2004）对定位概念的解释："定位就是确定某一产品或服务的重要品质，从而能够以有意义的方式向消费者展现其有别于竞争产品或服务的特色（内含利益）。"可见，目的地定位的作用在于寻找和选定能体现差异化的品牌核心个性的目的地特有品质，从而为有效影响潜在游客的决策倾向提供沟通内容、指引沟通方向。这种提炼的品牌核心个性必须能使目标顾客感兴趣，能提供他们所寻求的某种利益/利益组合（功能利益、情感利益、自我表现利益），能为目的地品牌及其产品同消费者个人价值之间建立一种内在的、稳定的联系，从而为消费者访问该目的地提供一个强有力的理由。同时，品牌核心个性应该是持久的、可更新和拓展的、能够兑现的、为所有内部利益相关者和社会公众所认同的。但从根本上讲，它必须是对消费者而言的，是市场导向的。

品牌设计是与目的地定位紧密相关的下一个步骤，掌握了定位的内涵也就明确了品牌设计的宗旨和真正目的，即通过名称、标识和口号等表现元素去有效地反映和强化定位内容的基本要义（包括定位工作所确定下来的目的地品牌核心个性、体现该个性的目的地特质载体以及品牌个性同潜在目标游客之间的联系），使得这些内容在品牌传播过程中能够被迅速、充分地了解和记忆。至此，目的地定位主题口号的概念和作用得以明晰。作为重要的品牌设计元素，它是目的地定位思想的高度浓缩，是促使旅游者来访的有力说服词。以定位主题口号为依据，营销工作者可以清楚地知道他们在向旅游者推荐什么，推荐的产品特质如何能够赢得旅游者的青睐。定位主题口号还是一种平台，有了对它的深刻理解，目的地管理组织在其持续的品牌管理过程中就能够适时地推出系列产品品牌，衍生出针对不同细分市场、不同时节的各种旅游宣传口号。

接下来，要在适当的时间、以适当的方式将目的地定位思想传递给潜在的目标游客，使其知晓品牌的独特个性以及此独特个性所能提供的利益承诺，使目的地品牌在浩如烟海的营销信息中被识别和关注。这是一个品牌沟通阶段，需通过广告、公共关系、印刷材料、行业展销、人员促销、销售推广、以旅行社为代表的分销渠道等大量营销手段围绕同一主题进行持久性和统一性的沟通宣传。品牌设计元素将在通过以上营销手段提供给消费者的所有信息中予以展示，包括视觉和文字等任何形式的信息。定位主题口号从中发挥核心作用，所有的营销活动都将为传递、维护和支撑这一核心主题服务，绝对不能偏离这一沟通要旨。在目的地不需要重新定位前，针对不同时机和不同细分市场的宣传都可以有不同的侧重点，但定位主题口号不会变，因为此品牌所强调的独特卖点还不需更新。

最终的结果是，能意识到目的地品牌的所有消费者，无论其是否来过该地、是否将要选择该地，都会对此品牌产生一种感知印象，即品牌形象。拥有良好品牌形象的目的地，其品牌名称本身对消费者来说就是某种可预期的完美体验的代名词，品牌将同消费者建立稳定的情感联系。定期对目的地品牌形象进行测量和监控，可为目的地定位、品牌设计和品牌沟通环节提供市场信息和调整启示。目的地品牌管理的全过程及定位主题口号在其中的位置和作用,如图5—6所示。

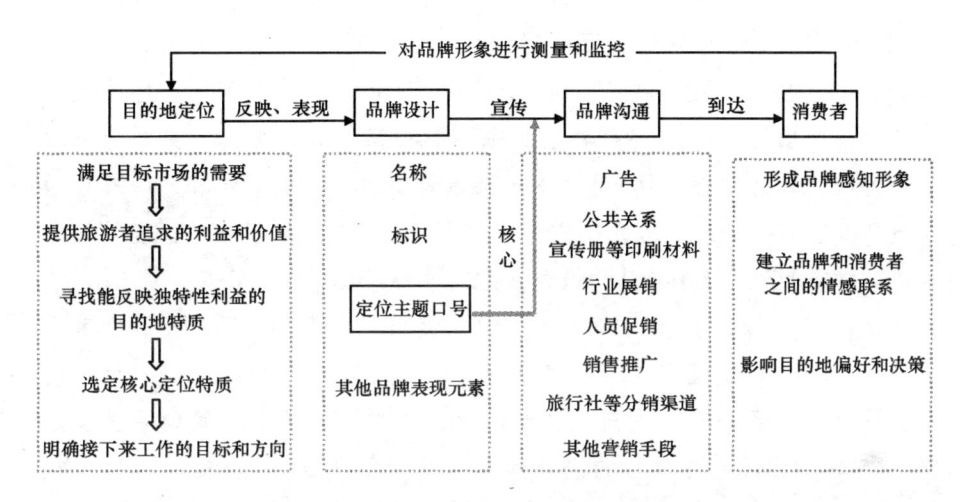

```
                    ┌──────对品牌形象进行测量和监控──────┐
                    ↓                                      │
┌────────┐ 反映、表现 ┌────────┐ 宣传  ┌────────┐ 到达 ┌────────┐
│目的地定位│─────────→│品牌设计│─────→│品牌沟通│─────→│ 消费者 │
└────────┘           └────────┘      └────────┘      └────────┘
┌────────────┐      ┌──────────┐     ┌──────────┐    ┌──────────────┐
│满足目标市场的│      │  名称    │     │  广告    │    │形成品牌感知形象│
│   需要     │      │          │ 核   │ 公共关系 │    │              │
│    ⇩       │      │  标识    │ 心   │宣传册等印刷│    │建立品牌和消费者│
│提供旅游者追求│      │          │     │  材料    │    │ 之间的情感联系│
│的利益和价值 │      │┌────────┐│     │ 行业展销 │    │              │
│    ⇩       │      ││定位主题口号││←──│ 人员促销 │    │影响目的地偏好│
│寻找能反映独特│      │└────────┘│     │ 销售推广 │    │   和决策     │
│性利益的目的地│      │          │     │旅行社等分销│    │              │
│   特质     │      │其他品牌表现│     │  渠道    │    │              │
│    ⇩       │      │  元素    │     │其他营销手段│    │              │
│选定核心定位 │      │          │     │          │    │              │
│   特质     │      │          │     │          │    │              │
│    ⇩       │      │          │     │          │    │              │
│明确接下来工作│      │          │     │          │    │              │
│的目标和方向 │      │          │     │          │    │              │
└────────────┘      └──────────┘     └──────────┘    └──────────────┘
```

图5—6 旅游目的地品牌管理工作流程

资料来源:作者整理。

## 三 旅游目的地定位主题口号的评价标准

定位主题口号的好坏关键要看它是否发挥了应有的作用。直观地看,定位主题口号只是用一个短语来反映目的地的定位思想。实际上,如图5—6所示,目的地定位的宗旨是为了满足目标市场的需要,其最终确定的核心定位特质对消费者来说一定是具有独特意义的;品牌设计也是在寻找消费者能够和愿意接受的创意模式,为进一步沟通提供便利;而品牌管理的最终目的还是为了在消费者心目中塑造一个极富影响力的品牌形象。由此可见,贯穿于目的地品牌管理过程始终的核心要素便是消费者的需要和利益。定位主题口号在目的地品牌管理全过程中的核心联结作用,客观上决定了其与最终消费者之间的紧密联系。定位主题口号的根本作用便是要告诉消费者目的地特质可向他们提供哪些方面的独特利益,不能反映消费者利益的口号是毫无意义的。

消费者利益可通过目的地定位主题口号的价值内容和表述方式两个方面来体现。以往中外学者对目的地定位主题口号评价标准的研究基本上都可归入这两个范畴。西方学者大多遵循饶瑟尔·利夫斯(Rosser Reeves,1961)在广告学中提出的独特卖点(Unique Selling Proposition)

的概念，认为旅游定位口号必须识别出目的地产品与众不同的品质，打造某种主题利益。如上一节所述，约翰·瑞查德森和朱迪·科恩进一步将独特卖点（USP）的衡量标准操作化为以下四点：（1）必须有其价值命题；（2）价值命题应限于一个或少数一两个；（3）价值命题应该能够反映目标市场的利益；（4）利益必须具有独特性。戴维德·克莱那斯凯和瑞查德·吉特尔森（David B. Klenosky & Richard E. Gitelson, 1997）对美国260家旅行社的经理人员进行了电话访谈，分析他们对美国各州旅游宣传口号的感知。其中被认为最有效的口号都具备以下三个特点：（1）容易记忆；（2）传达了该州的形象；（3）吸引了正确的市场。我国学者金颖若（2003）从比较广泛的角度提出旅游地形象口号的设计应满足独特性、社会性、吸引性、认同性、整体性、层次性和艺术性的要求。余足云（2006）强调旅游口号的语言使用要注重简洁通俗、句式变化多样、辞格艺术化使用、语词典雅风趣。

最佳的旅游口号在价值内容和表述方式上须和谐统一，即在对目的地独特形象予以展示的同时，突出语言表述的艺术化、情感化，激发旅游者来访的欲望。但是，旅游口号设计的各种具体要求在影响该口号能否有效发挥其对消费者的说服作用方面，重要性是不同的。目的地定位主题口号有其内在的影响和作用机制。广告界资深人士托尼·安亭（Tony Antin, 1993）提出，一条广告要想实现其预期目的，必须回答三个基本问题。为了最大限度地增加成功的机会，这些问题必须按其出现的顺序逐一作答。这三个基本问题依次为：该信息是否切合目标市场的利益？该信息的表达是否清楚？该广告的表现形式是否突出？借鉴这一思想，本书认为目的地定位主题口号的评价也应根据其客观作用效果，将各种考虑因素按重要性进行排序，形成一套有主次、有步骤的评价标准。按照切合性优先原则，定位主题口号首先要在价值内容上提供旅游者所需的利益，这是告诉旅游者为什么要到该地访问的根本原因。没有实质性的利益承诺，再别出心裁的口号都无济于事，它们可能一时会吸引消费者的眼球，但最终将因为没有包含消费者关心的信息而无法进入消费者决策的考虑盘（Consideration set）。目的地资源是多样的，但最佳宣传效果客观上要求口号中包含的价值命题不能过多，独特卖点概念为解决这一矛盾提供了一种有效方法。因而，作者在此将是否鲜明地提出了自己的独特卖点作为衡量目的地定位主题口号价值内容方面的标准，这也是目的地定位主题口号首要的、基本的标准。恰当的表述方式是定位主题口号处于第二位的标准，但也十分重要，因为好的表述往往能促进价值内容与消费者主观情感的互动，增强传递效果。而且，设计新颖、艺术，能巧妙抓住对方心理的口号语言，在一定程度上满足了旅游者审美、体验、求新、自我表现等方面的需要，从"享乐消费（Hedonic consumption）"的角度来说也构成了消费者的利益。在表述方式的几点具体要求中，语言简洁通俗，便于理解是最重要的。因为定位主题口号不是为了用什么高深玄妙的词汇来显示涵养、卖弄文采，它的目标对象是旅游者，必须能让对当地文脉、史脉不甚了解的旅游者通过阅读口号轻而易举地明白其中的信息。有了价值内容和清楚的表达，一个有效的定位主题口号的基本要素就算全了。但是，若能再依次达到以下三个表述标准，口号的作用效果会更加理想：（1）语言优美、风趣、生动、感人，富于艺术性。这种语言能产生较强的吸引力、亲和力和感染力，触动旅游者的心灵，便于"以情制胜"。（2）巧妙运用各种修辞和句式，使口号便于朗读、记忆和宣传。（3）设计新颖、时尚、别具一格，便于吸引旅游者的眼球。

综上所述，为了发挥最大效用，对目的地定位主题口号的评价，应首先关注其是否提供了具有独特卖点的价值内容，这主要是通过约翰·瑞查德森和朱迪·科恩提出的 USP 的四项标准来衡量；然后再按照重要性排序，看口号是否依次满足了表述方式的四个具体要求。这个过程的基本顺序是不能颠倒的：在没有提供独特卖点的信息时，先不用考虑表述方式的问题；同样，除非已经解决了表达清楚的问题，否则就不用思考如何实现接下来那三个较高水平的表述要求。能够清楚地表达出自己独特卖点的口号，就是一个"符合一般标准的"口号；而成功地达到以上所有标准的口号，可称之为"理想的"口号。图5—7反映了这一过程，其中箭头的明暗变化表示各个具体标准在口号评价中被加以考虑的顺序。

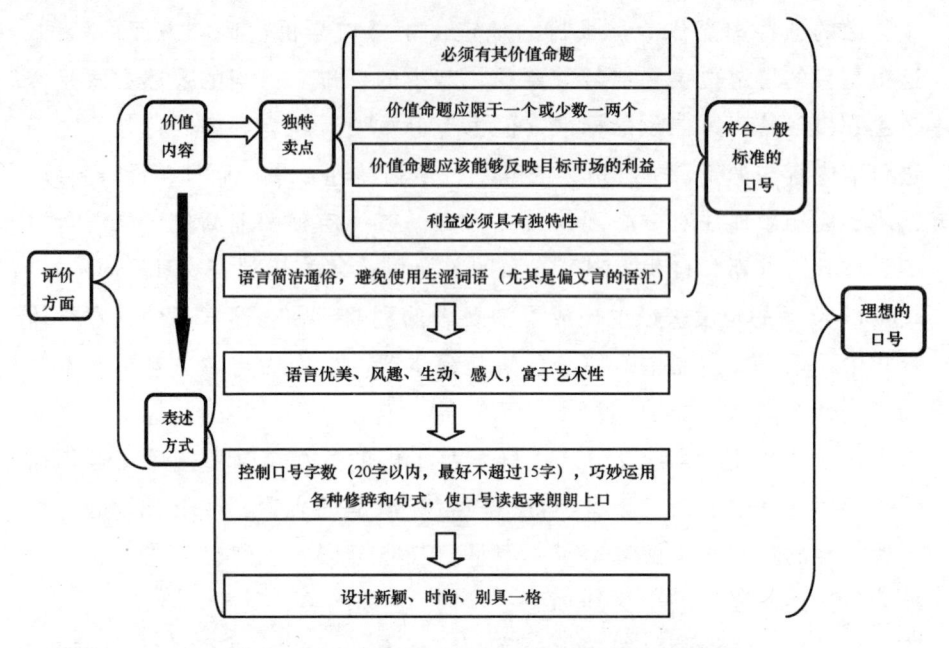

196  旅游目的地定位:理论与实践层面的探索

图 5—7  旅游目的地定位主题口号的评价标准

资料来源:作者整理。

## 四 我国优秀旅游城市定位主题口号的评价

本研究所采用的口号评价样本为:作者于 2007 年 6 月通过百度搜索和登录当地的旅游官方网站所收集到的 244 个我国优秀旅游城市的定位主题口号(截至 2006 年年底,我国优秀旅游城市总数为 271 个)。根据第三部分中所强调的口号评价程序,作者对这些口号进行了如下两轮的筛选:(1) 口号——"符合一般标准的"口号;(2)"符合一般标准的"口号——"理想的"口号。口号的检索情况见表 5—1。

表 5—1  2007 年 6 月我国优秀旅游城市的定位主题口号检索情况(244 个)

| 城市 | 定位主题口号 | 城市 | 定位主题口号 |
| --- | --- | --- | --- |
| 上海 | 精彩每一天 | 常州 | 中华龙城 江南常州 |
| 北京 | 体验北京,走进奥运 | 南通 | 追江赶海到南通 |
| 天津 | 渤海明珠,近代缩影 | 连云港 | 神奇浪漫之都 |
| 重庆 | 壮丽三峡,激情重庆 | 溧阳 | 山水溧阳,生态家园 |

第五章 基于口号的旅游目的地定位战略物化展示策略　　197

续表

| 城市 | 定位主题口号 | 城市 | 定位主题口号 |
|---|---|---|---|
| 秦皇岛 | 中国唯一以皇帝名字命名的城市 | 盐城 | 湿地之都，水绿盐城 欢迎您 |
| 承德 | 游承德，皇帝的选择 | 诸暨 | 游西施故里，观五泄飞瀑布 |
| 石家庄 | 燕赵古韵，魅力新城 | 张家港 | 浪漫之都 |
| 涿州 | 文化涿州，古今流芳 | 太仓 | 长江第一港 |
| 廊坊 | 京津走廊，温馨之都 | 如皋 | 如皋如歌，常来长寿 |
| 保定 | 红色旅游，文化古城，山水保定 | 杭州 | 生活品质之城，东方休闲之都 |
| 邯郸 | 游名城邯郸，品古赵文化 | 宁波 | 东方商埠，时尚水都 |
| 武安 | 冀南明珠，生态武安 | 绍兴 | 游鲁迅故里，看越池风情 |
| 太原 | 煤乡明珠，古城太原 | 金华 | 风水金华，购物天堂 |
| 大同 | 让世界了解大同，让大同走向世界 | 临安 | 生态临安，休闲胜地 |
| 永济 | 这里是黄河之曲，这里是舜都之城，这里有王之焕的千古绝唱，这里有大唐帝国的辉煌 | 淮安 | 寻漕运古迹，品淮阳美食，探水下泗州，享生态家园，访名人故里，看淮安新貌 |
| 晋城 | 晋城山水，棋源古堡 | 建德 | 山水画廊，休闲天堂 |
| 包头 | 中国草原休闲之都 | 温州 | 时尚之都，山水温州 |
| 锡林浩特 | 草原明珠 | 桐乡 | 人杰地灵菊香，人间天堂桐乡 |
| 呼和浩特 | 天堂草原，魅力青城——欢迎您 | 湖州 | 山水清远，生态湖州 |
| 呼伦贝尔 | 天骄故里，五彩森林，体验自然冰雪，感受民俗风情 | 嘉兴 | 水都绿城，休闲嘉兴 |
| 满洲里 | 中俄蒙三国风情兼得的北疆跨国旅游胜地 | 临海 | 千年府城，山水临海 |
| 扎兰屯 | 塞外苏杭 | 温岭 | 永远的第一缕曙光 |
| 赤峰 | 契丹草原，龙的故乡 | 富阳 | 富春山水，孙权故里 |
| 阿尔山 | 中国避暑之都，神泉雪城——阿尔山 | 海宁 | 游潮乡胜景，览天下奇观 |
| 霍林郭勒 | 到霍林郭勒看最美的草原 | 衢州 | 神奇山水，名城衢州 |
| 大连 | 浪漫之都，时尚大连 | 舟山 | 海天佛国，渔都港城 |
| 沈阳 | 活力之都，沈阳旅游 | 瑞安 | 天瑞地安，景秀书香 |
| 丹东 | 中国边境第一城，和平之都，绿色丹东 | 兰溪 | 兰香神州，溪碧钱塘 |

续表

| 城市 | 定位主题口号 | 城市 | 定位主题口号 |
| --- | --- | --- | --- |
| 鞍山 | 金玉之都，魅力鞍山 | 三明 | 天下幽奇，中国绿都，生态旅游胜地 |
| 抚顺 | 清代王朝发祥地，北方山水魅力城 | 台州 | 神奇台州，生态之旅 |
| 本溪 | 枫叶之乡本溪县，都市休闲后花园 | 江山 | 游天半江郎 寻古道沧桑 |
| 锦州 | 锦绣之州，神奇之旅 | 厦门 | 海上花园，温馨厦门 |
| 葫芦岛 | 北京后花园 | 武夷山 | 世界双遗产，纯真武夷山 |
| 辽阳 | 关东名城古韵，华夏巨佛奇观 | 福州 | 八闽古都，有福之州 |
| 铁岭 | 中国铁岭，快乐老家 | 泉州 | 海峡西岸名城，多元文化宝库 |
| 盘锦 | 中国盘锦，湿地之都，魅力无限 | 永安 | 桃花陶令桃源洞，开天辟地新感受 |
| 朝阳 | 地球上第一只鸟起飞的地方，地球上第一朵花绽开的地方；东北佛教源流圣地；走进神秘朝阳 | 奉化 | 蒋氏故里，弥勒道场，人文荟萃，人居福地 |
| 营口 | 渤海明珠 | 漳州 | 花果之乡，锦绣漳州 |
| 长春 | 美丽碧树看长春，无尽冰雪北国情 | 黄山 | 中国黄山，人间仙境 |
| 吉林 | 山水吉林，魅力江城 | 合肥 | 包公桑梓地，黄山北大门 |
| 蛟河 | 红叶之城，魅力蛟河 | 亳州 | 华佗故里，药材之州 |
| 集安 | 多彩高句丽，秀美新集安 | 马鞍山 | 山水诗都 |
| 哈尔滨 | 天鹅项下的珍珠 | 安庆 | 游安庆，唱黄梅——每天都是一出戏 |
| 牡丹江 | 游白山黑水，找牡丹江山水 | 芜湖 | 半城山，半城水 |
| 伊春 | 森林里的故事 | 池州 | 生态池州、佛国九华 |
| 大庆 | 绿色油化之都，天然百湖之城，中国温泉之乡，美丽大庆 | 铜陵 | 中国生态山水铜都 |
| 绥芬河 | 绥芬河——旅游者的温馨家园 | 井冈山 | 走红色之旅、游绿色井冈 |
| 齐齐哈尔 | 绿色食品之都，中国魅力城市——欢迎来到中国鹤城，齐齐哈尔 | 南昌 | 历史名城，滨江飞虹，现代新城，山水都城 |
| 铁力 | 到铁力漂流，向快乐出发 | 九江 | 梦里水乡，魅力九江 |

第五章 基于口号的旅游目的地定位战略物化展示策略

续表

| 城市 | 定位主题口号 | 城市 | 定位主题口号 |
| --- | --- | --- | --- |
| 南京 | 文化南京，博爱之都 | 赣州 | 江南宋城，客家摇篮，东江源头，红色摇篮 |
| 无锡 | 无锡是个充满温情和水的地方 | 鹰潭 | 中国道都，魅力鹰潭 |
| 扬州 | 烟花水都，诗画扬州 | 景德镇 | 要了解中国，就要了解 China |
| 苏州 | 天堂苏州，东方水城 | 上饶 | 上舞九天，饶有余韵 |
| 镇江 | 三山演绎古今爱情传奇——东方浪漫爱情旅游之都 | 青岛 | 扬帆奥运，相约青岛 |
| 徐州 | 楚风汉韵古彭城，名山碧水新徐州 | 绵阳 | 探源李白文化 体验原始山水 休闲神奇绵阳 |
| 昆山 | 江南片玉，灵秀昆山 | 威海 | 拥抱碧海蓝天，体验渔家风情 |
| 江阴 | 霞客故里，旅游胜地 | 烟台 | 人间仙境 梦幻烟台 |
| 吴江 | 千年水天堂，人间新吴江 | 泰安 | 登泰山 保平安！ |
| 宜兴 | 领略宜兴碧水青山，品味陶都风土人情 | 曲阜 | 孔子故里，东方圣城 |
| 常熟 | 世上湖山，天下常熟 | 蓬莱 | 人间仙境 |
| 句容 | 佛道古圣地，山水新句容 | 文登 | 温泉之都——中国文登 |
| 胶南 | 山海情怀，温馨之旅 | 梅州 | 千色客都，中国梅州 |
| 淄博 | 灵秀之都，古韵淄博 | 茂名 | 新海滨，新茂名 |
| 青州 | 佛国寿山，古州福地 | 桂林 | 山水甲天下，魅力新桂林 |
| 潍坊 | 这里是享誉世界的国际风筝之都，这里是闻名遐迩的蔬菜之乡，这里是中外驰名的宝石城，欢迎您到潍坊来！ | 济南 | 四面荷花三面柳，一城山色半城湖——泉水之都，济南旅游 |
| 聊城 | 中国聊城——江北水城 | 北海 | 南海珍珠之乡，滨海度假胜地 |
| 日照 | 游山登五岳，赏海去日照 | 柳州 | 桂林山水甲天下，柳州风情醉五洲 |
| 乳山 | 美丽乳山，浪漫之旅 | 玉林 | 岭南美玉，胜景如林 |
| 临沂 | 滨水生态城，商贸物流城，历史文化名城，绿色沂蒙，红色风情，文韬武略，地质奇观 | 桂平 | 宗教圣地朝拜，天国风云考察，欢迎您到神秘的桂平来！ |

续表

| 城市 | 定位主题口号 | 城市 | 定位主题口号 |
|---|---|---|---|
| 济宁 | 杏坛盛梦，春秋之路，运河之都，宝塔佛光 | 南宁 | 奇山秀水绿南宁 |
| 邹城 | 人文孟子，山水邹城 | 海口 | 阳光海口，娱乐之都 |
| 海阳 | 一山一水一寺庙 | 三亚 | 美丽三亚，浪漫天涯 |
| 龙口 | 大河上下，长城内外——中国龙口 | 琼山 | 琼台福地 |
| 郑州 | 大河之南，文明古都 | 肇庆 | 山水名城，岭南故里，休闲胜地 |
| 开封 | 七朝都会，北方水城 | 琼海 | 中国温泉之乡 |
| 濮阳 | 中华龙乡，花园城市 | 成都 | 一个你来了就不想走的地方 |
| 济源 | 山水经典，河南济源 | 峨眉 | 云上金顶，天下峨眉 |
| 登封 | 中国少林武术之乡——登封 | 都江堰 | 青山净水，天人合一 |
| 洛阳 | 千年帝都，牡丹花城 | 乐山 | 乐山乐水乐逍遥——中国乐山 |
| 三门峡 | 文化圣地，天鹅之城 | 崇州 | 生态园林城市——崇州 |
| 安阳 | 文化之都、豫北强市、魅力安阳 | 梧州 | 游梧州骑楼，品岭南文化 |
| 焦作 | 山水经典，魅力焦作 | 广安 | 小平故里行，华蓥山上游 |
| 雅安 | 世界第一只熊猫发现地和命名地；世界茶文化发祥地；两汉文化宝库；红军文化必读华章 | 西昌 | 冬季有绚烂的暖阳，夏季有沁脾的清凉，四季都有别样的旅游风光 |
| 灵宝 | 人杰地灵，物华天宝 | 阆中 | 阆苑仙境 |
| 新郑 | 黄帝故里，中国新郑 | 宜宾 | 休闲之都，养生福地 |
| 许昌 | 曹魏古都，神古镇 | 泸州 | 醉游泸州 |
| 新乡 | 秀在太行，美在新乡 | 鹤壁 | 山水人文精品，古韵生态鹤壁 |
| 商丘 | 火源商祖，魅力商丘 | 江油 | 九寨门户、蜀道咽喉、华夏诗城、李白故里 |
| 南阳 | 南阳南都，爱情之都，智慧之都 | 南充 | 源远流长嘉陵江，千年绸都南充城 |
| 禹州 | 游三都故里，览人间极品 | 自贡 | 神奇盐都，魅力自贡 |
| 舞钢 | 山水舞钢，秀甲中原 | 华蓥 | 红色华蓥，天下雄山 |
| 平顶山 | 千年鹰城，中原独秀，精彩平顶山 | 邛崃 | 文君故里，休闲天堂 |
| 长沙 | 多情山水，天下洲城 | 昆明 | 昆明天天是春天 |

续表

| 城市 | 定位主题口号 | 城市 | 定位主题口号 |
|---|---|---|---|
| 岳阳 | 洞庭天下水，岳阳天下楼 | 大理 | 风花雪月，逍遥天下 |
| 韶山 | 韶山——一代伟人毛泽东的故乡 | 潞西 | 神奇美丽的勐巴娜西——潞西欢迎您 |
| 常德 | 桃花源里的城市——常德 | 丽江 | 中国的丽江，世界的丽江 |
| 张家界 | 生态—森林—山水，人间仙境 | 贵阳 | 森林之城，避暑之都 |
| 郴州 | 绿色郴州 | 都匀 | 高原桥城，绿色都匀 |
| 浏阳 | 浏阳旅游，给你与众不同的精彩 | 遵义 | 转运之城，传奇遵义 |
| 株洲 | 始祖圣地，锦绣株洲 | 西安 | 华夏文明故乡，丝绸之路起点 |
| 武汉 | 白云黄鹤，知音之城 | 咸阳 | 中国第一帝都 |
| 宜昌 | 金色三峡，银色大坝，绿色宜昌 | 宝鸡 | 炎帝故里 |
| 荆州 | 昔日刘备借荆州，今朝荆州倚天下 | 延安 | 神圣、神秘、神奇——生态延安之旅 |
| 十堰 | 武当走向世界，十堰拥抱未来 | 敦煌 | 让敦煌走向世界，让世界了解敦煌 |
| 钟祥 | 神秘钟祥，帝王之乡 | 嘉峪关 | 天下第一雄关——嘉峪关 |
| 襄樊 | 三国源头，魅力襄樊 | 西宁 | 中国夏都 |
| 荆门 | 世界文化遗产地，鄂中生态旅游走廊 | 张掖 | 塞上江南，丝路明珠 |
| 赤壁 | 赤壁——三国历史胜地与湖北对外开放的南大门 | 武威 | 中国旅游标志之都 |
| 深圳 | 深圳——每天带给你新的希望 | 酒泉 | 中国航天的摇篮，敦煌艺术的故乡 |
| 广州 | 南国风情，动感花城 | 平凉 | 陇东最大的能源输出地——平凉 |
| 珠海 | 浪漫之城，中国珠海 | 格尔木 | 中国盐湖城 |
| 儋州 | 不到儋州不知海水蓝，不到儋州不知香蕉红，不到儋州不知泥土热，不到儋州不知人情浓 | 天水 | 中华文明之源，羲皇故里，百里石窟艺术走廊，陇上江南，名城古韵 |
| 中山 | 伟人故里，锦绣中山 | 银川 | 塞上明珠，中国银川 |
| 佛山 | 广州人游新佛山 | 河源 | 温泉之都·恐龙故乡·客家水乡 |
| 江门 | 侨乡山水风情画 | 库尔勒 | 相约魅力巴州，探秘楼兰神韵 |

续表

| 城市 | 定位主题口号 | 城市 | 定位主题口号 |
| --- | --- | --- | --- |
| 汕头 | 海风潮韵，世纪商都 | 乌鲁木齐 | 古丝路神秘故城，今西域民族风情 |
| 惠州 | 名山秀水惠州游 | 喀什 | 不到喀什，就不算到新疆 |
| 南海 | 岭南山水，休闲驿站 | 阿克苏 | 龟兹故地·西域精粹 |
| 吐鲁番 | 世界四大文化体系的交汇点，华夏灿烂文明进程的活化石，人与自然和谐生存的欢乐园，西域丝路博物馆 | 克拉玛依 | 雅丹、戈壁、绿洲、油田尽在克拉玛依 |
| 湛江 | 相约祖国大陆最南端！碧海银沙期待您 | 哈密 | 西域古镇，人文新市 |
| 阳江 | 海天动情阳光游 | 阿勒泰 | 人类滑雪起源地的激情体验 |
| 清远 | 开心清远，旅游首选 | 潮州 | 海滨邹鲁，领海名邦 |

资料来源：百度搜索、各地官方旅游网站。

## （一）第一轮筛选——"符合一般标准的"口号

第一轮筛选的目标是检查这 244 个定位主题口号中有多少个能够"符合一般标准"，即同时满足里查德森、科恩提出的 USP 的四项衡量标准和表述方式中的第一条要求。检查结果显示，共有 78 个城市的定位主题口号符合要求，占全部样本总数的 31.97%。其余的那些略有欠缺的口号首先没有通过价值内容方面的检验，即在不同程度上违背了 USP 四项标准中的某一条或某几条。价值内容通过的口号，在语言表达上也都做到了简洁通俗，没有出现因使用不常见、偏难或歧义的语汇而使得口号晦涩难懂的现象。这一环节没有出现问题，原因可能部分归结于本书选取的都是中国优秀旅游城市的口号，其设计水平要高于我国旅游城市口号的平均水平。因为，根据张立建、甘巧林（2006）对我国旅游地定位口号的分析结果，语言晦涩、表达不清的现象的确存在。下面，本书将对那些有所欠缺的口号如何没能满足 USP 的四项标准进行详细分析：

1. 口号没有包含价值命题

所谓"价值命题"就是指关于旅游目的地特质的信息，其作用是告诉潜在的旅游者到该地旅游可以体验哪些内容。这是目的地定位主题口号最基本的内容要素，因为少了这一信息，旅游者就不知道他们为什么要去某个目的地，去了又能开展哪些活动。共有 11 个城市的口号没有包含这种价值命题，占到总数的 4.51%。这些口号发生错误的具体情况可能不同，但本质上犯的都是一个毛病，就是"言之无物"。如大同的"让世界了解大同，让大同走向世界"，可能更适合作为当地旅游业发展或是城市发展的目标口号。但作为旅游地定位口号，其没有传递任何关于目的地特质的信息。再如温岭的"永远的第一缕曙光"、上饶的"上舞九天，饶有余韵"，二者都是对自身地名所作出的某种联想解释，构思虽很巧妙，但解释本身没能给旅游者关于目的地资源品质的充分暗示，因而是失败的。还有喀什的"不到喀什，就不算到新疆"，试图突出喀什资源在新疆整体资源中的独特地位，但并未言明这种独特究竟体现在哪些方面，致使口号的可信度降低。因为旅游者无法根据信息对其资源是否真正称得上"独特"作出自我的认知和评价，而理性的旅游者通常都不会仅仅因为一个富有劝诱性的口号就选择去某地。

2. 口号包含三个或三个以上的价值命题

价值命题限于两个以内一方面是为了增强旅游者对口号的感知和记忆效果，另一方面，主要是想集中力量，更好地传播核心主题思想。因而，如果口号包含两个价值命题，二者之间必须有内在的、紧密的联系，能够为突出同一主题服务。可不少城市的口号不仅价值命题过多，而且命题彼此之间几乎没什么联系，仅就当地的旅游资源类型或主要产品作了简单罗列。共有 23 个城市的口号犯了这类错误，占到总数的 9.43%。如奉化的"蒋氏故里，弥勒道场，人文荟萃，人居福地"、潍坊的"这里是享誉世界的国际风筝之都，这里是闻名遐迩的蔬菜之乡，这里是中外驰名的宝石城，欢迎您到潍坊来！"雅安的"世界第一只熊猫发现地和命名地，世界茶文化发祥地，两汉文化宝库，红色文化必读华章"，克拉玛依的"雅丹、戈壁、绿洲、油田尽在克拉玛依"。这些口号充分展示了当地资源的丰富性，但由于面面俱到，没有重心，哪一方面都没有得到很好的宣传，都不能构成一种竞争优势。

3. 价值命题没有很好地反映目标市场的利益

价值命题应该能够反映目标市场所看重的利益，否则就是一种多余的、无用的信息。因为只有那些与自身切实相关的"利益"才是消费者真正关注的内容，其余任何附加元素都只起到辅助性的作用。共有42个城市的口号落入了"没有很好地体现利益"这一范畴，占到总数的17.21%。根据其反映目标市场利益的程度，这42个口号大体上可被划分为两类：第一类，价值命题提供的信息不能直接构成消费者的利益。这类口号共有五个，如秦皇岛的"中国唯一以皇帝名号命名的城市"、武威的"中国旅游标志之都"、太仓的"长江第一港"，三者都包含了与目的地相关的价值命题，但是旅游者仍然不清楚该地到底可以提供哪些具体的利益。

　　第二类可笼统地称作"价值命题提供的利益不充分"，或者可以理解为：本来能够提供更多的利益，却没有提供那么多。产生这种客观结果的原因是：口号提供的信息中包含了那些人所共知的内容。具体而言，这些口号的错误方式又不尽相同。一部分口号表现为集中力量宣传当地那些知名度高、具有绝对优势的资源或产品。正因为这些资源或产品的档次高、名气大，而且已经被各类媒体和渠道宣传了多年，它们事实上已成为人所共知的信息。就像长城之于北京、兵马俑之于西安、西湖之于杭州，即使三个城市在较长时期内停止宣传，至少在国内市场上，对这些资源感兴趣的游客仍然清楚到哪里去寻找它们。所以，理想的口号设计，都会尽量避开那些为人熟知的信息，尽量拓宽自身产品形象的宽度和深度，创造一种新的比较全面的形象，以形成更宽广的市场吸引面。共计12个城市的口号存在这类问题，如曲阜的"孔子故里，东方圣城"、包头的"中国草原休闲之都"、扬州的"烟花水都，诗画扬州"、洛阳的"千年帝都，牡丹花城"。以扬州为例，千百年来的诗词传诵和名人逸事使得扬州在人们心目中的形象基本上已是"花、月、水、史、文、曲"的完美结合。喜爱扬州这种风韵的游客在没有任何宣传的情况下也会把它作为探古寻幽的必访之地。但除了历史的光环外，新时代的扬州还有哪些值得游览的内容呢？从口号中，我们无从得知，这实际上会大大限制扬州所能吸引到的游客类型。另一部分口号包含了城市其他功能定位的信息，共13个。如太原的"煤乡明珠，古城太原"、鞍山的"金玉之都，魅力鞍山"、铜陵的"中国生态山水铜都"、酒泉的"中国航天的摇篮，敦煌艺术的故乡"。这些城市可能在一定程度上混淆了城市定位口号和旅游目的地定位口号这两个概念，或者是认为城市的"其他功能"也是带动和促进当地旅游业发展的重要因素。可能第二种情况居多，但这些所谓的"其他功能"往往是当地的主要城市功能，它们作为城市名片的重要组成部分早已被宣传了多年，相应的城市形象也已深入人心。即便不再宣传，其对旅游业的促进作用还是能够发挥。而且，诸如"煤乡""铜都"之类的称号在人们的传统认识中与旅游的联系往往不大，在旅游定位口号中使用这些词汇还可能会造成旅游者对当地的"感知形象偏歧"。还有一些口号突出了城市的地理区位，共11个，如廊坊的"京津走廊，温馨之都"、郑州的"大河之南，文明古都"。遵循同样的道理，如果这些城市的地理区位真的重要到能构成游客来访的吸引因素，那么它们早就是人所共知的信息，不必再刻意宣传。事实上，无论是集中力量宣传优势产品，还是突出城市的其他功能和地理区位，都没有最大限度地向游客提供其所真正关注的利益点，在一定程度上浪费了宝贵的宣传空间。

4. 价值命题提供的利益不具有独特性

价值命题提供的利益必须能为自己树立某种独特的形象，否则就不能使目的地在众多与其拥有同类资源的竞争对手中脱颖而出，使旅游者倾向于对自身的选择。共计56个城市的口号没有很好地做到这一点，占总数的22.95%（其中有部分口号也归在"提供的利益不充分"那一类中）。一些城市对其提供"利益"的描述过于粗略，基本上就是告诉游客当地有什么类型的资源。如口号中直接使用"山水"一词的有14个，直接使用"文化"的5个，"人文"的4个；仅阐明自己是"文化名城"的4个，"历史名城"的3个、"世界文化遗产地"的2个、"古都"的4个、"古城"的8个、"古州"的2个。指出具体资源种类的，如使用"红色旅游"的5个，"枫叶之乡"的2个、"湿地之都"的2个、"温泉之乡"的4个；突出"山"的4个、"海"的5个、"水"的11个、"森林"的3个。其实，这些都只是一个旅游地最常规、最普通的资源，如果不作出更加具体和特别的解释，就不能成为吸引游客来访的"亮点"。另一些城市的旅游功能描述趋同化，如使用"商都"的3个、"休闲"的9个、"度假"的4个、"避暑之都"的3个。不是说功能定位不能相同，具有类似资源的城市确立同样的旅游发展方向是很正常的。而且，由于彼此地理区位和目标市场的不同，这种做法在现实中往往也不会产生"冲突"。如本溪和建德的口号中同时突出"休闲"功能，但一个在北，一个在南，目标市场范围几乎没有任何交叉。作者在此想要强调的是：为了使当地旅游业的发展更成功、前景更广阔，目的地旅游主管部门应该有清醒的认识和长远的目光，尽可能为自身树立一种能够与同质产品相区分的"卓尔不凡"的形象，即使其当前的旅游业发展还未遇到任何不顺。

还有一些城市的口号试图指出自己的独特性，但由于使用泛化，难免变得普通平常。第一种，口号落入了同一个"文化圈"或"风情圈"。如石家庄宣称自己的"燕赵古韵"，而邯郸也突出"古赵文化"；徐州强调"楚风汉韵"，雅安也自诩"两汉文化宝库"；乌鲁木齐、哈密、阿克苏都宣传"西域民族风情"；呼和浩特、赤峰、锡林浩特都主打"草原风情"。这些口号没有阐明自身资源何以在其所处的文化或风情圈内具有不可替代的位置，所以在游客看来，彼此都差不多，去过一地也许就不会再去另一地了。第二种，口号使用了相似的资源修饰语。诸如"碧水青山""青山净水""山水画廊""如画山水"之类，看上去大同小异，反映的也基本上是一个意思——山美水美，体现不出特色。可是人人都知道"桂林山水甲天下"，这些城市若不能为其山水资源寻找到一个独特的定位点，将永远处于桂林等强势品牌的形象遮蔽之下。第三种，口号采用了常见的整体形象描述词。如使用"魅力"的有18个，"温馨"的5个、"精彩"的3个、"锦绣"的5个、"浪漫"的7个、"时尚"的3个、"灵秀"的2个、"神秘"的4个、"神奇"的8个、"美丽"的6个。较高的使用频率使得这些原本极具独特意境的词汇也变得平淡无奇。但是，并非所有使用这些词汇的口号都无法体现独特性，这要视具体城市的情况而论。比如上海的口号"精彩每一天"，能够使人联想到高大雄伟的海派建筑、繁华拥挤的街道、琳琅满目的舶来品……因为上海作为国际大都市的形象已经深入人心，其"精彩"的独到之处是可以意会的。与其说这是口号发挥的作用，还不如说是"上海"这个名字本身所赋予的魅力。而同样声称"精彩"的平顶山和浏阳，由于人们对其精彩之处了解得太少，同样定位，就显得有点大众化了。总之，越是知名度低的旅游地，越需要具体而清晰地言明其资源到底能提供什么与众不同的利益，越应避免在口号中使用已经泛化了的修饰词。

(二) 第二轮筛选——"理想的"口号

1. "理想"口号的选择和分析

第二轮筛选的目的是从 78 个"符合一般标准的"口号中找出那些也满足了其他三条表述要求的"理想的"口号。如第三部分中所述，称之为"理想"，是因为这些口号在不同程度上具备了为实现理想市场效果的全部沟通要素。通过逐条分析、核对，本书认为共有六个城市的口号达到了"理想"的标准，分别是承德的"游承德，皇帝的选择"、无锡的"无锡是个充满温情和水的地方"、深圳的"每天带给你新的希望"、成都的"一个你来了就不想走的地方"、大理的"风花雪月、逍遥天下"和安庆的"游安庆，唱黄梅——每天都是一出戏"。除了清楚地表达出自身的独特卖点外，它们的设计中也反映出了对满足其他三条表述要求的考虑。

如深圳的口号简短却内涵丰富，"每天""新的希望"寥寥数字巧妙而形象地传达了深圳作为特区城市年轻、现代、创新、充满活力的独特品牌个性，清晰地阐明了目的地产品所能提供的综合功能利益和心理利益；并且其描述本身新颖雅致、耐人寻味，具有较强的吸引力和启发性，便于调动旅游者产生"享乐反应"，从而增强其对前往该地旅游的偏好。近年来，深圳旅游经济持续增长，主要旅游指标一直稳居全国前列，其中入境过夜游客人数位于全国旅游城市首位，旅游总收入和旅游外汇收入达到全国第四位。2007 年，在第二届中国旅游营销年会上，深圳入选"中国最具国际竞争力的旅游城市"[①]。这些骄人业绩同深圳长期以来对自身品牌个性和品牌要素设计的不断探索、求精密不可分。再如无锡和大理的口号，都以极富劝诱性和感染力的笔触突出展示了当地资源的独特魅力以及到当地旅游可以获得的独特感受。"多水"在江南许多城市都是司空见惯的特征，但是无锡将之与"温情"联结起来，把自身所欲彰显的品牌个性或城市气质赋予到基础的旅游资源上，使人感到无锡的水温馨怡人、含情脉脉，从而具备了与众不同的潜质。上观风、下观花、苍

---

① 莱良焕：《深圳入选中国三甲》，《深圳特区报》2007 年第 1 期，第 3 页。

山雪、洱海月是大理极富吸引力的自然景观,但"风花雪月"四字连写的效果可绝非对资源的简单罗列,其激发联想、煽动情感和渲染气氛的能力不可小觑。可以看出,这些"理想"口号的一个共同特点就是它们都十分长于在信息传递上的艺术化效果。

2. 对介于"符合一般标准"和"理想"之间层次的口号的评析

对于剩下的口号,本书主要采用"模糊综合评价"的方法对其作出一个大体上的归类评析。"模糊综合评价"是对受多种因素影响的事物作出全面评价的一种十分有效的多因素决策方法,其特点是评价结果不是绝对地肯定或否定,而是以一个模糊集合来表示。该方法特别适用于对难以定量分析的模糊现象进行主观上的定性描述[1]。虽然,根据广告学的一般规律,在最大程度调动消费者的购买意向上,感性、艺术的语言确实要优于容易识记和传诵的句式,而后者又要优于新颖、突出的设计形式。但现实中,这些具体的语言要求往往难以相互区分和剥离,它们更多地是要通过彼此的有效配合来使整体作用效果"增色"。同时,消费者主观理解和偏好的复杂性也决定了对不同要素实际作用效果进行直观预测的难度。因此,若要对这部分口号作出更加细致和深入的评价,在运用一般沟通规律的基础上,还必须对目标受众的实际感知和偏好情况进行测量。出于对本研究基本目的和本书篇幅的考虑,作者在此无意对这一问题作进一步的探讨。这样,从务实的评价角度来看,对于那些在"符合一般标准"之外还同时满足了另外三条较高表述要求中的一条或两条(不管是否按照既定的实现顺序),但尚未具备全部理想沟通特点的口号,统称为"优秀的"口号。

经过筛选,作者认为只有满洲里的口号"中俄蒙三国风情兼得的北疆跨国旅游胜地"在表现力上略显欠缺,只是清楚地表达出了自身的独特卖点,没能有效兼顾对口号传播效果和情感反应的考虑,因而属于仅"符合一般标准"。其余71个城市的口号基本上都做到了"严格控制字数,善于运用各种修辞和句式,使之易于朗读、记忆和宣传"。不足之处是在语言表述的引人注目或情感传递上,还不够出色,没有太强的吸引

---

[1] 李百吉、王君:《模糊综合评价方法在市场营销效果评价中的应用》,《消费导刊》2008年第1期,第53—54页。

力和劝诱力。我国不少大中城市在口号中都使用了"魅力""浪漫""温馨""休闲"等常见词汇。虽然这些城市因其可感知到的资源丰富性或在"某一方面"所拥有的绝对优势，其独特的品牌形象还是可以生成，但因为这类词汇比较抽象、概括，很难给人以具体的、直观的感受，使得口号无法实现更大限度的成功。如杭州和成都的旅游功能定位同为"休闲"，杭州直抒"生活品质之城，东方休闲之都"，而成都的表述就显得艺术和巧妙得多了。所以，这71个城市的口号虽然已是"优秀"，但还须不断改进和提升，争取达到理想的标准。

在这71个城市中，有24个省会级旅游城市和27个首批列入全国优秀旅游城市的地级城市。根据2005、2006年我国对主要旅游城市接待入境游客人数、天数的统计，其中排在前20位的分别有18个和17个[①]。可见，口号的评价结果同这些城市的旅游业发展水平、地位基本上是相符的。作为中国较早发展旅游业的一批城市，它们有着比较丰富的目的地管理和营销经验，旅游口号的设计水平也较高。不过，若能在今后的发展中注重对其品牌展示要素的不断调整、创新，稳中求进，将有望赢得更大的成功。

## 五 结束语

定位主题口号是目的地品牌化实践中的核心沟通元素，其设计水平如何直接关乎着品牌化的成败。然而，与目的地品牌化研究中的其他方向相比，国内外学者对这一重要品牌要素的理论分析和经验研究都明显不足。基于对以上现象的反思，本研究初步尝试构建了一个目的地定位主题口号的评价标准体系，并应用该体系对244个我国优秀旅游城市的口号进行了"诊断"，对其中存在的问题提出了自己的看法，以望抛砖引玉，引起更多学者对这一研究方向的关注和投入。

作者在开题和组织写作的过程中，曾围绕目的地口号能否评价、如何评价的问题反复进行思索。口号设计作为一种个性化的创意，可资利用的方法、途径多种多样，对其优劣水平的认识在很大程度上也是"仁

---

① http://www.cnta.com/wyzl/more.asp?newsid=004001。中国旅游网文献资料（旅游统计）：2005、2006年主要城市接待情况统计。

者见仁、智者见智"。若要通过一套标准化的内容来反映和阐释该问题，则很容易会出现两种疏漏：要么为涵盖对更全面现象的解释而使评价标准显得过于敏感和苛责，要么仅构建最为简化的要素体系可能又会趋向死板僵化，缺乏灵活性。这一研究困难似乎也可从国内外较少的相关文献以及学者们对其研究基础的谨慎限定中揣摩出几分。但是，目的地定位主题口号是承担特定使命的品牌要素，理论研究应该能为品牌化实践提供一套规范性的操作指导，否则我们将难以对自身的工作成效作出总结。因此，作者在本研究中始终试图寻找一种较为"折中"的构建思路来妥善综合对各种相关要求的分析。虽然作者尽可能运用多学科理论全面、深入地对目的地定位主题口号的作用原理作出阐释，但考虑本书篇幅和写作时间安排，加之个人能力有限，对借鉴的相关理论还一知半解，作者在写作过程中对涉及的一些具体问题的探讨还较为粗略，仅限于初步的理论推断。很多问题都有待于后续的深入研究。不过，几经调整思路和不断修改、删节，作者还是基本上实现了预期的四个写作目标：（1）从一般品牌化研究中的品牌要素的角度展开对目的地定位主题口号发挥作用和设计要求的分析；（2）广泛引述品牌学、广告学、心理学、消费者行为学等多学科的研究成果来阐释目的地定位主题口号的作用原理和各相关设计要求的综合作用逻辑；（3）在构建口号评价标准体系的过程中，通过对各具体问题的阐释，使本研究大体上涉及对口号概念内涵、作用方向、创意设计和效果预测等目的地口号研究中各基本问题的探讨，从而可为同样从品牌要素角度来界定和分析目的地口号的后续相关研究搭建一个初步的平台；（4）应用构建的口号评价标准体系来检视我国各优秀旅游城市的定位主题口号，指出它们在设计上的一些不太成熟的做法。

对于旅游目的地品牌化的研究，目前学术界基本上还处于起步阶段。我们可以从发展较成熟的一般品牌化研究领域和其他相关学科的研究领域中广泛"取材"，在结合旅游目的地品牌具体特点后，做更为细致、深入和更具适应性的研究。基于上述思考和对本研究的一些不足的认识，作者总结出在以后的学习中还可从三个方向考虑来进一步完善和拓展本研究的基本成果：（1）对与口号作用机制分析相关的各借鉴原理和细节问题分别析出予以独立地详细探讨，再将由此得出的一些更为严谨和周密的认识重新整合，以丰富或在一定程度上修正现有的口号评价标准体系；（2）结合目的地生命周期理论，针对处于不同生命周期发展阶段的目的地沟通要求，在现有的一般口号评价标准体系下再对应设定更为特殊和具体的评价标准；（3）运用社会调查研究方法，测量目标游客对各评价口号的实际感知和偏好情况，与应用本口号评价标准体系得出的评价结论进行对应分析，以检验本研究成果的科学性和适用性。

**参考文献**

［1］ Aaker D. A. Building Strong Brands［M］. New York：Free Press，1996：63.

［2］ Anderson J. The Architecture of Cognition［M］. MA：Harvard University Press，1983：126.

［3］ Ann S. R. The effects of visual and verbal advertising information on consumers' inferences［J］. Journal of Advertising，1991，20（12）：13－23.

［4］ Bettman J. R. An Information Processing Theory of Consumer Choice［M］. MA：Addison-Wesley，1979：70.

［5］ Blain C.，et al. Destination branding：insights and practices from destination management organizations［J］. *Journal of Travel Research*，2005，43（4）：328－38.

［6］ Bradley S. D.，Meeds R. Surface-structure transformations and advertising slogans：the case for moderate syntactic complexity［J］. Psychology and Marketing，2002，19（7/8）：595－619.

［7］ Cai L. Cooperative branding for rural destinations［J］. *Annals of Tourism Research*，2002，29（3）：720－42.

［8］ Chernatony L. Categorizing brands：Evolutionary processes underpinned by two key dimensions［J］. Journal of Marketing Management，1993，（9）：173－188.

［9］ Corder C. Adimpact：A multi-media advertising effectiveness measurement method［J］. Managerial and Decision Economics，1986，7（4）：243－247.

[10] Bradley S. D. Meeds R. Surface-structure transformations and advertising slogans: The case for moderate syntactic complexity [J]. Psychology and Marketing, 2002, 19 (7-8): 595-619.

[11] McQuarrie E. F., Mick D. G. Visual rhetoric in advertising text: Interpretive, experimental, and readerresponse analyses [J]. Journal of Consumer Research, 1999, 26 (1): 37-54.

[12] Lagerwerf L. Deliberate ambiguity in slogans [J]. Document Design Journal of Research and Problem Solving in Organizational Communication, 2002, 3 (3): 244-262.

[13] Gartner W. C. Image formation process [J]. Journal of Travel & Tourism Marketing, 1993, 2 (2): 201.

[14] Gilmore F. A country—can it be repositioned? Spain—the success story of country branding [J]. Journal of Brand Management, 2002, 9 (4/5): 281-293.

[15] Gold J. R., Ward S. V. Place Promotion [M]. Chichester: John Wiley& Sons Ltd, 1994: 266.

[16] Hem L. E., Iversen N. M. How to develop a destination brand logo: a qualitative and quantitative approach [J]. Scandinavian Journal of Hospitality and Tourism, 2004, 4 (2): 83-106.

[17] Henderson P. W, Cote J. A., Leong S. M., et al. Building strong brands in Asia: Selecting the visual components of image to maximize brand strength [J]. International Journal of Research in Marketing, 2003, 20 (4): 297-313.

[18] Katz M., Rose J. Is your slogan identifiable? [J]. Journal of Advertising Research, 1969, 9 (1): 21-26.

[19] Kohli C., Leuthesser L., Suri R. Get slogan? Guidelines for creating effective slogans [J]. Business Horizons, 2007, (50): 416, 418, 419.

[20] Lee G., Cai L. A., O'Leary J. WWW. Branding. States. US: An analysis of brand-building elements in the US state tourism websites [J]. Tourism Management, 2006, 27 (5): 825-828.

[21] Morgan N., Pritchard A. New Zealand, 100% pure. The creation of a powerful niche destination brand [J]. Journal of Brand Management, 2002, 9 (4/5): 336.

[22] Newman J. New insight, new progress for marketing [J]. Harvard Business Review, 1957, 35 (11/12): 95 – 102.

[23] Pike S. Tourism destination branding complexity [J]. Journal of Product&Brand Management, 2005, 14 (4): 259.

[24] Richardson J., Cohen J. State slogans: the case of the missing USP [J]. Journal of Travel& Tourism Marketing, 1993, 2 (2): 92 – 93.

[25] Robertson K. Strategically desirable brand name characteristics [J]. The Journal of Consumer Marketing, 1989, 6 (4): 61 – 71.

[26] Shepard R. N. Recognition memory for words, sentences, and pictures [J]. Journal of Verbal Learning and Verbal Behavior, 1967, (6): 156 – 163.

[27] 斯坦利·普洛格:《旅游市场营销实论》,李天元、李曼译,南开大学出版社2007年版,第177—178页。

[28] Supphellen M., Nygaardsvik I. Testing country brand slogans: conceptual development and empirical illustration of a simple normative model [J]. Journal of Brand Management, 2002, 9 (4): 385 – 395.

[29] Supphellen M. Understand core brand equity: guidelines for in-depth elicitation of brand associations [J]. International Journal of Market Research, 2000, (42): 319 – 338.

[30] Yalch R. F. Memory in a jingle jungle: music as a mnemonic device in communicating advertising slogans [J]. Journal of Applied Psychology, 1991, 76 (2): 268 – 275.

[30] 卞显红、张树夫:《应用有利形象模式衡量旅游目的地形象研究——以西安市与上海市为例》,《人文地理》2005年第1期。

[31] 菜良焕:《深圳入选中国三甲》,《深圳特区报》2007年第1期。

[32] 戴维德·阿克:《管理品牌资产》,奚卫华、董春海译,机械工业出版社2006年版。

[33] 高静、肖江南、章勇刚:《国外旅游目的地营销研究综述》,《旅游

学刊》2006 年第 7 期。

[34] 高静、章勇刚:《旅游目的地品牌化若干基本问题的探讨》,《北京第二外国语学院学报》2007 年第 9 期。

[35] 顾秀玲等:《旅游广告干预对旅游目的地品牌个性的影响》,《资源开发与市场》2015 年第 31 期 (12),第 1549—1552 页。

[36] 黄震方、李想:《旅游目的地形象的认知与推广模式》,《旅游学刊》2002 年第 3 期。

[37] 金颖若:《旅游地形象定位及形象口号设计的要求》,《北京第二外国语学院学报》2003 年第 1 期。

[38] 凯文·雷恩·凯勒:《战略品牌管理》,李乃和、吴瑾、邹勤等译,人民大学出版社 2006 年版。

[39] 李百吉、王君:《模糊综合评价方法在市场营销效果评价中的应用》,《消费导刊》2008 年第 1 期。

[40] 李宏:《对旅游目的地形象概念的两种理解》,《旅游学刊》2006 年第 6 期。

[41] 李蕾蕾:《城市旅游形象设计探讨》,《旅游学刊》1998 年第 1 期。

[42] 李蕾蕾:《旅游目的地形象口号的公众征集:误区与思考》,《桂林旅游高等专科学校学报》2003 年第 14 期 (4),第 43—47 页。

[43] 李山、王铮:《旅游地品牌化中的旅游形象与旅游口号》,《人文地理》2006 年第 2 期。

[44] 李天元:《旅游目的地定位研究中的几个理论问题》,《旅游科学》2007 年第 21 期 (4)。

[45] 李燕琴、吴必虎:《旅游形象口号的作用机理与创意模式初探》,《旅游学刊》2004 年第 1 期。

[46] 李长秋:《论旅游地形象的定位更新》,《北方交通大学学报》(社会科学版) 2003 年第 2 期 (2)。

[47] 刘睿文、肖星、吴殿廷等:《旅游目的地形象认知过程中的"先入为主"与"既成事实"效应研究——以银川沙湖与榆林碱淖为例》,《人文地理》2006 年第 1 期。

[48] 马梅:《格式塔——旅游地形象宣传口号的原型分析》,《城市规划汇刊》2004 年第 3 期。

[49] 尼格·摩根、安耐特·普瑞查、尧格·普瑞德主编：《旅游目的地品牌管理》，杨桂华、田世政、姚娟译，南开大学出版社 2006 年版。

[50] 塞姆·赫尔（Sam Hill）、克瑞思·莱德瑞（Chris Lederer）：《品牌资产》，白长虹等译，机械工业出版社 2004 年版。

[51] 斯坦利·普洛格：《旅游市场营销实论》，李天元、李曼译，南开大学出版社 2007 年版。

[52] 宋章海：《从旅游者角度对旅游目的地形象的探讨》，《旅游学刊》2000 年第 1 期。

[53] 唐娟：《关于旅游目的地定位的若干思考》，《桂林旅游高等专科学校学报》2007 年第 18 期（3）。

[54] 韦瑾：《关于旅游地形象重新定位和形象传播的探讨》，《西南民族大学学报》2004 年第 25 期（1）。

[55] 维克多·密德尔敦（Victor Milton）：《旅游营销学》，向萍等译，中国旅游出版社 2000 年版。

[56] 乌铁红：《旅游地形象的动态研究与其生命周期的演化》，《内蒙古师范大学学报》2005 年第 34 期（2）。

[57] 吴广孝：《旅游广告实务》，复旦大学出版社 2000 年版。

[58] 肖敏、李山、徐秋静、刘晓：《旅游口号创意模式的尺度差异研究》，《旅游学刊》2011 年第 26 期（3），第 50—55 页。

[59] 徐万佳：《旅游标识作用重要 98% 受访者认同》，《中国旅游报》2010 年 10 月 15 日。

[60] 余足云：《旅游口号语言应用分析》，《湖州职业技术学院学报》2006 年第 3 期。

[61] 张安：《论旅游地形象发展中的几个"效应"问题及其实践意义》，《旅游学刊》2001 年第 3 期。

[62] 张立建、甘巧林：《旅游形象定位词面面观及错误根源剖析》，《旅游学刊》2006 年第 21 期（6），第 48—51 页。

[63] 张祖群、赵荣、杨新军：《成熟型旅游目的地形象的差异化定位研究》，《小城镇旅游》2005 年第 10 期。

[64] 周年兴、沙润：《旅游目的地形象的形成过程与生命周期初探》，

《地理学与国土研究》2001年第17期（1）。

［65］李佰帆、谢合明：《旅游目的地品牌建设中景区口号及其与其他要素的一致性研究——基于四川省4A级旅游景区官方网站的内容分析》，《西部经济管理论坛》2014年第15期（1），第39—44页。

# 学术索引  专业词汇

a posterior approach  后验法  56
a priori approach  前验法  56
activity participation  活动参与  58
Affective Choice Mode  情感选择模式  138
affective image  情感形象  4  138
Back-ups  后备市场  66
balanced incomplete block  平衡不完全组  98
bipolar adjectives  双极形容词  103
brand elements  品牌要素  86
brand identity  品牌本体  86  135  175
Brand personality scale（BPS）  品牌个性量表  143
brand personification  品牌拟人化  144
brand recall  品牌回想  179
brand recognition  品牌识别  179
centroid  重心  61
choice-sets modelling  选择域模型  136
City perception analysis（CPA）  城市感知分析法  12
cognitive image  认知形象  121  138
combination approach  综合法  68
composite reliability  组合信度  146
confidence interval approach  置信区间法  58
constructive alternativism  构建替换  93

constructs 构念 94
content analysis 内容分析 99
convenience sampling 便利抽样法 109
conventional wisdom 公认观点 125
convergent validity 收敛效度 146
Correspondence analysis（CA） 对应分析法 12
customer-based destination equity 基于顾客的目的地品牌资产 4
deliverability 可交付性 27
Dependable 依赖型 39
destination brand fashion curve 目的地品牌流行度曲线 28
destination brand personality 目的地品牌个性 4 140
destination branding 目的地品牌化
destination image investigation 目的地形象调查 83
destination visit intention/propensity 目的地访问意向/倾向 139
Determinance 决定性 47
deterministic attributes 决定属性 32 81
differentiating attributes 差异化属性 81
discrimination validity 区别效度 146
Diversification 分化 17
Economic Value Portfolio Matrix 经济价值组合矩阵 61
economic yield 经济产出 65
elements 要素 94
explicit importance 明确重要性 125
Exploratory Factor Analysis（EFA） 探索性因子分析 144
Favorable market 有利市场 66
focal destination（FD） 所关注目的地 141
frequency analysis 频数分析 99
functional attributes 功能属性 135
Hedonic consumption 享乐消费 137
hedonic response 享乐反应 137
hierarchical cluster analysis 层次聚类法 60

implication matrix　含义矩阵　109
implicit importance　隐含重要性　125
Importance　重要性　47　80
importance attributes　重要属性　80
Importance-performance analysis（IPA）　重要性—表现分析法　124
Individual construct system　个人构念体系　93
induced image　诱导形象　121
information processing theory　信息处理理论　136
K-means cluster analysis　快速聚类法　60
ladder of abstraction　抽象水平阶梯　109
laddering　阶梯渐进　108
level of involvement　介入水平　119
local tourism destination　地方性旅游目的地　23
Low value Market　低价值市场　66
means-end approach　手段—目的　104
means-end chains　手段—目的链　104
Mid-centric　中间型　40
multidimensional scaling（MDS）　多维量表技术　12
Multivariate analysis of variance（MANOVA）　多变量方差分析　12
Near Dependable　近依赖型　39
Near Venturer　近冒险型　39
Neural network（NN）　神经网络技术　12
non-structural measurement　非结构化测量
non-utilitarian needs　非功用性需要　137
one-way Analysis of Variance　单变量方差分析
organic image　机制形象　121
overall image　总体形象　4　32
overlapped segmentation　重合性细分　69
over-positioned　过度定位　187
Perception is reality　感知本位　9
perceptual mapping　感知绘图　125

Personal construct theory（PCT） 个人构念理论 93
personality-based destination psychographic model 基于个性的目的地心理模型 28
post hoc test 事后考验 145
primary process thinking 一手过程思考 137
Priority market 首选市场 66
Programming 活动编排 67
projected image 投射性形象 82
projective techniques 投射技术 144
Psychographics 消费心态 43
psychometrical quality 心理质量 69
purposeful sample 立意样本 97
ranking technique 排序技术 183
received image 接收形象 84
Repertory grid analysis 轮换方格分析法 89
Repertory test 轮换检验 93
re-positioning 重新定位 28
Salience 突出性 47 80
salient attributes 突出属性 32 80
secondary process thinking 二手过程思考 138
self-completed questionnaire 自填式问卷 123
self-concept 自我概念 187
self-concept—brand personality congruence 自我概念—品牌个性相一致 140
self-congruity 自我一致 139
semantic differential scale 语义差别量表 103
snowball sampling 滚雪球抽样法 143
snowballing 滚雪球法 97
stay-spend index SSI 指数 66
STP（Segmenting—Targeting—Positioning） "市场细分—目标市场选择—定位"三部曲 19

structural measurement  结构化测量
systematic random sampling  系统性随机抽样  59
theefficiency of generating profit  获利效率  65
The theory of positioning  定位理论
Tourist self-concept destination image congruence effect tourist self-concept destination image congruence effect  旅游者自我概念—目的地形象相一致效应  139
travel context  出游背景  80
triadic method  三个要素组合法  97
Trying to be all things to all people  无差异化策略  78
T-tests  T检验技术  12
under-positioned  定位不充分  187
uni-dimensionality  单维性  146
Unique Experiential Selling Points（UESPs）（独特体验性卖点）  136
Unique Selling Proposition  独特卖点  193
Unique Symbolic Selling Points（USSPs）（独特象征性卖点）  137
Unique Utility Selling Points（UUSPs）（独特效用卖点）  136
Unmotivated  非驱动型  67
USP-Unique selling points  独特卖点  193
utilitarian needs  功用性需要  137
Value-expressive consumption  价值表征消费  137
Venturer  冒险型  39
venturesomeness  冒险倾向
word association  词语联想  144

# 后　记

　　本书所展示的内容是我步入研究生生涯后（硕士、博士、在高校就业）至今所做大部分研究的一个集合性成果。我主要的研究方向为两个紧密相关的领域：旅游市场营销和旅游消费者行为。谈到"旅游市场营销"，在中国大陆这可谓是一个冷门的研究领域。尽管很多学者都会偶尔发表一两篇涉及营销问题的文章，但国内专门从事旅游营销研究的学者屈指可数，这与国际旅游研究中该领域所具有的重要地位形成鲜明对比。在国际旅游学界目的地及旅游企业营销是研究的绝对重头戏，文献数目超过全部旅游文献的30%（Dolnicar & Ring，2014），而国内则不到10%。当前国内旅游学界对什么是旅游营销，旅游营销的研究范畴应如何界定等基本理论问题存在理解的显著偏差，集中表现为缩小和边缘化该研究领域。比如，我曾就一个相同的问题"在旅游规划中旅游市场营销工作的作用是什么"与处于不同研究阶段的旅游规划学者（硕士生、博士生、青年教师、教授）进行探讨。出乎意料的是，绝大多数的答案都认为二者之间没有什么关联性（属于不同研究领域所涉猎的范畴）或认为营销只在旅游规划中扮演辅助性的角色。这说明营销研究的本质属性、价值和地位在国内极少被该研究领域之外的其他旅游学者所知晓和认同。同时，也透露出国内不少旅游规划实践在指导思想和实施程序上的偏差。很多规划工作的开展可能要么跳过了营销调研这一必要的开端和统筹性工作（即仅从专家和供给方的资源理解角度出发）；要么开展了类似的调研工作，但却不是基于营销学的科学框架和范式来执行的，所以观念上认识不到二者的密切关联性。

　　事实上，任何旅游规划的终极目标都是指向市场的，其价值和成败只有通过市场认同来加以检验。以地理学、景观园林学等为代表的相关学科在这个过程中主要负责资源整合、布局和产品开发、设计等后续细节性工作。但如果"市场吸引战略和方向"这个大的盘子定错了，很可能其他工作都是徒劳，是无法获得市场收效的劳民伤财。我亲身参与过一些旅游规划项目，发现这些项目（尤其是经费较少的规划）主要通过对旅游地和景点的实地考察及应用二手资料而开展，极少对市场做过具有前瞻性意义的深入研究。纳入科学的营销研究范式和方法是我国旅游规划实践走向正轨的必要之举。作为旅游规划开发主要指导依据的目的地生命周期理论其思想精髓就源于营销学中的产品生命周期理论。而且需强调的是，这里的"生命周期"是旅游产品的市场流行度周期，而非旅游资源属性和状况的变化周期。

以上现象出现的根由其实是当前我国旅游学界的人员学术背景结构问题。当前我国绝大多数旅游学者都是地理学背景的（尤其是旅游规划学者），管理学背景的学者人数明显偏少。地理学科精深的理论基础、先进的技术手段以及多年来各级地方政府对旅游规划和产品开发的高度支持热情赋予了他们施展才学和抱负的广阔空间。所以，旅游地理研究可谓当前中国实力最雄劲、开展得最"风生水起"的一个旅游研究领域。这也使得该领域成为国内学人认知度最高、最向往的一个研究领域。譬如，绝大多数的旅游硕士研究生在被问及你想选择的研究方向和导师时，都显现出了鲜明的"旅游规划导向"。因为在他们心目中，旅游规划代表了最有"前途"和"钱图"的研究方向。相比之下，旅游营销领域在国内则因涉猎学者较少、成果积累有限、社会认知度较低和经济效益不突出而越发显现出"后嗣凋零"的发展局面。

与上述总体状况紧密相连的是本书所涉及具体内容的当前研究情形。本书主要是对"旅游目的地定位"这一问题所作的理论与实践探索。与整体市场营销领域所遭遇的情况一样，一方面人们承认定位的理论重要意义，视其为一个不可或缺的"谈资"。所以我们看到在任何领域、任何情境，学者和业界人士都倾向于提及"定位"这个名词，如市场定位、营销定位、产品定位、形象定位、战略定位、目标定位等各种应用和提法不胜枚举。然而其中很多应用都属于对该概念的误解，使其在应用泛化中偏离了原本的理论轨道，致使人们对于究竟什么是定位越发模糊和混淆。另一方面，尽管人们愿意谈及这一概念，却极少有学者在这方面作深入的研究，似乎是由于以下两种心理倾向：（1）"定位"大约就是一个惯用的术语，没有太多内在的高深知识值得探究；（2）既然人人都在谈定位，那它已经不适合再被作为前沿性学术研究的选题。这两种观念都是由于对"定位"理论本质内涵和研究范畴理解的不当所致。

对于第一种观念，我在书中定位理论的体系归位部分谈到，广义的定位内涵就恰似整体营销理论的一个微缩写照，它是营销理论宽广范畴在实践应用中的一个最有力抓手。作为一个有悠久研究传统的学科，其深邃的知识底蕴能通过一个小的概念名词来加以投射和体现，定位概念的价值广度和能量大小可见一斑。细心的读者会发现，书中探讨的理论和实践应用内容无一不是旅游规划或任何其他严谨的旅游研究所不可或缺的先在性工作。对于第二种观念，任何理论的存在即代表其合理性。学术研究的选题和取向本不应随着所谓的"时髦"或"社会关注度"而动，而应旨在解决特定的理论和实践问题。事实上，只要社会的基础要素及其结构没有发生彻底性的更改，现存的任何理论都没有"过时"一说。正如"营销导向"是作为对"生产导向"企业经营理念的一种进步，但"生产导向"现今依然有其借鉴价值和适用情境。学术演进就是对各种理论依照新情境和需要不断拓展和作出创新性解释的过程，使其因升级而焕发新的活力。过于强调时髦、热门和社会关注度可能会使研究成为"无根之木、无源之水"。

鉴于上述学界对旅游市场营销及具体的目的地定位领域的关注不足和理解偏差，本书以目的地定位涉及内容和要素为切入点，对其中的理论基础和实践要点进行深入阐释和解析。本书希望借此能为深化国内学者对旅游营销理论内核的理解、建构旅游营销研究与其他旅游研究领域（如旅游规划）的链接渠道以及激发更多旅游学人对营销研究的兴趣和关注略尽绵薄之力。本书内容从选题确定、文献研读、实践调研到最终成文的所有环节，有作者本人的辛勤耕耘，也得到了很多重要的人的启发、指导和帮助，再次对他们致以深深的谢意！

一要感谢我的导师李天元教授。李老师在国内旅游学界享有极高的声誉，堪称"泰斗级"的学科奠定者，在他身上我深切体会到"大师"和"nice people"这两个词的真正含义。接触到李老师的学术思想是从本科阶段他所授的《旅游学概论》和《旅游市场营销》等课程开始。那时虽然对学术知识的理解能力有限,但直观的感受是他对任何知识点的讲解总是格外严谨、深入和清晰明了,能有效激发我学习知识和钻研问题的热情。正是这个原因促发我在硕士选导师时大胆地报选了李老师,而我也极为幸运地被他接收并能在其门下攻读了硕士和博士学位。这段时期是我学术生涯的起步和快速成长阶段。在李老师的启发下,我逐渐尝试阅读国外大量的旅游营销经典文献、形成个人的独立学术观点及撰写、发表学术文章。李老师精准的知识传递使我感觉在阅读、理解国外高水平文献时几乎不存在任何学术观念和范式的偏差。这对培养我正确选择、理解和借鉴优秀研究成果、树立严谨的治学作风起到了极大帮助。同时李老师为人平易近人、谦逊和蔼,处处给予我们长辈的关怀。在当今博士生日益把导师称作"老板"的社会环境下,包括我在内的他的所有博生、硕士没有一个人这样称呼他和理解同他之间的关系。因为他从不给我们增加额外负担,总是给我们营造一个最为自由、宽松的环境氛围,让我们能够自由发挥、培养学术兴趣。总之,在他身上我学到了一生受用不尽的治学精神和生活态度。

二要感谢我在美国联合培养一年期间的美方导师 Hailin Qu(屈海林)教授。感谢他在我留美期间帮助我选择适合的旁听课程,并推荐、联系其他教授的相关课程,使我深刻感受到了美国研究生教育的氛围;感谢他为我提供的便利的学术资源获取途径和各种相关学术交流机会的信息。所有这些都对我英语技能的提高、了解所研究领域先进研究方法、开拓学术视野、拓展职业交往范围产生了莫大的帮助。可以说这一年时间成为我科研和学术水平进步的有力助推器,屈教授也成为我一生都值得铭记和感恩的贵人!

三要感谢南开大学。南开的胸怀是博大的,它容纳了我九年的学业,一路走来带给我的都是坦途和幸运:保硕、保博和公派联合培养。南开大学给我提供了太多的机会,才使得我能取得今天的成绩,使我的学术生涯站在一个较高的知识起点上。虽然我已离开母校多年,但这份恩情永记于心!

四要感谢海南大学旅游学院。2015年7月我调入海南大学之后,学院领导和同事为我适应环境、快速融入一个新的集体提供了极大帮助和支持！学院在安排办公室、指导申报各级课题、科研报销和课程安排方面都给予了我莫大的关怀和照顾。尤其是在课程安排上，考虑到我入校后有较大的科研压力和工作量要求，学院尽量为我安排熟悉、擅长的课程。这使得我能有较充裕的时间将精力主要放在科研工作上。本书的出版与学院为我创造的良好科研环境密不可分！

五要感谢为本书中所有调研提供帮助的专家学者、政府官员、旅游业界人士及负责问卷收集的学生助理。你们是我学术畅想和假设转变为现实中的重要一环。在你们的合作和帮助下，使我的相关调研得以顺利开展，并获得了比较理想的数据收集效果。

六要感谢我书中所有参考和借鉴其观点的国内外学界同仁。是你们重要的前期奠定性研究为我提供了思想之源泉，使得我在撰写该书内容时能够"下笔如有神"！如果这本专著的付梓算是我获得的些许学术成就的话，那都是因为站在了巨人的肩膀上！

七要感谢我的父母。在精神上，你们是我上进的激励者；在经济上，你们是我坚强的后盾；使我在任何时候都能坚持学习、快乐无忧。

最后，感谢中国社会科学出版社张林主任为本书审稿、校对和出版所付出的辛勤劳动！

"书山有路勤为径，学海无涯苦作舟。"每当我对研究文献有了新的、更深的理解和感悟或形成了新的研究设想时总会暗自赞叹古人这一精妙深邃的诗句！因为这些新的体会无一不是在反复研磨、思量某一学术问题之后的顿悟。学得越多，越会发现自己的不足和浅薄，越坚定了自己继续奋斗的目标和价值。的确，研究不是一场赛跑，而是一次长途跋涉的终身旅行。读到博士的人，大家的资历水平其实都是相近的，取得较大成就的人都是那些极为勤奋的。我的学术生涯才走过了一个很短的阶段，未来还有更远的路、更大的空间等待着我去探索和攀登。我将矢志不移地更加努力！

曲　颖

2016年6月于海口